"十四五"职业教育国家规划教材

电子商务支付与安全

（第5版）

主　编 ◎ 臧良运

副主编 ◎ 周晓菊　朱甜甜　纪香清

电子工业出版社

Publishing House of Electronics Industry

北京·BEIJING

内 容 简 介

本教材按照高等职业教育"以服务为宗旨,以就业为导向"的培养目标,通过对电子商务支付与安全的基本概念、基本理论的介绍,以及经典案例的解读,全面系统地阐述了支付和安全在电子商务领域中的应用。本教材内容共分 9 个模块,以电子交易与支付为核心,叙述了电子支付工具、网络金融知识及应用;从电子商务系统的安全角度出发,详细叙述了技术层面的网络安全技术、安全协议与认证的内容,并介绍了电子商务支付的法律保障。本教材采取了模块、单元和工学结合、任务驱动相结合的编写体例,在每个单元开篇,用"情景案例"对任务进行描述,在"任务思考"中提出问题,在"任务分析"中简要分析解决方法和思路,通过"相关知识"阐述理论知识,并插入"课程思政"元素和相关链接,最后由课堂讨论、案例分析、实务训练和课后拓展等组成"实践训练"来检验学习效果,以提高学生的动手能力。

未经许可,不得以任何方式复制或抄袭本书之部分或全部内容。
版权所有,侵权必究。

图书在版编目(CIP)数据

电子商务支付与安全 / 臧良运主编. —5 版. —北京:电子工业出版社,2022.5
ISBN 978-7-121-43441-9

Ⅰ. ①电… Ⅱ. ①臧… Ⅲ. ①电子商务-支付方式-安全技术-高等职业教育-教材 Ⅳ. ①F713.363

中国版本图书馆 CIP 数据核字(2022)第 078333 号

责任编辑:贾瑞敏
文字编辑:杜　皎
印　　刷:保定市中画美凯印刷有限公司
装　　订:保定市中画美凯印刷有限公司
出版发行:电子工业出版社
　　　　　北京市海淀区万寿路 173 信箱　邮编　100036
开　　本:787×1092　1/16　印张:15　字数:384 千字
版　　次:2006 年 1 月第 1 版
　　　　　2022 年 5 月第 5 版
印　　次:2025 年 5 月第 6 次印刷
定　　价:49.80 元

凡所购买电子工业出版社图书有缺损问题,请向购买书店调换。若书店售缺,请与本社发行部联系,联系及邮购电话:(010)88254888,88258888。
质量投诉请发邮件至 zlts@phei.com.cn,盗版侵权举报请发邮件至 dbqq@phei.com.cn。
本书咨询联系方式:(010)88254019,jrm@phei.com.cn。

>>>>> PREFACE 前言

《电子商务支付与安全》第 1 版于 2006 年 1 月出版，被评为第一批普通高等教育"十一五"国家规划教材。第 2 版被评为职业教育"十二五"国家规划教材，第 4 版被评为职业教育"十三五"国家规划教材。教材的优点是知识技能先后有序、知识积累循序渐进、教学体系严谨，符合当前的职教形势和生源特点。

电子商务的发展日新月异，高等职业教育人才培养方案也发生了很大的变化，课程改革对教材提出了更高的要求。为了适应新形势下电子商务专业的发展要求，《电子商务支付与安全（第 5 版）》进行了较大的修改。

本教材内容及时反映产业升级和行业发展要求，体现了新知识、新技术、新工艺和新方法，符合《职业院校教材管理办法》和《"十四五"职业教育规划教材建设实施方案》规定的编写要求。除此之外，本教材与前几版以及其他同类教材相比，具有以下四个特点。

1．内容符合高职人才培养方案

教材内容力求体现"以就业为导向，以能力为本位"的精神，注重对学生技能的培养，整合理论知识，合理安排知识点、技能点，注重实训教学，突出对学生实际操作能力和解决问题能力的培养，强化实际工作任务培训，与学生考证相结合。

结合课程内容，增加了"课程思政"栏目。

2．体现了新知识、新技术、新工艺和新方法

教材根据当前电子商务的实际工作的发展和需要进行了调整：原有的模块六与模块七部分内容整合为数字认证技术，补充了移动支付、第三方支付、数字货币、虚拟货币、《电子商务法》等新知识；模块四增加了互联网众筹单元；对于难度太大的内容，如密码技术、安全协议的原理等知识点进行了调整。

教材对部分案例和内容进行了更新，案例、课外拓展、相关链接等内容都采用了二维码链接新技术，便于学生学习。

3．贯彻理论实践一体化的教学思想

教材在内容安排上，将"任务"贯穿始终，通过解决电子商务支付和安全的实际工作问题，讲解理论，培养学生的技能。

（1）体例实用化：每个单元构建了情景案例、任务思考、任务分析、相关知识、相关链接、实践训练等板块；每个模块后有知识小结和练习测试；符合"工学结合"和任务驱动的教学理念。实践训练包括课堂讨论、案例分析、实务训练和课后拓展，即学即用。

（2）任务形象化：情景案例和任务思考的内容都是学生日常遇到的实际问题，能够激发学生的学习兴趣，有利于教师教学的展开，便于学生解决实际工作中的具体问题。

（3）逻辑图表化：本教材运用了大量的图表说明任务的解决方案和流程，减少了文字叙述，具有很强的直观性和可读性。

（4）版式生动化：本教材的版式、插图等新颖、生动，具有良好的视觉效果。

4．配套资源丰富

本教材提供丰富的教学配套资源。为更好地发挥教材的作用，体现以人为本的教育理念，提高学生的学习兴趣，调动学生学习的积极性和主动性，本教材提供了系列配套教学辅助资源（可到华信教育资源网下载）。

（1）提供课程手册，包括教学大纲及教学活动设计，可供教师备课时使用。

（2）制作精致的多媒体电子教案，可在教学时直接使用，也可供教师根据具体需要加以修改，满足多媒体教学的需要。

（3）提供课后练习测试题的参考答案，模拟试卷与参考答案，方便教师选用。

本教材共分 9 个模块，模块一为电子商务支付与安全概述，模块二为电子商务支付系统，模块三为电子商务支付工具，模块四为网络金融，模块五为电子商务系统的安全，模块六为网上支付安全与加密技术，模块七为数字认证技术，模块八为电子支付安全协议，模块九为电子商务支付与安全的法律保障。

本教材是集体劳动的成果，由多所高校教师共同承担编写任务。本书由臧良运教授担任主编，并负责拟订编写提纲、统稿和定稿；周晓菊、朱甜甜和纪香清任副主编。模块一、模块二由贺州学院臧良运老师编写，模块三、模块四由青岛大学纪香清老师编写，模块五、模块六和模块七由福州理工学院朱甜甜老师编写，模块八、模块九由山西经济管理干部学院周晓菊老师编写。在教材的编写过程中，得到了各位作者所在学校的大力支持，对前几版的作者青岛职业技术学院刘春侠、西安工业学院张娟、黄河水利职业技术学院陈萱老师做出的贡献，一并表示感谢！

本教材在编写过程中参考了大量相关领域的文献，已在书后参考文献中列出，但仍可能有遗漏。在此谨向已标注和未标注的参考文献的作者表示诚挚的谢意。

由于编者水平所限，书中难免出现疏漏和不妥之处，敬请广大读者和专家批评指正。

臧良运

目 录

模块一　电子商务支付与安全概述 ··· 1
　第一单元　电子商务支付 ·· 2
　　一、网上支付的产生和发展 ··· 3
　　二、电子商务支付面临的问题 ·· 5
　　三、网上支付的运行环境 ·· 6
　　四、网上支付流程 ·· 6
　第二单元　电子商务安全 ·· 9
　　一、电子商务面临的安全威胁 ·· 10
　　二、电子商务安全要素 ·· 12
　　三、电子商务安全技术 ·· 13
　　四、电子商务安全体系结构 ·· 15
　　五、电子商务安全法律要素 ·· 16
　第三单元　安全电子商务支付 ·· 18
　　一、电子商务支付的安全问题 ·· 19
　　二、安全电子商务支付的途径 ·· 21
　　三、安全电子商务支付的意义 ·· 22
　知识小结 ·· 23
　练习测试 ·· 24

模块二　电子商务支付系统 ·· 25
　第一单元　电子商务支付系统概述 ··· 26
　　一、电子商务支付系统的构成 ·· 28
　　二、电子商务支付系统的功能 ·· 29
　　三、电子商务支付系统的安全要求 ··· 30
　　四、电子商务支付手段 ·· 31
　第二单元　电子商务支付系统应用 ··· 33
　　一、ATM 系统 ·· 34
　　二、POS 系统 ··· 36
　　三、电子汇兑系统 ·· 38
　　四、网上支付系统 ·· 39
　第三单元　第三方电子商务支付系统与移动支付 ····························· 41
　　一、银联在线支付平台 ·· 42
　　二、支付宝 ··· 43

三、首信易支付 …… 44
　　四、网银在线 …… 45
　　五、PayPal …… 45
　　六、快钱 …… 45
　　七、财付通 …… 45
　　八、易宝支付 …… 46
　　九、移动支付 …… 46
知识小结 …… 48
练习测试 …… 48

模块三　电子商务支付工具 …… 50
　第一单元　电子货币 …… 51
　　一、电子货币概述 …… 51
　　二、电子货币分类 …… 53
　　三、电子货币的职能与作用 …… 53
　　四、电子货币的发展现状 …… 54
　第二单元　银行卡 …… 56
　　一、银行卡概述 …… 57
　　二、信用卡 …… 58
　　三、借记卡 …… 58
　　四、金融IC卡 …… 58
　　五、中国银联 …… 59
　　六、国际信用卡及其发卡组织 …… 60
　第三单元　网络货币 …… 62
　　一、信用卡型网络货币 …… 63
　　二、电子现金 …… 65
　　三、电子支票 …… 67
　　四、电子钱包 …… 69
　　五、微支付 …… 71
知识小结 …… 73
练习测试 …… 74

模块四　网络金融 …… 76
　第一单元　网上银行 …… 77
　　一、网上银行的产生 …… 78
　　二、网上银行的类型 …… 79
　　三、网上银行服务 …… 79
　　四、网上银行的安全 …… 82
　第二单元　网上证券 …… 84
　　一、网上证券交易概述 …… 85
　　二、网上证券交易模式和系统 …… 85
　　三、网上证券交易的基本方法 …… 87

　　四、网上证券投资的步骤 ································· 89
　　五、网上证券交易的资金支付 ··························· 90
第三单元　网上保险 ··· 92
　　一、网上保险的主要内容 ································· 93
　　二、网上保险系统 ··· 95
　　三、网上保险经营模式 ··································· 98
第四单元　互联网众筹 ······································ 101
　　一、互联网众筹 ·· 102
　　二、互联网众筹的模式 ·································· 102
　　三、互联网众筹的安全 ·································· 104
知识小结 ·· 106
练习测试 ·· 107

模块五　电子商务系统的安全 ·························· 108
第一单元　安全问题的产生 ································ 109
　　一、网络中支付信息的保密性 ·························· 110
　　二、网络中支付信息的完整性 ·························· 111
　　三、交易信息的不可否认性 ····························· 111
　　四、交易双方身份的真实性 ····························· 111
第二单元　网络攻击 ·· 112
　　一、计算机病毒 ·· 113
　　二、口令破解 ··· 116
　　三、拒绝服务攻击 ·· 117
　　四、网络监听工具 ·· 118
第三单元　交易环境的安全性 ····························· 120
　　一、客户机的安全性 ····································· 121
　　二、通信信道的安全性 ·································· 121
　　三、服务器的安全性 ····································· 121
　　四、网上银行和手机银行的安全性 ···················· 122
知识小结 ·· 124
练习测试 ·· 125

模块六　网上支付安全与加密技术 ····················· 126
第一单元　网络安全防范 ·································· 127
　　一、网络安全规划 ·· 127
　　二、防火墙技术 ·· 128
　　三、计算机病毒的防治与管理 ·························· 130
　　四、物理安全控制 ·· 132
　　五、移动端安全解决方案 ······························· 133
第二单元　加密技术 ·· 135
　　一、信息加密原理 ·· 137
　　二、私有密钥密码技术 ·································· 138

三、公开密钥密码技术 ·················· 138
　第三单元　公开密钥基础设施 ·················· 140
　　一、PKI 的组成 ·················· 140
　　二、PKI 的原理和功能 ·················· 141
　知识小结 ·················· 144
　练习测试 ·················· 144

模块七　数字认证技术 ·················· 146
　第一单元　数字签名 ·················· 147
　　一、数字签名 ·················· 147
　　二、数字时间戳 ·················· 149
　第二单元　身份认证与认证技术 ·················· 151
　　一、身份认证 ·················· 152
　　二、认证技术 ·················· 153
　第三单元　数字证书与认证机构 ·················· 157
　　一、数字证书的概念 ·················· 157
　　二、数字证书的内容 ·················· 158
　　三、数字证书的安装和使用 ·················· 159
　　四、数字证书的类型 ·················· 159
　　五、认证机构 ·················· 161
　知识小结 ·················· 164
　练习测试 ·················· 164

模块八　电子商务支付安全协议 ·················· 166
　第一单元　安全协议概述 ·················· 167
　　一、电子商务安全体系 ·················· 167
　　二、HTTP 协议简介 ·················· 169
　第二单元　安全套接字层 ·················· 172
　　一、安全套接字层概述 ·················· 173
　　二、SSL 工作流程 ·················· 175
　第三单元　安全电子交易协议 ·················· 179
　　一、SET 协议简介 ·················· 180
　　二、SET 协议的目标和特点 ·················· 180
　　三、SET 安全协议涉及的对象和技术范围 ·················· 181
　　四、SET 协议的工作原理 ·················· 182
　　五、SET 协议的不足之处 ·················· 183
　　六、SSL 协议和 SET 协议的比较 ·················· 184
　第四单元　其他电子商务支付协议简介 ·················· 185
　　一、Digicash 协议 ·················· 186
　　二、First Virtual 协议 ·················· 187
　　三、Netbill 协议 ·················· 187
　知识小结 ·················· 188

练习测试 ··· 188
模块九　电子商务支付与安全的法律保障 ·································· 190
第一单元　电子商务参与各方的法律关系 ··· 191
一、电子商务带来的法律问题 ·· 192
二、买卖双方当事人的权利和义务 ··· 194
三、网络交易中心的法律地位 ·· 195
四、关于网站经营者侵权的法律责任 ·· 196
五、网络交易客户与网上银行间的法律关系 ·· 196
六、认证机构在电子商务中的法律地位 ··· 197
第二单元　电子商务交易安全保护法 ·· 200
一、联合国对电子商务交易安全的法律保护 ······································· 201
二、我国对电子商务交易安全的法律保护 ·· 207
第三单元　《电子签名法》和《电子商务法》概述 ·· 221
一、《电子签名法》概述 ··· 222
二、《电子商务法》概述 ··· 225
知识小结 ··· 228
练习测试 ··· 229

模块一 电子商务支付与安全概述

学习目标

知识目标
- 掌握电子商务支付的内涵、支付流程
- 了解电子商务安全威胁、防范技术和法律要素
- 掌握电子商务支付与安全对电子商务的作用

能力目标
- 掌握电子商务支付一般流程,了解其他支付工具的支付流程
- 对电子商务支付与安全有深刻认识

素质目标
- 激发并保持学习兴趣
- 养成良好的电子商务支付与安全的职业道德素养
- 具有严谨、规范的安全防范习惯

第一单元　电子商务支付

情景案例

中国内地第一笔互联网电子交易

张丽艳是寿城职业技术学院电子商务专业的一名大学生，喜欢电子商务，想在大学期间学好专业知识，毕业后在电子商务领域创业。她想了解中国电子商务交易的历史，在网上看到了以下资料。

1998 年 3 月 18 日，在北京友谊宾馆，世纪互联通信技术有限公司向首都各新闻单位的记者宣布：中国内地第一笔互联网电子交易成功。为本次交易提供网上银行服务的是中国银行，扮演网上商家的是世纪互联通信技术有限公司。

中国内地第一笔互联网电子交易的时间是 1998 年 3 月 18 日下午 3 时 30 分。第一位网上交易的支付者是浙江电视台播送中心的王轲平；第一笔费用的支付手段是中国银行长城卡；第一笔支付的费用是 100 元；第一笔认购物品是世纪互联通信技术有限公司的 100 元上网机时。中国银行开展网上银行服务的最早时间是 1996 年。1997 年底，王轲平发现这个站点，并填写了申请书。在接到王轲平的申请后，世纪互联通信技术有限公司开始着手进行这次交易的筹备，实质性的时间大约为 15 天。王轲平成为第一个在互联网上进行电子商务交易的中国人。这次交易也是国内企业与消费者在网上的"第一次亲密接触"。

任务思考

张丽艳看后，产生了以下疑问：如果王轲平没有长城卡，那他如何完成这次交易？如果现在要完成这样的交易，需要有哪些结算手段？怎样确保世纪互联通信技术有限公司能安全收到王轲平支付的 100 元？王轲平的其他信息会被泄露给第三者吗？目前电子交易的支付安全吗？现在进行这样的一笔电子交易还需要 15 天的时间吗？周围的同学进行过电子商务和电子商务支付活动吗……

张丽艳产生的这些疑问，实际上就是和电子商务支付与安全相关的一系列问题。

任务分析

迄今为止，商品交易经历了原始的物物交换、简单商品交换和发达商品交换三种形式与阶段。随着网络技术的发展，电子商务已经渗透到了各行各业，对以货币为媒介的传统商品交换活动产生了巨大的冲击。

从商业角度看，电子商务是指用互联网作为商务平台实现整个商业贸易活动的电子化。从涵盖范围来看，电子商务指交易各方以电子交易方式，而不是通过当面交换或直接面谈方式进行的任何形式的商业交易。

电子商务经过多年的快速发展，电子商务支付，即网上支付，已经越来越被人们所知所用。在网上购买火车票、飞机票，在网上交纳水费、电费、煤气费、电话费已经非常普遍，支付宝、

财付通和手机本身的移动支付等电子商务支付平台争夺电子商务支付市场，电子商务支付逐渐成为人们关注的热点。网上支付促进了电子商务的发展，方便了人们的生活。那么，网上支付需要什么环境？网上支付的具体操作流程是什么呢？如何才能安全地进行网上支付结算呢？

在网上购买火车票、交纳电话费、购物等电子商务活动要成为一个完整的过程，网上支付及其安全是非常重要的。客户和商家之间不使用现金进行结算，而是使用信用卡、电子钱包、电子支票和电子现金等多种支付方式进行网上结算，省去了很多人员开销。网上支付能够即时到账，缩短了交易时间。与传统的现金结算相比，网上支付的手段更多，也更复杂，不同的支付工具的操作流程也是不一样的。

由于电子商务活动的参与者具有虚拟性，网上支付需更为可靠的信息传输安全性控制，以防止欺骗、窃听、冒用等非法行为。对于网上支付的安全问题，现在已有技术来保证信息传输的安全性。

相关知识

随着电子商务市场的高速发展，电子商务支付已经成为消费者最重要的支付手段之一，电子商务支付行业呈现爆发式增长。自 2011 年以来，中国人民银行先后批准了超过 280 张第三方支付牌照，电子商务支付产业体系日趋完善。即便如此，还有千余家无证经营的支付机构在从事互联网电子商务支付活动。电子商务支付迎来了包括互联网支付企业、移动支付企业、预付卡企业、银行卡收单企业在内的更多运营主体的参与。

未来，电子商务支付的"全能化"将主要体现在"3A 服务"方面——Anytime（任何时间）、Anywhere（任何地方）和 Anyhow（任何方式）。服务的便利性、支付的安全性成为消费者认定电子商务支付优劣的两大重要指标。

一、网上支付的产生和发展

在网络经济时代，企业和客户对效率更高、安全性更高、成本更低的交易和支付方式的迫切需求，以及互联网的普及应用，使电子交易和电子商务支付得到迅猛发展。从根本上讲，电子商务支付的产生源自电子交易。

1. 电子交易

所谓电子交易，就是指在网上进行交易。电子交易不是简单地开辟一条新的网上销售渠道，它采用电子技术手段改善企业经营模式，提高企业运营效率，进而增加企业收入；它将降低经营成本并帮助企业与客户、供货商及合作伙伴建立更为密切的合作关系。这样，企业不但能赢得客户的信任，更能提高订货效率、降低库存损耗、提高资金周转率和降低实际销售支出，进而降低成本、增加利润。电子交易也使人们足不出户就可以购买到物美价廉的商品和便捷舒心的服务。

与传统交易方式相比，电子交易具有以下几个优点。

（1）电子交易超越了传统商务的四大障碍——地域障碍、时间障碍、价格信息对比障碍和更换供货商的障碍。电子交易的实施可使厂商真正提供 24 小时不间断服务和全天候营业，方便客户和优化服务，客户可以足不出户、随心所欲地浏览网页和订货，并具有更多的选择余地。

（2）厂商可以根据客户浏览网页的习惯，掌握客户的喜好和消费模式，有助于调整产品结构、生产和进货规划;同时,厂商的直销、广告、宣传和市场调查也可以不受地理位置的限制。

(3) 降低企业内部人与人之间的互动成本。

(4) 减少中间流通环节,实现零库存,降低成本,从而可使用户和厂商双双得利,也有利于遏制假货的出现。借助网络和众多的用户之间实现信息流通,扩大产品销路和选择低价质优的原料。

(5) 减少交通费用,减缓交通压力,节省差旅费用。

从2013年起,我国连续7年成为全球最大的网络零售市场,截至2021年6月,我国网络购物用户规模达8.12亿人,占网民整体的80.3%。

 **相关链接**

DELL笔记本电脑网络交易流程

张丽艳考入寿城职业技术学院电子商务专业后,准备买一台笔记本电脑。她在对众多的笔记本电脑公司调查后,选中了一款。后来,张丽艳在DELL的网站上看到,此型号产品在网上购买,折后价比笔记本电脑公司的售价便宜999元,而且包括增值税和运费,还可以免费得到电脑包和鼠标。张丽艳最后决定在网上购买,操作步骤如下所述。

(1) 在百度上输入"DELL",搜索DELL的网站主页,进入主页后,单击"笔记本电脑"图标。

(2) 找到要购买型号的笔记本电脑后,单击图标,按照网上提供的基本配置标准选定商品。

(3) 将商品放入购物车。在进入"放入购物车"界面后,单击"注册新账户"按钮。

(4) 系统生成了一份订单,并显示了报价单号和订单号。

(5) 在"支付宝"上按照要求进行注册,利用自己的中国邮政储蓄银行的借记卡支付。详细支付流程在模块二讲解。

张丽艳在DELL网站的购物流程如图1-1所示,一笔电子交易顺利完成。一周后,张丽艳收到了笔记本电脑。DELL的这种网络直销模式,不仅促进了公司产品的销售,而且给消费者带来了很多的便利和实惠。

图1-1 DELL网站的购物流程

2. 电子商务支付

电子商务支付是指进行电子商务交易的当事人(包括消费者、厂商和金融机构)使用安全手段和密码技术,通过电子信息化手段进行的货币支付和资金流转。从广义上说,电子商务支付就是发生在购买者和销售者之间的金融交换,而这一交换方式往往借助银行或其他机构支持的某种电子金融工具完成,如电子现金、电子支票和电子银行卡等。它无须任何实物形式的标记,以纯粹电子形式的货币,一般以二进制数字的方式保存在计算机中。

信用卡专线支付结算方式在20世纪70年代就开始了,因此电子商务支付与结算方式的出现要早于互联网的出现。20 世纪 90 年代，随着互联网在全球的普及和应用，电子商务深入发展，标志着信息网络经济时代的到来。一些电子商务支付结算方式逐渐采用费用更低、应用更为方便的公用计算机网络，特别是将互联网作为运行平台，网上支付（Internet Payment）就应运而生了。本书所讲的电子商务支付，主要指的就是网上支付。

与传统的支付方式相比，电子商务支付具有以下优势。

（1）电子商务支付适应整个社会向信息化、数字化发展的趋势。电子商务支付是通过网络以先进、安全的数字流转技术完成信息传输；而传统的交易支付方式则以传统的通信媒介通过现金、票据、银行兑汇等物理实体完成，无法满足信息社会高效、便捷的商务活动需求。

（2）电子商务支付的工作环境是基于开放的系统平台（如互联网），而传统的交易支付方式则在较为封闭的系统中运行（如某银行的各分行之间）。工作环境的开放性使得商家加入电子商务支付系统更加方便快捷，没有障碍；而开放性带来的普遍性也使消费者可以随时随地进行消费支付活动。

（3）电子商务支付是跨时空的电子化支付，能够真正实现全球每周 7 天 24 小时的服务保证。交易方只要有一台能够上网的计算机或手机，就可以足不出户，在很短的时间内完成整个支付过程。

（4）电子商务支付有助于降低交易成本，最终为消费者带来更低的价格。传统的支付系统要求银行、银行职员、自动柜员机及相应的电子交易系统来管理现金和转账，成本非常高。而电子商务支付只需现有的技术设施、互联网和现有的计算机（手机）系统就可以，而且只需要少数系统维护人员。电子商务支付的交易效率较高，从而加快了资金周转速度，降低了企业的资金成本。

3．电子商务支付发展历程

银行采用计算机等技术进行电子商务支付的形式有五种，分别代表电子商务支付发展的不同阶段。

第一阶段是银行利用计算机处理银行之间的业务，办理结算。

第二阶段是银行计算机与其他机构的计算机之间资金的结算，如代发工资等业务。

第三阶段是利用网络终端向客户提供各项银行服务，如自助银行。

第四阶段是利用电子付款机（POS 机），即银行销售点终端，向客户提供自动扣款服务，这是现阶段电子商务支付的主要方式。在这一阶段，以各发卡行的行内授权系统为基础，全国银行卡信息交换中心和城市银行卡中心的建立为银行卡的跨行交互和跨行交易创造了条件，网络现行的支付系统也自然成为第五阶段网上支付的软件和硬件基础。

第五阶段是最新阶段，也是正在发展的阶段。电子商务支付可随时随地通过互联网进行转账结算，形成电子商务交易平台。这一阶段的电子商务支付又叫网上支付。

二、电子商务支付面临的问题

与传统支付相比，电子商务支付具有很大的优势。但就目前而言，电子商务支付仍然存在一些缺陷，限制了其发展，主要表现为以下方面。

（1）安全性和支付信息私密性问题。这是一直困扰电子商务支付发展的关键问题。目前主要采用行政管理和计算机安全技术双管齐下的方法进行防范，如防止内部作案、建立安全认证体系、设立防火墙等。

（2）对软件和硬件要求很高。电子商务支付一般要求有联网的计算机、服务器、相关的软件与配套设施和专业人员，而传统支付则没有这么高的要求。对于原来没有实现电子化办公、没有建设内部网的企业而言，一步到位实现电子商务支付的投入太高。

（3）电子商务支付工具需要相应的系统支持。消费者选用的电子商务支付工具必须满足多个条件，首先要由消费者账户所在的银行发行，要有相应的支付系统和商家所在银行的支持，被商家认可。如果消费者的支付工具得不到商家的认可，电子商务支付还是难以实现的。而对消费者来说，同时持有各种流行的支付工具，也是不现实的。所以，电子商务支付的推广要求商家支持多种支付工具，各种电子商务支付系统能够相互兼容，实现系统互通。

三、网上支付的运行环境

电子商务支付是一种通信频次大、数据量不定、实时性要求较高、分布面很广的电子通信行为，因此电子商务支付的运行环境（网络平台）必须是交换型、通信时间较短、安全保密好且稳定可靠的通信平台，并面向全社会，对所有公众开放。

电子商务支付的常见网络平台有公用电话交换网、公用数据网、专用数据网、EDI（电子数据交换）专用网络平台及近年发展起来的互联网等。最早的电子商务支付网络平台主要有公用电话交换网、x.25 和 x.400 网络等，后来出现了 x.435、x.500 等网络平台。随着网络时代的到来，这些网络的普及面及速度都明显跟不上业务发展的需要，特别是不能支撑以互联网为平台的电子商务支付结算的需要。

目前，网上支付的支撑网络平台主要有两类：一类是传统成熟的 EDI 专用网上支付平台；另一类是大众化网络平台互联网，它们各有优缺点和应用环境。随着在各行各业的大规模普及应用，加上方便快捷、多媒体互动性强及经济的应用特点，大众化网络平台互联网已成为网上支付平台的发展趋势。EDI 正从专用网络逐渐向互联网转移，如 Web-EDI 的发展就是支付平台的关注热点，也体现出上述两个平台的融合趋势。所以，本书的叙述重点是基于互联网平台的电子商务支付。

四、网上支付流程

1. 网上支付结构

互联网网上支付平台主要由互联网、支付网关、银行专用业务网络三部分组成，其网络结构如图 1-2 所示。支付网关的作用是特殊而重要的，它是位于互联网和传统的银行专用网络之间，用于连接银行专用网络与互联网的一组专用服务器。设置支付网关的主要目的是安全连接互联网和银行专用网络，完成两者之间的通信、通信协议转换和进行相关支付数据的加密、解密，将安全性低的互联网上的交易信息传给内部封闭的、安全的银行专用网络，起到隔离和保护银行专用网络的作用。正是因为有了支付网关，互联网网上支付平台才安全可靠，大大方便了商家与客户对网上支付系统的应用，因为支付网关的运作对商家与客户来讲均是"透明"的，它由第三方或银行来研发

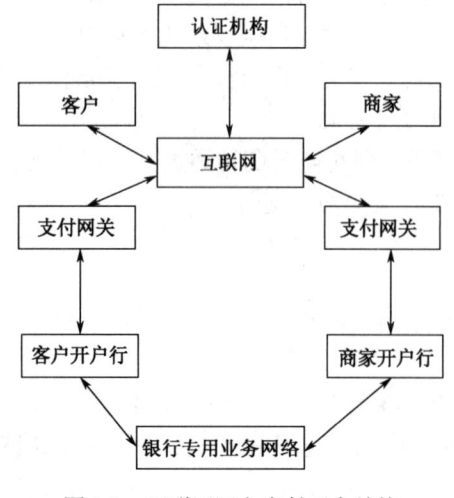

图 1-2　互联网网上支付平台结构

和运作。

2. 电子商务支付流程

电子商务支付借鉴了很多传统支付方式的机制和流程，只不过一个是运用传统纸质货币与票据，大多手工作业，另一个是运用电子货币，网上作业。基于互联网平台的网上支付结算流程与传统的支付结算流程是类似的。如果熟悉传统的支付结算方式，如纸质货币、支票、电子付款机等方式的支付结算过程，将有助于对网上支付结算流程的理解。例如，用户通过互联网进行电子商务支付的流程与目前商店中的销售点系统的支付结算流程非常相似，其主要不同在于，电子商务支付的客户通过计算机，以互联网服务器作为操作和通信的工具，而电子付款机支付结算使用专用刷卡机、专用终端和专线通信。

基于互联网平台的电子商务支付的基本流程如图 1-3 所示。

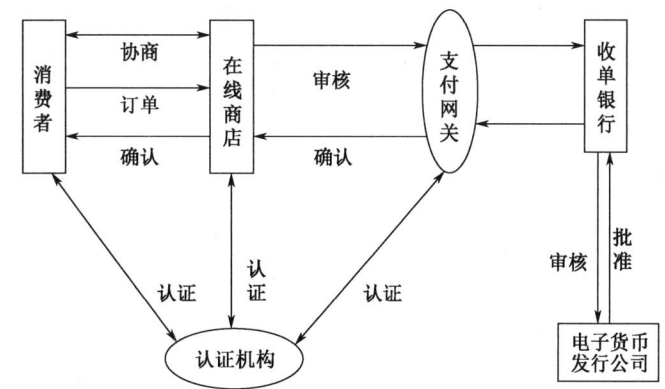

图 1-3　基于互联网平台的电子商务支付的基本流程

根据工作流程图，可将整个电子商务支付工作程序分为下面 7 个步骤。

（1）消费者利用自己的计算机通过互联网选定所要购买的物品，并在计算机上输入订单，订单上需包括在线商店、购买物品名称及数量、交货时间及地点等相关信息。

（2）通过电子商务服务器与有关在线商店联系，在线商店做出应答，告诉消费者所填订单的货物单价、应付款数、交货方式等信息是否准确，是否有变化。

（3）消费者选择付款方式，如信用卡、电子钱包、电子现金、电子支票或网上银行账户等，确认订单，签发付款指令。此时安全电子交易协议开始介入。

（4）在安全电子交易协议中，消费者必须对订单和付款指令进行数字签名，利用双重签名技术保证商家看不到消费者的账户信息。

（5）在线商店接受订单后，向消费者所在银行请求支付认可。信息通过支付网关到收单银行，再由电子货币发行公司确认。电子货币发行公司批准交易后，返回确认信息给在线商店。

（6）在线商店发送订单确认信息给消费者。消费者端软件可以记录交易日志，以备将来查询。

（7）在线商店发送货物，或提供服务，并通知收单银行将钱从消费者的账户转移到在线商店账户，或通知电子货币发行公司请求支付。

在认证操作和支付操作中间一般会有一个时间间隔。例如，在每天下班前请求银行工作人员结当天的账。

上面所讲的网上支付的基本流程只是对目前各种网上支付结算方式的应用流程的简单归纳，并不表示各种网上支付方式的应用流程与此一样。事实上，在实际应用中，各种网上支付方式的应用流程因技术、资金数量、管理机制不同而有所区别，但大致遵循该流程。不过，像信用卡、电子现金、网上银行账户的网上支付结算流程还是有所区别的。

网上支付流程还有一个特点，即实现的是资金立即支付，它适用于数目众多的较小金额的电子商务业务，对消费者与商家来说都是方便的。对较大金额的资金支付结算，如大企业与大企业之间的电子商务，实现互联网上的立即支付并不现实。在这种情况下，独立于商务交易环节的金融 EDI 或银行专业电子资金转账系统，还是目前被普遍采用的支付结算方式。

实践训练

1. 课堂讨论

（1）电子商务支付产生的根源是什么？电子交易有哪些优点？

（2）什么是电子商务支付？电子商务支付具有哪些优势，存在哪些问题？

（3）电子商务支付的基本流程是什么？

2. 案例分析

比尔·盖茨曾断言"传统银行将成为 21 世纪即将灭绝的恐龙"，该结论未免有些夸张，至少在国内是不现实的。但是，银行的电子化能力确实远远落后于发展的需要，甚至可以说，正因为如此才造就了中国特色的电子商务支付业务。

飞速发展的互联网彻底颠覆了银行对持卡用户的传统服务思维，使之变得更加电子化、便捷化和个性化。网上银行是第一个由互联网推动而标准化的银行电子通道，接下来会是什么呢？快捷无卡、IVR 语音、代收代付、空中发卡……无论如何，银行的电子通道将越来越丰富、越来越标准化。另外，这些电子通道的承载能力、安全保障、产品易用性、资费定价方式等需要大幅优化，才能满足"80 后""90 后"主流用户急速膨胀的消费需求。

讨论与分析

传统银行的银行卡、网上银行等电子商务支付工具在电子交易过程中具有哪些优势和劣势，需要做哪些改进？

3. 实务训练

（1）你进行过电子商务支付吗？你下载过收费的彩铃吗？搜索并登录一家音乐网站，找到你喜欢的彩铃，试着下载一首。你是怎么支付的？与到营业厅交纳手机费相比，你认为这种电子商务支付有哪些优势？

（2）上网查找信用卡支付流程，画出流程图。

实训说明

（1）请同学们在课后完成本单元实训。

（2）对比银行卡和网上银行支付的异同。

4. 课后拓展

（1）上网查询你持有的银行卡和该银行网上银行的支付流程。

（2）上网查询，了解其他支付工具，如信用卡、电子现金等的支付流程。

第二单元　电子商务安全

拿什么拯救我们的"手机钱包"

随着电子商务的快速发展，吃饭、打车、购物、看电影、充值、发红包……人们的日常行为已经与移动支付密不可分。与此同时，一些不法分子也瞄准这一新生事物，利用移动支付领域存在的技术漏洞以及监管不到位等从事诈骗活动，且作案手段不断翻新，令打击难上加难。

2022年1月，北京市王先生收到一条某电商网站的推销短信，是他以前浏览过的一家网店发来的，其空调价格要比之前便宜近千元。王先生用手机扫描了店主发来的二维码后，进入一个网页，该网页与王先生以前浏览的官方网站非常相似。王先生进入一个支付界面，输入银行账号和密码后却显示支付失败，之后发现自己的银行账户被转走1万余元。

通过上述情景案例可以发现，网上支付安全是电子商务面临的最大安全问题。只有建设良好的电子商务安全系统，才能保障网上支付的安全性，促进电子商务的健康发展。

电子商务安全面临哪些威胁？具体包括哪些安全要素？技术方面应该采取什么防范措施？管理方面应该怎么加强监管？如何才能实现安全的电子商务？如何才能使王先生遭遇的事件不再重演？

随着互联网的发展，电子商务已经逐渐成为人们进行商务活动的新模式。越来越多的人通过互联网进行商务活动。电子商务的发展给人们的工作和生活带来了新的尝试和便利，前景十分诱人，也为人们带来无限商机。但是，许多商业机构对是否进入电子商务领域仍持观望态度，主要原因是对网上运作的安全问题存有疑虑。美国密歇根大学的一个调查机构曾对2.3万名互联网用户进行调查，结果显示：超过60%的人由于担心电子商务的安全性问题而不愿进行网上购物。

木马病毒的猖狂泛滥、人们防范意识的不足，使电子商务的安全性，尤其是电子商务支付的安全性，越来越成为人们关注的热点。

当许多传统的商务方式应用在开放的互联网上时，便会带来许多安全方面的问题。电子商务的交易安全就是对交易中涉及的各种数据的可靠性、完整性和可用性进行保护。做到传输的安全性、数据的完整性、交易各方的身份认证和交易的不可否认性，才能确保电子商务的安全。

电子商务安全可以分为信息传输与访问过程中的安全，以及电子商务系统的安全，电子商务安全协议、网上支付安全、移动商务安全、移动支付安全、电子商务身份认证和计算机及其网络的安全。

从国内外的情况来看，电子商务发展的速度太快，致使相关安全技术和安全管理跟不上，这是一个越来越突出的问题。"安全"是一个系统的概念，电子商务安全问题是一个技术性的问题，不仅涉及技术，还有管理，而且与社会道德、行业管理及人的行为模式密切相关。

电子商务面临哪些安全威胁，如何进行有效防范？

相关知识

在运用电子商务模式进行贸易的过程中，安全问题就成为电子商务最核心的问题，也是电子商务得以顺利推行的保障。

电子商务在全球范围内的迅猛发展，使电子商务中的网络安全问题日渐突出。在传统交易过程中，买卖双方是面对面的，因此比较容易保证交易过程的安全性和建立起信任关系。但在电子商务过程中，消费者、商户、银行是通过网络来联系的，彼此远隔千山万水，通过网络来完成购物、支付等一系列商务活动；如果系统安全性被破坏，入侵者就有可能假冒成合法用户来改变用户数据、解除用户订单或生成虚假订单，使商户遭受损失；消费者在将个人数据或自己的身份数据（如口令）发送给商户时，这些信息也可能在传递过程中被窃听，使消费者受到损失。因此，电子商务系统中交易各方都面临着安全威胁。

一、电子商务面临的安全威胁

信息在网络上传递时，要经过多个环节和渠道。由于计算机技术发展迅速，原有的病毒防范技术、加密技术、防火墙技术等始终存在被新技术攻击的可能性。计算机病毒的侵袭、黑客非法侵入、线路窃听等很容易使重要数据在传递过程中泄露，威胁电子商务交易的安全。一般来说，在电子商务中普遍存在以下几种安全隐患。

1. 信息的截获和窃取

如果没有采用加密措施或加密强度不够，攻击者可能通过互联网、公共电话网、搭线、在电磁波辐射范围内安装截收装置或在数据包通过的网关和路由器上截获数据等方式，获取机密信息，或通过对信息流量和流向、通信频度和长度等参数的分析，找出有用信息，如消费者的银行账号、密码及企业的商业机密等。

2. 信息的篡改

当攻击者熟悉了网络信息格式以后，通过各种技术方法和手段对网络传输的信息进行中途修改，并发往目的地，从而破坏信息的完整性。这种破坏手段主要有三方面。

（1）篡改：改变信息流的次序，更改信息的内容，如篡改购买商品的出货地址等。

（2）删除：删除某个消息或消息的某些部分，例如，一些淘宝店铺雇用黑客删除差评，误导消费者。

（3）插入：在消息中插入一些信息，让接收方读不懂或接收错误的信息。

3. 信息假冒

当攻击者掌握了网络信息数据规律或解密了商务信息以后，可以假冒合法用户或发送虚假信息来欺骗其他用户，主要有以下两种方式。

（1）伪造电子邮件。虚开网站和商店，给用户发电子邮件，收订货单；伪造大量用户发电子邮件，耗尽商家资源，使合法用户不能正常访问网络资源，使有严格时间要求的服务不能及时得到响应；伪造用户发大量电子邮件，窃取商家的商品信息和用户信息等。

（2）假冒他人身份。冒充领导发布命令、调阅密件；冒充他人消费、栽赃；冒充主机欺骗合法主机及合法用户；冒充网络控制程序，套取或修改使用权限、通行字、密钥等信息；接管合法用户，欺骗系统，占用合法用户的资源。由于攻击者掌握了数据格式，并可以篡改在网络节点通过的信息，可以冒充合法用户发送虚假信息或者主动获取信息，而远端用户通常很难分辨真伪。

4．恶意破坏

攻击者可以接入网络，则可能对网络中的信息进行修改，掌握网上的机要信息，其后果是非常严重的。

5．交易否认

交易否认包括多个方面。例如，发信者事后否认曾经发送过某条信息或内容；收信者事后否认曾经收到过某条消息或内容；购买者下了订货单后否认；商家卖出商品后因价格变化而不承认原有的交易。

此外，各种外界的物理性干扰，如通信线路质量较差、地理位置复杂和自然灾害等，都可能影响到数据的真实性和完整性。

相关链接

互联网信息安全不容乐观

2016 年，准大学生徐玉玉被骗后不幸死亡、清华大学教授被骗 1760 万元，这些案件轰动全国。

如何才能提高我们的信息安全性呢？

根据第 46 次《中国互联网络发展状况统计报告》显示，截止到 2020 年 6 月，网民遭遇各类网络安全问题的比例如图 1-4 所示。

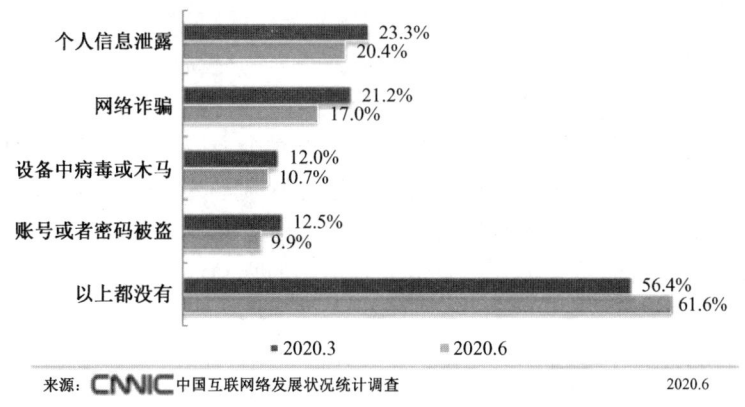

图 1-4　网民遭遇各类网络安全问题的比例

我国境内被篡改网站数量如图 1-5 所示。

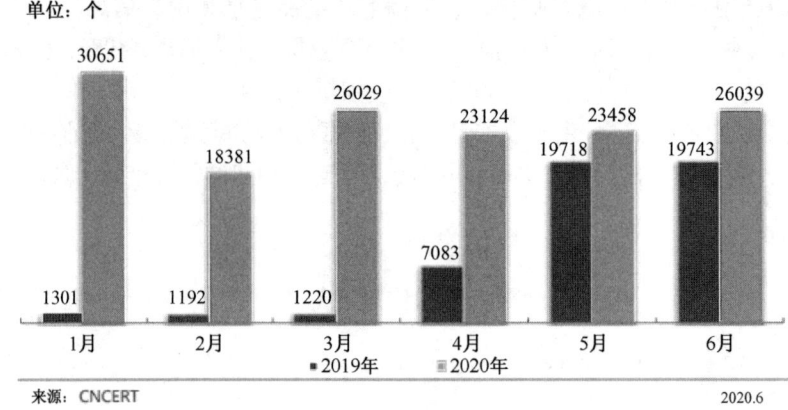

图 1-5　我国境内被篡改网站数量

二、电子商务安全要素

电子商务随时面临威胁，使用户对电子商务安全有迫切需求。一个安全的电子商务系统要求具有有效性、真实性、保密性、完整性和不可否认性。下面分析电子商务的安全要素。

1. 有效性

有效性是指贸易数据在确定的时刻、确定的地点是有效的。

电子商务以电子形式取代纸张，保证信息的有效性就成为开展电子商务的前提。电子商务作为贸易的一种形式，其信息的有效性将直接关系到个人、企业或国家的经济利益和声誉，所以要对网络故障、操作错误、应用程序错误、硬件故障、系统软件错误，以及计算机病毒产生的潜在威胁加以控制和预防。保证计算机系统的安全是保证电子商务系统数据传输、数据存储及电子商务完整性检查的正确和可靠的根基。

2. 真实性

真实性是指接收方可以确信信息来自发信者，而不是第三者冒名发送的；发送方可以确信接收方的身份是真实的，而不至于将商品发往与交易无关的第三方。

由于网络电子商务交易系统的特殊性，企业或个人的交易通常都是在虚拟的网络环境中进行的，要使交易成功，必须做到：首先要能确认对方的身份，商家要考虑客户端不能是骗子，客户也会担心网上的商店是不是一个黑店，所以对个人或企业实体进行身份确认成了电子商务中很重要的一环；其次对人或实体的身份进行鉴别，为身份的真实性提供保证，即交易双方能够在相互不见面的情况下确认对方的身份。这意味着当某人或实体声称具有某个特定的身份时，鉴别服务将提供一种方法来验证其声明的正确性，一般都通过证书认证机构和证书来实现。

例如，在互联网中，计算机系统的身份是由 IP 地址确认的，黑客使用虚假的 IP 地址，以达到隐瞒自己身份的目的。另外，在日常的电子邮件中，很难避免匿名邮件或使用不真实的邮件用户名。因此，在电子商务中必须建立严格的身份认证机制，以确保参加交易的各方身份的真实性。

3. 保密性

保密性是指保证只有发送者和接收者可以接触到信息。

电子商务作为贸易的一种手段，其信息一般包括个人、企业或国家的商业机密。例如，信用卡的账号和用户名被人获悉，就可能被盗用；订货和付款的信息被竞争对手获悉，就可能丧失商机。传统的纸面贸易都是通过邮寄封装的信件或通过可靠的通信渠道发送商业报文来达到保守机密的目的；而电子商务建立在开放的网络环境中，所以要求对传送的信息加密，以预防非法的信息访问和信息在传输过程中被非法窃取。

4. 完整性

完整性是指信息在传输过程中未经任何改动。

由于数据输入时的意外差错或欺诈行为，或者在数据传输过程中信息丢失、重复或传送次序的差异都可能导致贸易各方得到的信息不同。由于互联网是开放体系，只要网络用户具备特定的知识和工具，完全可以更改传输中的数据。因此，必须预防对信息的随意生成、修改和删除，同时防止在数据传送过程中信息丢失和重复，并保证信息传送次序的统一。另外要采取适当的访问控制措施，以保证数据存取系统的安全。在电子商务中，务必保存数据原始的格式和内容，因为贸易各方信息的完整性会影响交易和经营的策略。保持贸易各方信息的完整性是电子商务应用的基础。

5. 不可否认性

不可否认性是指在交易数据发送完成以后，双方都不能否认自己曾经发出或接收过信息。

在传统的纸面贸易中，贸易双方通过交易合同、契约或贸易单据等书面文件上的签名或印章来鉴别贸易伙伴，确定合同、契约或单据的可靠性，以预防否认行为的发生，这也就是人们常说的"白纸黑字"。为了保证通信过程的各个环节都是不可否认的，电子交易必须为交易双方提供可靠的标识。

不可否认性主要包含数据的原始记录和发送记录，确认数据已经完成发送和接收，防止接收用户更改原始记录，或者否认已收到数据并拖延下一步工作。为了保证交易过程的可操作性，必须采取可靠的方法来确保交易过程的真实性，保证参加电子交易的各方承认交易过程的合法性。

三、电子商务安全技术

一个全方位的计算机网络安全体系结构包含网络的物理安全、访问控制安全、系统安全、用户安全、信息加密、安全传输和管理安全等。充分利用各种先进的主机安全技术、身份认证技术、访问控制技术、密码技术、防火墙技术、安全审计技术、安全管理技术、系统漏洞检测技术、黑客跟踪技术，在攻击者和受保护的资源间建立多道严密的安全防线，能够极大地增加恶意攻击的难度，并增加审核信息的数量，利用这些审核信息可以跟踪入侵者。下面主要介绍密码技术、安全协议、PKI（public key infrastructure，公开密钥基础设施）技术、网络安全技术等内容。实际上安全协议和 PKI 技术都源于密码技术。

1. 密码技术

密码技术是保证电子商务安全的重要手段，是信息安全的核心技术。它主要包括加密、密钥管理、数字签名三大技术。

（1）加密。加密就是使用数学方法来重新组织数据，除合法的接收者外，任何其他人要想恢复原先的"报文"或读懂变化后的"报文"是非常困难的。许多密码算法现已成为网络安全和商务信息安全的基础。密码算法利用密钥来对敏感信息进行加密，然后把加密好的数据和密钥（要通过安全方式）发送给接收者，接收者可利用同样的算法和传递来的密钥对数据解密，从而获取敏感信息并保证网络数据的机密性。

（2）密钥管理。密钥管理包括密钥的产生、存储、装入、分配、保护、丢失、销毁及保密等内容。其中分配和存储是最棘手的问题。密钥管理不仅影响系统的安全性，而且涉及系统的可靠性、有效性和经济性。用密码技术保护的现代信息系统的安全性主要取决于对密钥的保护，而不是对算法或硬件本身的保护，即密码算法的安全性完全寓于密钥之中。

（3）数字签名。数字签名是公开密钥加密技术的一种应用，是指用发送方的私有密钥加密报文摘要，然后将其与原始的信息附加在一起，合称为数字签名。利用数字签名能够实现对原始报文的鉴别与验证，保证报文的完整性、权威性和发送者对所发报文的不可否认性。数字签名机制提供了一种鉴别方法，保证网络数据的完整性和真实性。其被普遍用于银行业务、电子贸易等，以解决伪造、否认、冒充、篡改等问题。

2. 安全协议

安全协议是许多分布式系统安全的基础，是电子商务系统运行的安全通信标准。目前国际上流行的电子商务采用的协议主要包括以下方面。

（1）电子商务支付协议。电子商务支付是电子商务中最重要的内容，目前已经出现了很多的电子商务支付协议。在现实生活中常见的有基于银行卡的支付协议、基于支票的支付协议和基于现金的支付协议，著名的有 First Virtual、SSL、SET、iKP、NetBill 等。

（2）安全 HTTP（S-HTTP）协议。

（3）安全电子邮件协议（如 PEM、S/MIME 等）。

（4）用于公对公交易的互联网 EDI（UN/EDIFACT）等。

3. PKI 技术

PKI 是利用公开密钥算法原理和技术为网上通信提供通用安全服务的基础设施。它为电子商务、电子政务、网上银行证券等提供安全基础平台。

密钥管理是电子商务中普遍存在的安全问题。为解决在互联网上开展电子商务的安全问题，世界各国经过多年研究后，初步形成了一套完整的解决方案。PKI 采用证书管理公开密钥，即结合 x.509 标准中的鉴别框架来实现密钥管理，通过证书认证机构把用户的公开密钥及其他标识信息捆绑在一起，在互联网上验证用户的身份，保证网上数据的保密性和完整性。

PKI 的核心元素是数字证书，其核心执行者是认证机构。有关数字证书服务的应用、实施是广泛开展电子商务的基本前提，电子商务的深入开展离不开数字证书技术和认证机构的正确督导。

4. 网络安全技术

网络安全是电子商务安全的基础，一个完整的电子商务系统应建立在安全的网络基础设施之上。网络安全涉及的方面比较多，如操作系统安全、防火墙技术、VPN（Virtual Pager Network，虚拟专用网）技术、各种反黑客技术和漏洞检测技术等。其中最重要的就是防火墙技术。

防火墙建立在通信技术和信息安全技术之上，它用于在网络之间建立一个安全屏障，根据指定的策略对网络数据进行过滤、分析和审计,并对各种攻击提供有效的防范,主要用于互联网接入和专用网与公用网之间的安全连接。其具体工作原理,在模块六将进行详细叙述。

相关链接

防　火　墙

防火墙一般有3个端口,如图1-6所示。其中一个接外网(互联网),一个接内网,一个接DMZ(demilitarized zone,隔离区),在DMZ中有网络服务器。防火墙要达到的效果:内网区的计算机可以任意访问外网,可以访问DMZ中指定的网络服务器,互联网和DMZ中的计算机不能访问内网;互联网可以访问DMZ中的服务器。

VPN也是一项保证网络安全的技术之一,它是在公共网络中建立一个专用网络,数据通过建立好的虚拟安全通道在公共网络中传播。企业只需要租用本地的数据专线,连接上本地的公众信息网,其各地的分支机构就可以互相安全传递信息;同时,企业还可以利用公众信息网的拨号接入设备,让自己的用户通过公众信息网连接进入企业网。VPN具有节省成本、远程访问、扩展性强、便于管理和实现全面控制等优点,是企业网络发展的趋势。

图1-6　防火墙

四、电子商务安全体系结构

电子商务的安全体系应包括:安全可靠的通信网络,保证数据传输的可靠性和完整性,防止病毒、黑客入侵;电子签名和其他身份认证系统;完备的数据加密系统等。

1. 支持服务层

支持服务层包括密码服务、通信、归档、用户接口和访问控制等模块,它提供了实现安全服务的安全通信服务。

2. 传输层

传输层发送、接收、组织商业活动所需的封装数据条,在客户和服务器之间根据安全设定来传递信息。数据条的基本类型:签名文本、证书、收据、已签名的陈述信息、数字化的商品、访问某种服务所需的信息、获得物理商品所需的信息等。传输层包括付款模块、文档服务模块和证书服务模块等。

3. 交换层

交换层提供封装数据的公平交换服务。公平是指A和B同意进行交换,则A收到B封装数据条的充分必要条件是B收到A的封装数据条。

4. 商务层

商务层提供商业方案,如邮购零售、在线销售信息等。商务层也称一般业务服务层。这一层实现各种网上商务活动与服务,如标准的商品目录(价目表)、电子商务支付工具等,保证商务信息安全传送、认证交易各方的合法性、商务活动协同和商品交易等。

五、电子商务安全法律要素

安全的电子商务除依赖技术因素外,还必须依靠法律手段、行政手段来最终保护参与电子商务各方的利益。法律规范的建设成为当前电子商务发展不可或缺的要素。

开展电子商务需要在企业和企业之间、政府和企业之间、企业和消费者之间、政府和政府之间明确各自需要遵守的法律义务和责任,其主要涉及以下几方面的法律要素。

1. 有关证书认证机构的法律

证书认证机构(certificate authority,CA)是在电子商务中买卖双方之外的公正的、权威的第三方,是电子商务中的核心角色,它担负着保证电子商务公正、安全进行的任务。因此,必须由国家法律来规定证书认证机构的合法地位、设立程序和设立资格及必须承担的法律义务和责任,也必须由法律来规定由谁对证书认证机构进行监管,并明确监管的方法及违规处罚措施。

2. 有关保护个人隐私的法律

本着最小限度收集个人数据、最大限度保护个人隐私的原则来制定法律,以消除人们开展电子商务时对泄露个人隐私及重要个人信息(如信用卡账号和密码)的担忧,从而吸引更多的人进行电子商务活动。

3. 有关电子合同的法律

需要制定有关法律,对电子合同的法律效力予以明确;对数字签名、电子商务凭证的合法性予以确认;对电子商务凭证,电子商务支付数据的伪造、变更、注销做出相应的法律规定。

4. 有关电子商务的消费者权益保护法

在网络交易过程中,消费者对商家信誉的信心只能寄托于为交易提供服务的第三方,如证书认证机构和收款银行等。其中,证书认证机构能够核实商家的合法身份,收款银行则能掌握商家的信誉情况。一旦因商家不交货、不按时交货或者货不符实而对消费者产生损害时,可以由银行先行赔偿消费者,再由银行向商家追索损失,并降低商家在银行的信誉度,或取消商家电子商务支付账户,或将商家违规情况记入证书认证机构的黑名单,甚至取消商家的数字证书。

5. 有关网络知识产权保护的法律

网络对知识产权的保护提出了新的挑战,因此在研究技术保护措施时,还必须建立适当的法律框架,以便侦测仿冒和欺诈行为,并在上述行为发生时提供有效的法律援助。

值得指出的是,在制定电子商务法律时,要坚持灵活性和安全性的高度辩证统一。为了电子商务的安全性,电子商务立法必须加快。但是,由于电子商务还处在快速发展之中,在很多方面(如数字身份认证)应该首先考虑行业的自律机制,以避免不灵活或不协调的政府法规的"锁定"效应。

 **相关链接**

手机成用户第一钱包，移动支付安全状况堪忧

360 公司发布《2020 年中国手机安全状况报告》，该报告显示，"90 后"是手机诈骗的主要受害者，占比高达 37.5%，"00 后"占比为 28.7%，而"70 后""60 后"占比还不到 10%。

2020 年，360 公司共接到手机诈骗举报 2656 起。其中诈骗 1340 起，涉案总金额高达 1520.2 万元，人均损失 11345 元。

在所有诈骗类型中，金融理财类诈骗是举报人数最多的诈骗类型，占比高达 23.4%；其次是虚假兼职诈骗（占比 18.4%）和交友诈骗（占比 15.8%）等。男性被骗人数明显高于女性，男性受害者占 61%，女性为 39%。

手机正成为个人财富中心，但移动支付安全状况仍然堪忧，钓鱼网站、恶意程序威胁个人财产。一条短信、一个链接都可能使人倾家荡产。

 实践训练

1. 课堂讨论

（1）电子商务面临的安全威胁有哪些？
（2）电子商务安全要素有哪些？
（3）电子商务安全技术主要有哪两类？

2. 案例分析

支付机构需平衡快捷与安全

针对网上支付风险，阿里小微金服集团安全副总裁江朝阳详解了支付宝的安全策略，通过实时风险监控系统将资损率控制在十万分之一以下，远低于业内平均水平。

针对用户支付账户被盗的事件，支付宝从终端环境、用户认证、隐私保护、安全产品、交易行为监控等方面保障用户安全。以交易行为监控为例，支付宝开发了一套国内先进的智能风险实时监控系统，可以实时为用户提供保护。

据支付宝方面统计，2012 年因电信运营商二次放号带来的账户风险显著降低。"我们已经宣布，类似案例我们会进行补偿，可以说风险非常低。但考虑到用户的诉求，我们还是开通了安全度更高的'双因子'验证机制，增加了身份证输入验证。"江朝阳坦言，双因子提高了安全度，但降低了便捷性。"提升了密码通过手机重置的安全级别，有 20% 的用户因无法找回密码而投诉，而这个机制对相关案件发生率的下降几乎没有作用。"

因此，支付宝方面认为，解决此类安全问题更好的方式是运营商等上下游伙伴通力合作。

讨论与分析

在电子商务支付过程中，你认为快捷和安全哪个更重要？

3. 实务训练

（1）上网查找最新的病毒流行排行，了解一两个电子商务安全事件。掌握电子商务安全的具体内容。

（2）你的计算机、手机受到过安全威胁吗？你是如何处理的？

（3）对于防范网络攻击、保护信息安全，你有哪些建议？

实训说明

（1）本部分实训既可在课堂上进行，也可在课后完成。

（2）总结电子商务安全事件产生的原因，指出应该采取哪些相应的预防措施。

4. 课后拓展

（1）以小组为单位上网收集资料，开展"电子商务安全技术和法律哪个更重要？"的辩论。

（2）《中华人民共和国网络安全法》由全国人民代表大会常务委员会于 2016 年 11 月 7 日发布，自 2017 年 6 月 1 日起施行。扫描二维码 1-1，了解该法的内容，分析其重大意义。

1-1

（3）《中华人民共和国电子商务法》（2018 年 8 月 31 日第十三届全国人民代表大会常务委员会第五次会议通过），扫描二维码 1-2，进行学习。

1-2

【课程思政】做一名合格的大学生必须树立法律意识，增强法制观念，提高法律素质，简而言之，要做到学法、知法、懂法、守法。

第三单元　安全电子商务支付

情景案例

手机用来打电话、发短信人人皆知，而现在，不用兑换零钱，也不用使用公交 IC 卡，乘坐公交车时将手机在车上的刷卡机轻轻一"刷"，就能坐公交车了。手机不仅可用来刷卡乘车，还可查询余额和空中充值。这种过去听起来有点"天方夜谭"的事，现在已经非常普遍了。

随着业务的不断发展，手机除了能乘坐公交车，还可在超市、便利店等地方刷卡购物，真正实现"一机在手，消费随心"。继卡类支付、网上支付后，手机支付俨然成为消费领域的新宠。

手机支付便利了消费者，也为商家带来了机遇，电子商务支付促进了电子商务的发展，其前景广阔。淘宝的成功，除网站自身的优势以外，支付宝起到的作用也是不可低估的。

消费者在进行电子商务支付的时候，最担心的就是安全问题。银联手机支付使用了目前国际上比较先进、比较安全的智能加密技术，采用硬件级加密，无法破译，比传统的银行卡和网上银行更加安全。因此，如果手机遗失，无须担心银行卡信息的丢失和账户资金的安全，挂失并补办智能 SD 卡后就可继续使用。

 任务思考

手机支付大大地便利了人们的生活，拓展了电子商务支付的新领域。无论使用信用卡、网银还是手机移动支付，人们除了关心便捷性，最为担心的还是安全问题。那么，电子商务支付面临哪些安全威胁？其应对措施是什么？安全的电子商务支付对电子商务的发展和我们的生活有什么意义？

本单元主要讲述安全电子商务支付的内容，本单元可以激发同学们学习"电子商务支付与安全"的积极性。

任务分析

以电子商务支付技术为基础的信用卡、电子货币、网上银行和移动支付等的普及应用，为电子商务的发展提供了金融基础。信用卡以其方便、快捷、安全等优点成为人们消费支付的重要手段，并由此形成了完善的全球性信用卡计算机网上支付与结算系统，为电子商务中的网上支付提供了重要的技术手段。

从 2012 年"双十一"支付宝无线业务单日 900 万笔的业绩，可以看出移动支付的潜力。另外，智能终端的普及也给移动支付在硬件上带来了更大的可操作性。移动支付产业链各方都在积极寻求合作，共同开发、抢占市场。为使自身利益最大化，银行、运营商、第三方机构各方激烈博弈，分别推出了适合自身发展的移动支付方式。例如，中国移动大力倡导的 RF-SIM 方案，银联推广的 SD 卡方案，手机制造商推广的 NFC 方案等，激烈的多方博弈导致我国的移动支付市场一度处于比较混乱的状态。

2012 年是移动支付爆发式增长的前兆，移动支付在这一年占尽了天时、地利、人和，其后以惊人的速度改变了整个支付产业。

继手机一卡通支付后，微信支付已经上线。用户只需在微信中关联一张银行卡，并完成身份认证，即可将装有微信 App 的智能手机变成一个全能钱包，之后即可购买合作商户的商品及服务，用户在支付时只需在自己的智能手机上输入密码，无须任何刷卡步骤即可完成支付，整个过程简便流畅。

无论是银行卡、网上银行还是手机移动支付，都极大地方便了消费者。电子商务的发展，除了依靠计算机技术、互联网技术，支付技术和安全技术是其最重要的基础。相应的法律制度、管理规范是我国电子商务有序发展的重要保障。

作为 2012 年涌现出来的创新热点，移动支付很有可能改变产业发展与未来生活。电子商务支付的不断创新，保障了电子商务的快速发展。但像用户被盗刷资金的事件，也给消费者的网上支付带来了隐忧。

 相关知识

一、电子商务支付的安全问题

信息流、商流、资金流、物流是商务活动的四大环节，而资金流是商务运作模式的核心，是政府、商家、客户最为关心的对象，政府、企业及家庭和个人对资金流的运行效率和服务质量的要求越来越高。

电子商务安全和网络安全问题已经变得日益突出，在这种背景下，网络金融服务面临和很多普通互联网服务相同的安全威胁，电子商务支付的有效性、真实性、保密性、完整性和不可否认性等安全要求面临危机，支付的安全性变得尤为重要。

1. 电子商务支付面临的安全问题

2021年1—5月，全国共破获电信网络诈骗案件11.4万起，打掉犯罪团伙1.4万余个，抓获犯罪嫌疑人15.4万名，同比分别上升60.4%、80.6%和146.5%。相关部门成功劝阻771万名群众免于受骗，为群众挽回经济损失991亿元。针对电子商务支付的违法犯罪案件时有发生，犯罪手法不断翻新，安全问题日益困扰蓬勃发展的中国电子商务支付行业。

电子商务支付面临的安全问题主要表现在以下几方面。

（1）计算机病毒。计算机病毒是被插入计算机程序的破坏计算机功能或者数据、影响计算机使用并且能够自我复制的一组计算机指令或者程序代码。计算机中毒后，可能导致正常的程序无法运行，计算机内的文件受到不同程度的损坏，通常表现为增、删、改、移。中毒的计算机很可能无法正常完成电子商务活动，或者无法进行正常的电子商务支付。

（2）黑客攻击。利用计算机的安全漏洞，入侵计算机系统的行为被称为"黑客攻击"。黑客以侵入他人计算机系统、盗窃系统保密信息、破坏目标系统的数据为目的。在利益的驱使之下，入侵者在网上获取用户信息，将账单转嫁到目标主机上，或设立钓鱼网站，对用户进行诈骗。

相关链接

遭受境外黑客攻击严重

来自国家互联网应急中心的最新数据显示，中国遭受境外网络攻击的情况日趋严重。2020年，约1.9万台位于美国的木马或僵尸网络控制服务器，控制了中国境内约446万台主机。这两个数字较上一年分别增长了10.2%和4.1%。

针对中国网上银行、支付平台和网上商城等的钓鱼网站有96%位于境外。

（3）系统安全漏洞。系统安全漏洞是指可以用来对系统安全造成危害，系统本身具有的或在设置上存在的缺陷。安全漏洞主要是因为系统在设计和实施中出现错误所致，造成信息完整性、可获得性和保密性受损。错误通常在软件中，也存在于各个信息系统层，从协议到设计及物理硬件。系统在安全方面存在漏洞，非法网站、病毒和非法插件会通过漏洞入侵系统，破坏系统的安全性，给电子商务支付带来巨大的威胁。

2. 电子商务支付安全问题产生的主要原因

（1）技术原因。由于受到计算机和网络科学技术水平的限制，系统的安全漏洞还无法彻底消除，电子商务支付系统的软件、硬件和协议等存在安全漏洞，很容易被不法分子利用。电子商务支付依赖现代化的电子信息传递和电子处理系统，一旦通信或系统出现故障，将会出现资金汇划延误，严重时将导致整个电子商务支付业务瘫痪。

（2）安全意识低。在国内，互联网用户账号、密码信息被盗取现象已存在多年，甚至已形成"灰色产业链"。一些单位和个人安全意识不强或防范手段有疏漏，导致账号、密码等通过网络泄密，造成资金损失。在当前网络安全形势尖锐的环境下，加强对信息系统的安全保护，提升安全防范意识尤为重要。养成良好的上网习惯，尽可能不在网吧等公共场合进行网上支付。

（3）法律因素。现有的法律规范对网络安全犯罪缺少具体司法解释，缺少具体定罪量刑标准。《计算机信息网络国际联网安全保护管理办法》规定制造和传播计算机病毒是违法的，但对于木马、黑客程序等并没有清晰的界定，这也是木马程序制造者敢于利用网络公开叫卖的根本原因。

病毒软件只是一种计算机程序，每个环节都不违法，但如果将其应用于窃取账号等行为时，就违法并危害了网络安全，但很难查处。例如，虚拟资产在现实中难以认定价值，定盗窃罪没有依据。受害者有权利提起民事诉讼请求，但在操作上有些困难，包括收集证据、赔偿的标准和计算方法，目前在立法上缺少统一的规定。

（4）安全管理滞后。由于我国电子商务支付方面的法律相对滞后，对电子商务支付市场（特别是非金融机构）监管不够，目前商业银行和非金融机构的支付产品质量参差不齐，机构员工安全意识淡薄，安全防护措施不够，用户的交易安全和个人信息存在很大的风险。有些电子商务支付平台要求用户提供真实姓名、联系方式、住址、银行账号甚至身份证号，个别网站在设计上存在问题，致使这些信息很容易泄露。

（5）信用体系不健全。我国的信用机制建设启动较晚。2002 年，上海资信有限公司运营的个人信用联合征信服务系统投入使用，中国第一个"个人信用档案数据中心"诞生。随后，其他信用建设项目陆续开始启动。美国建立完善的信用体系，足足用了 100 年的时间。

信用评价体系落后，信用缺失成本低，失信甚至违法行为大行其道。进行电子商务支付时，交易双方相互不信任，都害怕对方不守信，担心自己的利益受到侵害。

电子商务能够促进交易的发生，降低交易的成本。在电子商务支付阶段，如果没有足够的诚信体系做保证，交易成本反而会提升。尽快建立起健全的社会信用评价体系是解决我国电子商务支付信用问题的当务之急。

二、安全电子商务支付的途径

1. 技术保障

技术保障是指实现电子商务所需的设备、技术等能够稳定、安全地运行，其中主要包括实体的安全和网络技术的安全。通过提高设备和网络技术的安全性能，保证电子商务支付信息传递的完整性和可靠性。利用加密技术保证电子商务支付的机密性，利用验证技术保证电子商务支付的真实性和完整性，利用防火墙、杀毒软件等保证计算机系统不受侵害，完善安全协议、认证技术，保证电子商务支付的安全性。

2. 加强宏观管理

加强对企业和个人的安全防范教育，企业要建立保密制度、病毒防范制度，加强人员管理，有安全预案。个人要保护好密码、账号等信息，保持良好的上网习惯。建立全社会的信用评价体系，对于失信者给予惩罚，保证电子商务支付安全地进行。

3. 建立健全法律规范

尽快完善电子商务、电子交易和电子商务支付方面的法律规范，以法律条文的形式来保护电子商务信息的安全，惩罚网络犯罪，建立良好的电子商务法制环境，约束人们的支付行为。

具体内容将在模块五~九详细学习。

三、安全电子商务支付的意义

电子商务支付的广泛应用，基本满足了社会经济多样化的支付服务需求，对减少现金流通、降低交易成本、提高支付效率、培育社会信用、促进金融创新、塑造新型支付文化和促进电子商务的发展发挥了重要的作用。包括中国在内的许多国家开始重视网上支付与结算方式，这也是学习、研发、推广、应用网上支付与结算方式的必要性所在。

电子商务支付作为新型的支付方式，已经对电子商务和金融发展产生了重大影响。这些影响主要表现在以下几方面。

（1）能够提高电子商务和金融运行的效率，节约交易成本，促进经济发展。

（2）为电子商务的发展提供了广阔的前景，有利于缓解并最终解决电子商务中的支付瓶颈问题。

（3）突破时空的限制，丰富支付手段，促进金融创新改革和发展。

（4）方便人们日常生活支付需要，有利于培养健康文明的支付习惯。

（5）将对货币政策，主要是对货币的基本定义、货币发行方式、货币流通速度和货币乘数等方面产生一定的影响。

（6）安全的电子商务支付工具，特别是信用卡的使用，将促进消费信贷发展，有助于社会信用体系建设。

 **相关链接**

手机钱包移动支付安全状况

中国银联发布的《2020移动支付安全大调查报告》显示，"网诈"损失率下降，新型诈骗仍需警惕。2020年消费者在移动支付中遭遇的诈骗损失率有所下降，相较上一年减少了4%。但网络赌博（杀猪盘）、跑分等新型犯罪导致的受损金额依然较大。参与过网络赌博的群体中近六成遭受诈骗且损失金额超过2500元。同时，在参与"跑分"的群体中，近五成有损失发生，人均损失金额超过1000元。

 实践训练

1. 课堂讨论

（1）电子商务支付面临哪些安全威胁？

（2）安全支付的作用有哪些？

2. 案例分析

一项网上调查显示，信用和安全是人们不愿意采用电子商务支付方式的两大影响因素。调查显示，91.1%的消费者把安全因素作为是否使用网上支付的第一要素，而有61.2%的网民不使用网上支付也是由于安全的问题。而这两大问题，也成为横亘于电子商务和消费者之间的最大障碍，阻碍了网上支付这一新兴的支付服务的发展。

讨论与分析

（1）"魔高一尺，道高一丈"，对于提高支付工具的技术水平来保障交易安全，你有哪些更好的建议？

（2）法律制度的健全是促进支付良性发展的主要保障，你认为应该建立哪些相关的电子交易法规制度？

3．实务训练

对电子商务支付与安全认知进行实训。

实训说明

（1）本部分实训既可在课堂上进行，也可在课后集中完成。

（2）比尔·盖茨说"传统银行将成为21世纪即将灭绝的恐龙"，请谈谈你的理解。

（3）上网查询银行卡和网银的支付流程。

（4）上网了解网络安全防范手段。

（5）从支付和安全两方面谈谈如何解决制约电子商务发展的瓶颈。

4．课后拓展

（1）上网搜集关于移动支付的资料，结合课程学习内容，写一篇关于移动支付现状、前景和安全问题的小论文，题目自拟。

（2）你了解闪付、云闪付吗？扫描二维码1-3，了解银联手机闪付的更多内容。

1-3

知识小结

电子商务是计算机网络的又一次革命，是通过电子手段建立一种新的经济秩序，它不仅涉及电子技术和商业交易本身，而且涉及金融服务、诚信和安全等其他层面。信息化、互联网和电子商务支付是实现电子商务的基础条件。

电子商务支付是指进行电子商务交易的当事人（包括消费者、厂商和金融机构）使用安全手段和密码技术，通过电子信息化手段进行的货币支付和资金流转。用互联网作为运行平台的网上支付，极大地促进了电子商务的发展。

网上支付平台主要由互联网、支付网关和银行内部专用业务网络三部分组成。电子商务支付工作程序主要包括七个步骤。

病毒的侵袭、黑客非法侵入、线路窃听等很容易使重要数据在传递过程中泄露，威胁电子商务的安全。安全的电子商务系统的要素有有效性、真实性、保密性、完整性和不可否认性。可以通过密码技术、网络安全技术和法律规范来提高电子商务的安全性。

支付与结算问题已经成为电子商务发展的瓶颈，电子商务支付的安全对于电子商务的开展起着非常重要的作用，任何在互联网上进行商务活动的企业和消费者都要积极采取相应的安全措施，以确保自身交易的安全，避免利益损失。

练习测试

1. 名词解释

电子交易　电子商务支付　计算机病毒　黑客攻击　网络安全漏洞

2. 选择题

（1）下面哪个不是电子商务支付的"全能化"的"3A服务"？（　　）
　　A．Anytime　　　B．Anywhere　　　C．Anyhow　　　D．Anyone

（2）（　　）是公开密钥基础设施的简称。
　　A．SET　　　　B．PKI　　　　C．EDI　　　　D．Intranet

（3）电子商务支付的特征不包括哪些？（　　）
　　A．通过现金的方式进行款项支付
　　B．工作环境是基于互联网开放的系统平台
　　C．使用的是最先进的通信手段，对软件、硬件设施的要求很高
　　D．具有方便、快捷、高效、经济的优势

（4）以下哪些问题会涉及资金的安全？（　　）
　　A．黑客入侵　　　　　　　　　　B．内部作案
　　C．密码泄露　　　　　　　　　　D．以上都是

（5）电子商务系统必须具有十分可靠的安全保密技术，必须保证网络安全，具有（　　）。
　　A．不可修改性　　　　　　　　　B．信息的稳定性
　　C．交易者身份的确定性　　　　　D．数据的可靠性

（6）信息的完整性是指（　　）。
　　A．信息不被他人接收　　　　　　B．信息内容不被指定以外的人知悉
　　C．信息不被篡改　　　　　　　　D．信息在传递过程中未经任何改动

3. 简答题

（1）与传统交易相比，电子交易有哪些优势？
（2）与传统的支付方式相比，电子商务支付具有哪些优势？
（3）电子商务支付的流程包括哪些内容？
（4）电子商务面临的威胁有哪些？
（5）密码技术具体包括哪些？
（6）电子商务支付面临哪些安全威胁？

4. 论述题

试论述电子商务支付安全的重要作用。

模块二

电子商务支付系统

学习目标

知识目标
- 了解电子商务支付系统的结构和功能
- 了解不同电子商务支付系统的性能
- 掌握常用电子商务支付系统操作规范和要求

能力目标
- 掌握 ATM、POS 机和网上支付系统的操作方法
- 能准确掌握第三方支付系统的操作流程

素质目标
- 养成严谨的职业道德素养
- 养成严谨、规范的支付工作习惯

第一单元　电子商务支付系统概述

情景案例

在暑运和春运期间，同学们大都要往返于学校和家之间，由于火车票价格较低，大多数同学都选择乘坐火车出行，但都感到火车票一票难求。通过网络购买火车票，售票时间比车站和电话购票提前，因此是许多人的购票首选。

2021年寒假前，寿城职业技术学院电子商务专业的张丽艳同学在中国铁路12306网站订购一张从学校回家乡的火车票。在订单提交成功后，系统提示进行"网上支付"，进入支付页面后出现如图2-1所示的画面。

图 2-1　12306 网站购票支付网上银行选项

任务思考

张丽艳没有图 2-1 显示的几家银行的网银账户，她的支付宝的余额也不够。那么，她是否可以完成网上支付，购买到火车票呢？

你是否也遇到过类似的问题？你是怎么解决的？你在淘宝等其他购物网站都是如何支付的？

任务分析

如果我们到火车站的售票大厅购买火车票，直接付现金就可以买票，是传统的一手交钱一手交货的交易模式。随着互联网的普及和电子商务在中国的迅速发展，网上支付应运而生。不同电子商务网站的支付方式、支付工具也不尽相同。

张丽艳在支付的时候遇到了一个小小的问题。现在，张丽艳是网上购票，不能直接支付现金，只能进行网上支付。如果张丽艳有支付页面支持支付的银行的银行卡，就可以直接单击相应银行的图片按钮进行付款。如果我们和张丽艳一样，没有这几家银行卡，而是有其他银行的银联卡，可以单击"中国银联"图片按钮，也可以完成网上支付，如图2-1所示。

她看到购票支付选择银行的图片下面有系统提示：请您选择支付银行。建议使用中国工商银行、中国农业银行、中国银行、中国建设银行、招商银行等银行卡，支付请直接单击相应银行的图片按钮；如果您使用其他银行的银行卡，请单击"中国银联"图片按钮。

最后，张丽艳同学单击"中国银联"图片按钮，利用其他银行的银联卡，按照系统的提示顺利地完成了网上支付，支付了408元的车票款。12306网站银联卡支付界面如图2-2所示。

12306网站可以支持500多家银行卡支付业务，包括全国性银行（20家）、外资银行（14家）、区域性银行（472家）、其他机构（3家）。目前，12306网站支持以下在线支付工具。

（1）开通中国工商银行、中国农业银行、中国银行、招商银行、中国建设银行和中国邮政储蓄银行网银账户的用户，可以直接使用银行网银支付。

（2）开通其他银行网银账户的用户，可以使用银联网银支付。

（3）未开通网银账户的用户，可以使用银联快捷支付。

（4）用户可以使用支付宝支付。

图2-2　12306网站银联卡支付界面

该任务的核心就是如何完成网上支付的问题，网上购票支付系统涉及哪些支付工具，有哪些要求，等等。很多同学除了在网上购买火车票，还在淘宝、天猫、京东、亚马逊等其他电子商务网站购物，网上支付是完成电子商务交易的最重要的环节，其安全性和便利性越来越受到消费者的重视。

 相关知识

传统的支付结算系统是以手工操作为主，以银行的金融专用网络为核心，通过传统的通信方式（邮政、电报、传真等）进行凭证的传递，从而实现货币的支付结算。其中，使用的支付工具不论是现金，还是支票、传单，都是有形的，在有效性、真实性、保密性、完整性和不可否认性上有较高的保障，但存在效率低下、成本高等问题。

电子商务的发展要求信息流、资金流和物流三流畅通，以保证交易的速度。在电子商务的交易中，如果依赖传统的支付方法，如现金、支票等，就不可能完成在线实时支付。所谓"实时"，就意味着当消费者单击浏览器上的"付款"按钮时，整个交易就已经被执行并完成，传统支付方式则通常要求消费者离开在线平台，以电话或邮寄的方式付款。银行转账也存在一定的处理时延，而且容易产生诈骗行为，因为消费者无法知道网上商店是真正存在的还是骗财的虚构公司。由此可见，没有适当的支付手段相配合，电子商务的发展只能是纸上谈兵，无从体现其方便、快捷、低成本的优越性。在这种情况下，在线电子商务支付系统是电子商务得以顺

利发展的基础条件。

一、电子商务支付系统的构成

电子商务是一种全新的商务模式,对传统支付结算方式的冲击很大。在网上支付领域,比较多的是网上购物,以及网上银行、网上证券等金融业务,其中网上购物在网上支付中具有比较普遍的意义。

在网上购物过程中,网上交易依托网上支付,使消费者、商户和金融机构之间用安全的支付工具来交换商品和服务,即把电子现金、银行卡、网上银行等支付信息通过网络安全传送到银行而实现支付。电子商务带来的网络化让有形的支付工具无形化了。在网上支付系统中,不论是将现有的支付模式转化为电子形式,还是创造出网络环境下新的支付工具,它们多多少少都具有无形化的特征。货币可以是智能卡芯片中的一组数据、硬盘中的一个文件或网络中的一组二进制流。在一次支付中,甚至可能不会产生任何实体,只是生成了若干文件而已。

用户系统、商务系统和银行支付系统构成了网上电子商务购物交易系统的必备实体。

在日常的电子商务交易中,除像网上购买火车票这种通过网上银行在线支付外,还有在自动柜员机上存取款、转账和支付,使用银行卡在超市用电子付款机进行电子资金转账,还可以通过"支付宝"等第三方转账支付,所以电子商务支付系统是一个涉及多方的复杂系统。

电子商务支付系统是电子商务系统的重要组成部分,它指的是消费者、商家和金融机构之间使用安全电子手段交换商品或服务,即把新型支付手段包括电子现金、信用卡、借记卡、智能卡等的支付信息,通过网络安全传送到银行或相应的处理机构来实现电子商务支付;它是融购物流程、支付工具、安全技术、认证体系、信用体系及金融体系为一体的综合大系统。

电子商务支付系统的基本构成如图 2-3 所示。其中,客户是指与某商家有交易关系并存在未清偿的债权债务关系(一般是债务)的一方。客户用自己拥有的支付工具(如信用卡、电子钱包等)来发起支付,是支付体系运作的原因和起点。

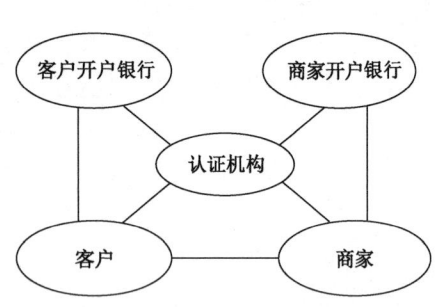

图 2-3 电子商务支付系统的基本构成

商家则是拥有债权的商品交易的另一方,他可以根据客户发起的支付指令向金融体系请求货币给付。商家一般准备了优良的服务器来处理这一过程,包括对认证及不同支付工具的处理。

客户的开户银行是指客户在其中拥有账户的银行,客户拥有的支付工具就是由开户银行提供的,客户开户银行在提供支付工具的同时,也提供了一种银行信用,即保证支付工具的兑付。在卡基支付体系中,客户开户银行又被称为发卡银行。

商家开户银行是商家在其中开设账户的银行,其账户是整个支付过程中资金流向的地方。商家将客户的支付指令提交给其开户银行后,就由开户银行进行请求支付授权,以及行与行间清算等工作。商家的开户银行是依据商家提供的合法账单(客户的支付指令)来工作的,因此又称为收单行。

支付网关是公用网和金融专用网之间的接口,支付信息必须通过支付网关才能进入银行支付系统,进而完成支付授权和获取。支付网关的建设关系着支付结算的安全及银行自身的安全,关系着电子商务支付结算的安排及金融系统的风险,必须十分谨慎。电子商务交易中同时传输了两种信息——交易信息与支付信息,必须保证这两种信息在传输过程中不被无关的第三者阅读,包括商家不能看到其中的支付信息(如信息卡号、授权密码等),银行不能看到其中的交易信息(如商品种类、商品总价等)。这就要求支付网关必须由商家以外的银行或其委托的卡组织来建设,同时网点不能分析交易信息,对支付信息只是起保护与传输的作用,即这些保密数据对网关而言是透明的。

金融专用网则是银行内部及银行间进行通信的网络,具有较高的安全性,例如,中国国家现代化支付系统、中国人民银行电子联行系统、中国工商银行电子汇兑系统、银行卡授权系统等。

我国银行的金融专用网发展很迅速,为逐步开展电子商务提供了必要的条件。

证书认证机构则负责为参与商务活动的各方(包括客户、商家与支付网关)发放数字证书,以确认各方的身份,保证电子商务支付的安全性。证书认证机构必须确认参与者的资信状况(如在银行的账户状况、与银行交往的信用历史记录等),因此认证过程也离不开银行的参与。

除以上参与各方外,电子商务支付系统的构成还包括支付工具及相应的支付协议,是参与各方与支付工具、支付协议的结合。目前经常被提及的电子商务支付工具有银行卡、电子现金、电子支票等。银行卡的发展已有一段时间,但多数只用于专用网络,公用网络上的银行卡支付还有待发展。电子现金常被称为全新的网上支付工具,能离线操作,但其实际上是对传统现金交易的模拟。电子支票也是对传统纸基支票支付的全部处理过程的电子化,目前在专用网上的应用已较为成熟。

除此之外,人们还常将网上银行看作一种电子商务支付方式。网上银行可以模拟资金转账、汇兑委托收款等业务,还可以有金融创新,是十分有潜力的一个领域。网上银行又称网络银行、在线银行,指银行利用电子数据交换(electronic data interchange,EDI)技术,通过在互联网上建立网站,向客户提供金融服务。

在网上交易中,消费者发出的支付指令,在由商户送到支付网关之前,是在公用网上传送的。考虑公用网上支付信息的流动规则及其安全保护,就是支付协议的责任。目前已经出现了一些比较成熟的支付协议(如 SET 协议、SSL 协议等)。一般一种协议针对某种支付工具,对交易中的购物流程、支付步骤、支付信息的加密、认证等方面做出规定,以保证在复杂的公用网中的交易双方能快速、有效、安全地实现支付与结算。

二、电子商务支付系统的功能

虽然货币的不同形式会导致不同的支付方式,但安全、有效、便捷是各种支付方式追求的共同目标。对一个支付系统而言(可能专门针对一种支付方式,也可能兼容几种支付方式),它应有以下的功能。

1. 使用数字签名和数字证书实现对各方的认证

为保证交易的安全性,对参与交易的各方身份的有效性进行认证,通过认证机构或注册机构向参与各方发放数字证书,以证实其身份的合法性。

2. 使用加密技术对业务进行加密

可以采用单钥机制或双钥机制来进行消息加密,并采用数字信封、数字签字等技术来加强数据传输的保密性,以防止未被授权的第三者获取消息的真正含义。

3. 使用消息摘要算法，以确认业务的完整性

为保护数据不被未授权者建立、嵌入、删除、篡改、重放，而是完整无缺地到达接收者一方，可以采用数据杂凑技术；通过对原文的杂凑，生成消息摘要，将其一并传送给接收者，接收者就可以通过摘要来判断接收的消息是否完整。若发现接收的消息不完整，要求发送端重发，以保证其完整性。

4. 当交易双方出现纠纷时，保证对业务的不可否认性

这用于保护通信用户对付来自其他合法用户的威胁。例如，发送用户否认所发的消息，接收者否认已接收的消息，等等。支付系统必须在交易的过程中生成或提供足够充分的证据来迅速辨别纠纷中的是非，可以用仲裁签名、不可否认签名等技术来实现。

5. 能够处理贸易业务的多边支付问题

由于网上贸易的支付牵涉客户、商家和银行等多方，其中传送的购货信息与支付指令必须连接在一起。商家只有确认了支付指令才会继续交易，银行也只有确认了支付指令才会进行支付。同时，商家不能读取客户的支付指令，银行不能读取商家的购货信息，这种多边支付的关系就可以通过双重签名等技术来实现。

三、电子商务支付系统的安全要求

电子商务是在开放的互联网环境下进行的，基于互联网的电子商务安全问题既包括通信安全，又包括商务交易安全。通信安全是指在信息传输过程中引发的信息安全问题。通信安全内容包括网络设备安全、网络系统安全、计算机系统安全、数据库安全等，其特征是针对计算机网络及系统本身可能存在的安全隐患，通过实施增强的网络安全解决方案，保证计算机网络系统运行的安全。商务交易安全则是指在互联网环境下，开展电子交易活动时引发的各种安全问题。在通信安全得到保证的基础上，保障电子商务交易过程的安全显得尤为重要，交易过程的安全问题包括交易数据的保密、交易信息和交易者身份确认、电子单据的有效使用等。

电子商务安全问题的全面解决，必须从法律、管理和技术等几方面全盘考虑。法律规范是保障电子商务安全的前提条件，要建立一套完整的电子商务法律框架，制定和完善各项具体的法律规范；管理制度是电子商务系统运行安全的必要保证，通过制定严密的管理制度，规范电子商务交易活动中的各种行为，使电子商务交易标准化、制度化和规范化；技术方法是电子商务各种安全问题得以解决的重要手段，需要建立有效的计算机网络安全体系与保密体系，包括硬件系统和软件系统的全面防范措施。法律、管理和技术三者相辅相成，缺一不可，共同保证电子商务的可靠安全运行。

以网上支付为例，网上电子金融活动主要涉及电子货币的支付问题，包括电子支票系统、电子现金及银行卡系统等。由于互联网具有开放性，网上电子金融交易面临种种危险。因此，其安全交易体系必须保障上述过程的安全性。

通常来说，电子金融活动的信息安全体系包括基本加密技术、安全认证技术及安全应用标准与协议三大层次，在此安全体系之上可以建立电子金融与商务活动的支付体系和各种业务应用系统。概述而言，电子金融与商务活动的安全体系包括网络信息传输安全、信息加密技术及交易的安全，涉及基本加密算法、数字签名等安全认证技术及各种安全协议等，具体内容将在

后续模块讲述。

【课程思政】 除技术保障外，每个从事电子商务的人员都要知法守法，维护好电子商务安全环境。

电子商务支付安全的隐忧

不同种类的软件、硬件设备，同种设备的不同版本之间，由不同设备构成的不同系统之间，以及同种系统在不同的设置条件下，都会存在各自不同的安全漏洞。

2017年1月10日上午，不少网友及自媒体发布消息，熟知你支付宝个人信息的朋友可以通过"找回密码"功能登录你的支付宝并修改登录密码。当时，许多人认为这可能是某种不怀好意的谣传，毕竟像支付宝这样一个关系几亿用户财产安全的应用，哪能说出漏洞就出漏洞。随着曝光的截图越来越多，以及官方做出正式回应，大家才发现这竟然是真的。

准确地说，在当天上午10点以前，这个漏洞是真实存在的。在支付宝登录界面单击"忘记密码"，然后在重置登录密码界面选择无法接收短信，然后只需通过正确选择一些个人信息，包括从九个图中选出你的好友、选出你近期购买的物品、选出一个与你有关的地址等，即可"重置登录密码"。

资料来源：豆瓣网

四、电子商务支付手段

随着计算机技术的发展，电子商务支付工具越来越多。这些支付工具可以分为三大类。

1. 电子信用卡

电子信用卡类，包括信用卡、智能卡、借记卡、电话卡等；信用卡是主要的网上支付工具，是全世界最早使用的电子货币。信用卡起源于美国，已经有100多年的历史。信用卡是按用户的信用限制事先确定一个消费限度，用户可花完卡中的余额，并支付一个最低费用。信用卡发卡银行将对未结清的赊账收取一定的利息。

智能卡是在一张信用卡大小的塑料卡片上安装嵌入式存储器芯片的IC存储卡。IC卡与ATM卡的区别在于，两者分别是通过嵌入式芯片或磁条来储存信息的。由于智能卡存储信息量较大，存储信息的范围较广，安全性也较好，因而逐渐引起人们的重视。

2. 电子货币

电子货币类，如电子现金、电子钱包、数字货币等。电子现金是一种以数据形式流通的货币。它把现金数值转换成为一系列的加密序列数，通过这些序列数来表示现实中各种金额的市值。用户在开展电子现金业务的银行开设账户并在账户内存钱后，就可以在接受电子现金的商店购物了。

电子钱包是电子商务活动中网上购物顾客常用的一种支付工具，是在小额购物或购买小商品时常用的新式钱包。使用电子钱包购物，通常需要在电子钱包服务系统中进行。电子商务活动中的电子钱包的软件通常都是免费提供的，可以直接使用与自己银行账户相连接的电子商务系统服务器上的电子钱包软件,也可以从互联网上直接调出来使用,采用各种保密方式利用互联网上的电子钱包软件。目前世界上有 VISA cash 和 Mondex 两大电子钱包服务系统,其他电子钱包服务系统还有 HP 公司的电子商务支付应用软件(VWallet)、微软公司的电子钱包 MS Wallet、IBM 公司的 Commerce POINT Wallet 软件、Master Card Cash、Euro Pay 的 Clip 和比利时的 Proton 等。

3. 电子支票

电子支票类,如电子支票、电子汇款、电子划款等。电子支票是以纸质支票的电子替代品形式而存在的,是将钱款从一个账户转移到另一个账户的电子付款形式。

关于电子商务支付工具将在模块三详述。

相关链接

扫描二维码 2-1,了解数字货币的知识。

2-1

实践训练

1. 课堂讨论

(1)什么是电子商务支付系统?
(2)电子商务支付系统有哪些功能?
(3)常用的电子商务支付手段有哪些?你使用最多的是哪几种?

2. 案例分析

津、沪等城市一卡通互联

住房和城乡建设部主导的"全国城市一卡通互联互通大平台"自 2008 年开始筹备,2012 年 7 月,上海等首批 8 个城市加入,联网城市市民可持本地公交 IC 卡在其他联网城市刷卡乘坐公共交通及进行其他消费,并享受当地刷卡的优惠政策。随着时间的发展,联网城市越来越多。

目前,互联互通的一卡通还是本地充值,异地消费,但随着人们跨省市流动出行的增加,未来将可以满足人们异地充值的需求,比如通过网络平台在线充值,达到无障碍充值的目的。

讨论与分析

"全国城市一卡通互联互通大平台"运行的保障是什么?实现异地充值的基础是什么?

3. 实务训练

试着在淘宝、京东商城等电子商务网站买一本"电子商务支付与安全"课程的参考书,提交订单后,记录相应网站支持的支付平台。

如果确实需要该书,可进行网上支付,体会网上支付的操作流程。

实训说明

(1)对于本实训,教师可在课堂上进行演示,也可在课后集中完成。
(2)比较一下各种电子商务支付平台的优点和缺点,谈谈电子商务支付发展需要注意哪些问题。

4. 课后拓展

（1）上网查找电子商务支付工具，比较各种电子工具的优点和缺点。
（2）到你持有的银行卡的银行官方网站，自助开通网上银行或手机银行。
（3）如果没有第三方支付工具，请开通一个第三方支付工具，如支付宝、财付通等。
（4）扫描二维码2-2，了解2021年中国移动支付行业发展现状分析报告。

2-2

第二单元　电子商务支付系统应用

情景案例

2021年9月新学期开始了，张丽艳同学和其他同学都回到了学校。由于有学校代发的当地银行的储蓄卡，学校收取学费也是通过刷卡收取的。张丽艳到自动柜员机上进行查询，发现余额只有100多元，不但学费交不了，而且购买生活用品的钱也不够。

明天就要开学了，下午有体育课。张丽艳还没有运动鞋，她相中了商场里的一双300元左右的运动鞋，但卡里的钱和现金加起来也不够。

张丽艳马上给父母打电话，让爸爸到银行给她的卡里存钱。巧的是，她的爸爸正在中国建设银行办理业务，马上通过自动柜员机给张丽艳的银行卡里转存了学费。不巧的是，爸爸的银行卡里的钱只够交学费，爸爸答应明天再给张丽艳存生活费。郑丽媛是张丽艳的同班同学兼好友，她有一张中国建设银行的信用卡。两个好朋友一起到商场，郑丽媛用自己的中国建设银行信用卡，帮助张丽艳垫付了鞋款。

任务思考

张丽艳交纳学费及购买运动鞋涉及哪些支付系统的知识？

任务分析

在这个过程中，出现了资金的跨银行（或者同银行）之间的转账汇款——张丽艳通过银行卡支付学费，以及在资金不足的情况下，如何实现购买运动鞋的消费支付。

张丽艳的爸爸给她汇款交纳学费的过程，涉及自动柜员机的查询功能，转账即自动柜员机支付系统的功能，还涉及中国建设银行和其他银行之间的电子汇兑系统的功能。

购买运动鞋这个过程涉及电子付款机支付系统。支付系统是由提供支付清算服务的中介机构和实现支付指令传送及资金清算的专业技术手段共同组成的，用以实现债权债务清偿及资金转移，有时也被称为清算系统。支付系统是重要的社会基础设施之一，是社会经济良好运行的基础和催化剂，支付系统现代化建设受到了市场参与者、货币当局，特别是中央银行的高度重视。

电子商务支付系统是实现网上支付的基础，电子商务支付系统的发展方向是兼容多种支付工具，但目前的各种支付工具之间存在较大差异，分别有自己的运作模式，适用于不同的交易过程。因此，当前的多种电子商务支付系统通常只是针对某一种支付工具而设计的。Mondex 系统、First Virtual 系统和 FSTC 系统是目前使用的几种主要的电子商务支付系统。

本单元涉及的任务主要包括自动柜员机支付系统、电子付款机支付系统、电子汇兑系统和网上支付系统。

相关知识

美国于 20 世纪 60 年代组建了电子资金转账系统（EFT），随后英国和德国也相继研制了自己的电子资金传输系统。1985 年，电子数据交换（EDI）技术出现并在电子商务支付中得到了广泛应用，随着各种电子资金转账系统的广泛应用，产生了各种各样的电子商务支付系统。电子商务支付在中国的发展开始于 1998 年招商银行推出网上银行业务，随后各大银行的网上缴费、移动银行业务和网上交易等逐渐发展起来。

在零售服务方面，有银行卡授权支付体系和自动清算所，以及新近发展起来的网上支付体系等小额支付系统；在批发业务方面，企业银行系统与金融机构之间的电子汇兑系统等大额支付系统也在迅速发展。

一、ATM 系统

自动柜员机（automated teller machine，以下简称"ATM"）系统，是利用银行发行的银行卡，在机器上执行存取款和转账等功能的一种自助银行系统。该系统深受人们的欢迎，有效地提高了银行的效率，降低了银行的运行成本，是最早获得成功的电子资金转账系统。

ATM 是无人管理的自动、自助的出纳装置，人们可直接在机器上，以联机或脱机方式，自行完成存取款和转账等金融交易。ATM 既可安装于银行内，也可安装于远离银行的购物中心、机场、工厂和其他公共场所，通过 ATM 系统，银行可把自己对客户的服务扩大到银行柜台以外的地方，因此 ATM 系统是银行柜台存取款系统的延伸。由于 ATM 系统可在广泛的场所为客户提供全天候（每天 24 小时）的日常银行业务服务，一经推出，就受到人们的普遍欢迎和喜爱，迅速得到推广应用。

1．ATM 系统主要功能

在 ATM 系统中，只能作为现金配出器使用的终端机，称作自动取款机；不仅可用于取现金，还可接收存款，可在不同账户之间转账的终端机，称为自动柜员机。ATM 上的功能键，限定了它所能提供的服务类型、品种和数量。一台典型的 ATM，可提供下述一部分或全部功能。

（1）取现功能：从一个支票账户提取现金；从一个存款账户提取现金；从一个信用卡账户提取现金。

（2）存款功能：存款到一个支票账户；存款到一个存款账户；存款到另一个账户。

（3）转账功能：从支票账户到存款账户；从存款账户到支票账户；从信用卡账户到支票账户。张丽艳的爸爸就是通过 ATM 的转账功能，实现了学费的即时汇款。

（4）支付功能：从支票账户扣除；从存款账户扣除；函内支付。张丽艳在学校交纳学费就是利用了这个功能。

（5）账户余额查询功能：当持卡人提出查询请求时，系统就检索该特定账户的余额，并将结果显示于屏幕上，或打印出来。

（6）非现金交易功能：例如，修改个人密码、支票确认、支票保证、电子邮递、验证现钞、缴付电话费及各种公共事业账单等。

（7）管理性功能：除交易和非交易功能外，ATM 还能提供各种管理性功能。例如，查询终端机现金余额；终端机子项统计；支票确认结果汇总；查询营业过程中现金耗用、填补及调整后的数据；安全保护功能等。

当今的 ATM 系统，正向多功能化发展。ATM 不仅可用于存取款作业，还可当作自助银行的自助银行终端机使用。

2. ATM 上的操作流程

持卡人在 ATM 上的操作流程如图 2-4 所示。

一次典型的 ATM 交易，起始于持卡人将银行卡插入卡片输入口，然后机器通知持卡人在数字键盘上输入其 PIN（个人标识码，也称个人密码）。完成这一步骤，通常允许试三次，并需在规定的时间（例如，每次信息输入时间不许超过 30 秒）内完成。若持卡人连续三次输入错误的 PIN，则 ATM 就将该银行卡扣留，并给持卡人打印吞卡收条。合法的持卡人可凭此收条，到管理该 ATM 的银行领回自己的银行卡；如果持卡人不能在规定的时间内完成操作，ATM 则拒绝受理交易，并退卡。

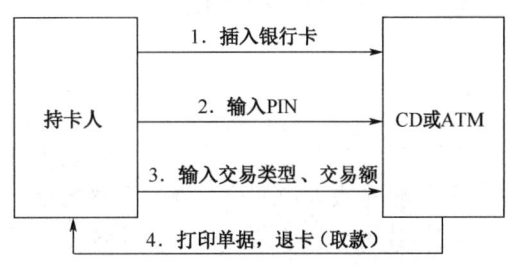

图 2-4　持卡人在 ATM 上的操作流程

持卡人输入 PIN 后，ATM 就通知持卡人在功能键盘上选择所需的交易类型，并进一步通知持卡人用数字键输入交易额。这一步骤通常要在 30 秒内完成。在这段时间内，在按 Enter（输入）键之前，允许持卡人改变其选择的交易类型和交易额。

持卡人按 Enter 键后，系统检验持卡人的身份，以及是否有权做相应的交易，若检验通过，且持卡人选择的是取款功能或支付功能，系统就会通知持卡人插入其活期存折（国内的很多 ATM 没有这个功能）。接着，ATM 打印收据并退出银行卡。于是，持卡人就可从卡片输入口取出银行卡，并可直接取到适当的现金和收据。

一笔典型的交易所用的时间为 30～60 秒。机器所用软件是事先编程的，一笔交易的总时间一般不得超过 2.5 分钟。一旦超过规定的这个时限，机器就退出银行卡，拒绝受理交易，并返回到初始状态，等待下一个持卡人使用。

持卡人选择存款功能时，ATM 要求持卡人输入存款金额，要求持卡人将欲存现金（一般是面值 100 元或者 50 元的纸币）放入现金输入口内。

持卡人的存款，需经管理员事后开机取出存款信封核实无误后，才能过账到持卡人的账户上。现代的自动存款机具有纸币识别功能，能识别纸币的真伪和面额，持卡人存款时可直接将现金插入现金输入口，机器检验无误后，系统即将存款金额过账到持卡人的账户内。

为配发现金，ATM 一般有几个存放不同面值的现金箱，以支付不同数额的现金。持卡人要求的取款额，必须是现金箱中最小面额的整数倍。通常，借记卡和复合卡都可在 ATM 上取现，有的银行也允许使用信用卡在 ATM 上预支现金。

3. ATM 系统优势

随着银行卡的推广和普及、ATM 系统的发展和完善，ATM 的功能将不断增强，覆盖面将日益扩大，ATM 服务会给持卡人带来更多的好处。

ATM 服务给持卡人带来的好处主要有以下几方面。

（1）快捷。一笔 ATM 交易，一般在 30~60 秒内就可完成，比柜台人工操作快得多。

（2）方便。ATM 可安装在银行内外、商场、饭店、机场和一切公共场所，持卡人可在任何有 ATM 的地方，方便、快捷地取到所需的现金。

（3）全天候服务。ATM 可每天提供 24 小时服务，不受节假日和时间的限制。

（4）安全。带银行卡比带现金安全得多。

 **相关链接**

ATM 风险及其防范

（1）套信息。不法分子在持卡人刷卡进门时，套取持卡人信息。即在自助银行门口安装读卡装置，持卡人入门刷卡时便留下了账号、密码等信息。

（2）装设备。不法分子在 ATM 的左上方安装小方盒子，里面装有摄像头，正对着 ATM 密码键盘，键盘的键位清晰可见。摄像头可以记录持卡人输入密码的全过程，还可以清晰地看到持卡人将钱从 ATM 中取出的过程。更有甚者，还有不法分子在插卡口处安装外接吞卡装置，在持卡人取款失败离开后，取出银行卡，用摄像头获得的密码取款。

（3）做伪装。不法分子把 ATM 的出钞口封住，持卡人取款时不见钞票吐出，常会无奈离去。这时他们便除去封口的东西，用工具钩出现金。或者，不法分子在 ATM 出钞口安装自制黑色塑料挡板，并张贴紧急通知，如"此机暂停服务"等，在旁边预留电话号码。当持卡人打电话时，被要求将钱转到指定的账户或者告诉其密码，以此诱骗市民上当。

在办理业务时不要轻信 ATM 屏幕以外的任何操作提示、通知或告示，不要用生日、电话号码、手机号码、车牌号码等易于破译的号码做密码，特别是 ATM 的回单不可随意乱丢，身份证与信用卡要分开存放。

二、POS 系统

从 20 世纪 60 年代末开始，发达国家的金融机构为了扩大银行卡的功能和使用范围，在零售商店、酒吧等销售点处开办了销售点处的电子转账（Point of Sales，以下简称"POS"）系统，即电子付款机系统。持卡人在销售点消费后，可通过 POS 系统直接进行电子资金转账工作。

POS 系统经历了几个发展阶段：第一阶段是使用借记卡的专有系统；第二阶段是共享的，即联机的 POS 系统，这种系统既可用借记卡，也可用信用卡进行购物消费；第三阶段，近几年，随着电子商务的快速兴起，出现了能实现网上购物、网上支付和电子转账的 POS 系统。

1. POS 系统主要功能

目前，被广泛采用的共享 POS 系统可提供下列多种服务。

（1）自动转账支付：自动完成顾客的转账结算，即依据交易信息将顾客在银行开立的信用卡账户上的部分资金自动划转到商家在银行开立的账户上。具体指 POS 系统能完成消费付款处理、退货收款处理、账户间转账处理、修改交易处理、查询交易处理、查询余额处理、核查密码处理并打印输出账单等功能。

郑丽媛就是利用她的中国建设银行信用卡，在商场的 POS 机上帮助张丽艳实现了转账支付。

（2）自动授权：具有信用卡的自动授权功能。例如，自动查询信用卡、止付黑名单，自动检测信用卡是否为无效卡、过期卡，自动检查信用卡余额、透支额度，等等，使商家在安全可靠的前提下迅速为顾客办理信用卡交易。

（3）信息管理：在 POS 系统上完成一笔交易后，POS 系统还具有自动更新顾客和商家在银行的档案的功能，以便今后查询；同时，也可更新商家的存货资料及相关数据库文件，以提供进一步的库存、进货等信息，有助于决策管理。

一些发达国家的零售商还利用 POS 系统，通过综合信息管理，产生了一种被称为微观市场的销售观念。这种微观市场以存货单位为计算利润的基础，比传统的按部门计算利润的方法更精细。具体而言，它将 POS 机采集的交易数据，利用数据仓库和数据挖掘技术分析，了解各种货品的销售利润、销售特点，各货品之间的微妙的互动销售关系，从而采取适当的订货、货架空间管理、促销方法等，实施有效的存货管理和促销策略。

2. POS 系统业务处理流程

POS 系统组成如图 2-5 所示。完成消费的自动转账，银行必须预先同特约店签约并安装 POS 终端系统，通过通信网络连接银行主机系统。同时，顾客必须向银行申请信用卡账户，经审核批准后发给信用卡，并提供相应密码，银行随后将顾客资料输入主机系统。顾客完成消费活动后，在特约商户的 POS 机上利用信用卡就能完成转账结算。POS 系统业务处理流程主要分为以下 3 个步骤。

（1）申请授权。当顾客递交银行卡、输入密码、营业员刷卡读入卡信息并输入交易数据后，通过通信网络将这些数据传输到银行主机系统。首先，检查银行卡的合法性，如果不合法，则给 POS 终端返回提示信息，要求做压卡处理。其次，要检查用户密码的准确性，将用户输入的密码同主机系统数据库中的密码进行核对，如果出错且累计出错 3 次以上，则通过 POS 系统终端做压卡处理；如果密码有误，但累计不到 3 次，则返回信息，要求顾客重新输入密码；如果密码正确，就进入下一步账务处理流程。

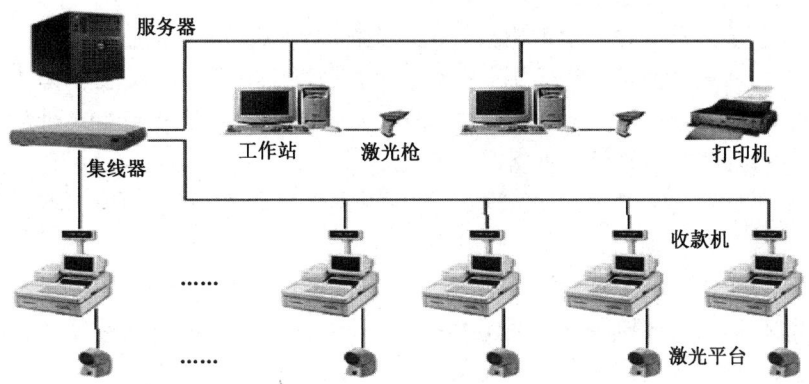

图 2-5　POS 系统组成

（2）账务处理。完成合法性检查后，银行主机系统自动进行账务处理。记流水账、记持卡人账、记特约商户账、记银行收益账等，将信息返回POS系统终端，提示交易成功。

（3）完成交易。POS系统终端接收到交易成功信息后自动打印客户凭单，将银行卡返还顾客，整个POS系统交易完成。通常来说，上述过程几秒内就可全部完成，而电子转账工作可在商品成交后立即进行，也可在协议期（如1~2天）后进行。这样，POS系统交易既完成了商品交易，也完成了相关的电子转账工作。POS系统既给顾客带来方便，也给商店带来许多好处，不仅提高了顾客购物时的结账效率，还可改善商店的经营管理。

3. POS系统的优越性

POS系统的推广使用，使银行、商场、顾客三方的交易都能在短时间内迅速完成，给三方都带来了较大的经济效益和较好的社会效益，其主要表现在以下几方面。

（1）减少现金流通。使用POS系统后，顾客只需随身携带一张银行卡，就能方便地进行消费结算，甚至在必要时还可提取少量现金，以供急需。在POS系统中，现金已被电子货币代替，从而减少了货币的印刷、运送、清点和保管，提高了整个社会的经济效益。

（2）加速资金周转。POS系统的使用，使顾客在数秒内就能完成与商户的资金转账结算，保证商户资金及时到账，明显提高了资金周转率。

（3）确保资金安全。人们随身携带现金或支票往往不安全，尤其进行大额交易时会有诸多不便。使用POS系统就能防止此类现象的发生，即使信用卡丢失，通过挂失仍能保证资金安全。传统的支付方式使商户手中留有过多现金，也给其安全带来一定的威胁；使用POS系统后，商户就不会因为手头存有过多现金而烦恼。

（4）提供有用信息。能为商户提供各种实时的商品交易信息；各种金融交易信息被银行主机系统归类、汇总、分析后，有助于银行分析形势，确定发展的目标。

三、电子汇兑系统

1. 电子汇兑系统主要功能

电子汇兑系统泛指行际间各种资金调拨作业系统，包括一般的资金调拨业务系统和清算作业系统。一般的资金调拨业务系统，如托收系统，用于行际之间的资金调拨；清算作业系统用于行际之间的资金清算。电子汇兑系统是银行之间的资金转账系统，它的转账资金额度很大，是电子银行系统中最重要的系统。

通常来说，一笔汇兑交易，由汇出行发出，至汇入行收到为止。汇兑作业一般分成两类：联行往来汇兑业务和通汇业务。联行往来汇兑业务，是指汇出行与汇入行隶属同一个银行的汇兑业务；通汇业务的资金调拨作业需要经过不同银行间多次转手处理才能顺利完成，因此通汇业务实际是一种行际间的资金调拨业务。

张丽艳爸爸的中国建设银行卡账户的资金就是通过中国建设银行和中国邮政储蓄银行之间的通汇业务实现资金转移的。

在电子汇兑系统中，一个银行既可作为汇出行，也可作为汇入行；而且通常涉及的是通汇业务。其间的数据通信转接过程的繁简虽然不同，但基本作业流程及账务处理逻辑是相似的，即汇出行与汇入行都要经过数据输入、电文接收、电文数据控制、处理与传送、数据输出等基本作业处理流程。

2. 电子汇兑系统类型

为适应国际贸易和国际金融交易快速发展的需要，国际上出现了许多著名的电子汇兑系统。这些系统提供的功能不尽相同，依其作业性质，可以分成三大类：通信系统、资金调拨系统和清算系统。

（1）通信系统。这类系统主要提供通信服务，专为其金融机构成员传送同汇兑有关的各种信息。其成员接收到这种信息后，若同意处理，则将其转送到相应的资金调拨系统或清算系统内，再由后者进行必要的资金转账处理。

这种系统的典型实例，就是环球银行金融电信协会（SWIFT）的支付系统。通过该系统，可把原本互不往来的金融机构全部串联起来。

（2）资金调拨系统。这类系统是典型的汇兑作业系统，它们的功能较齐全。这类系统有的只提供资金调拨处理，有的还具有清算功能。

在这类系统中，有代表性的系统如在美国的 CHIPS（纽约银行间清算系统）、FedWire（银行清算联邦储备系统）和日本的全银系统。我国各商业银行的电子汇兑系统、中国人民银行的全国电子联行系统也都属于这类系统。

（3）清算系统。这类系统主要提供清算处理。当汇入行接受汇出行委托，执行资金调拨处理，导致行际间发生借差或贷差时，若汇入行与汇出行之间又无直接清算能力，则需委托另一个适当的清算系统进行处理。

以美国为例，CHIPS 除可做资金调拨外，还可兼做清算，但对象仅限纽约地区的银行。纽约以外的银行清算则要交由具有清算能力的 FedWire 进行处理。我国的异地跨行转汇，必须经过中国人民银行的全国电子联行系统，才能最终得以清算。

其他如英国的 CHAPS（伦敦自动清算支付系统）、日本的日银系统，都是纯粹的清算系统，负责行际间的所有账务清算工作。

四、网上支付系统

20 世纪 90 年代以来，电子商务活动蓬勃发展，各种形式的网上支付成为在互联网上开展电子商务活动和商品交换的中间手段和重要工具。许多国家在推广使用基于传统金融网的电子商务支付的同时，开始建设网上支付系统。按照依赖的支付工具的不同，即根据不同的网络货币类型，可以把这些网上支付系统划分成 3 种基本类型：基于信用卡的网上支付系统、电子现金网上支付系统和电子支票网上支付系统。

1. 基于信用卡的网上支付系统

信用卡是日常消费的一种常用支付工具，信用卡支付系统与其他形式的支付系统相比，其优点是使用方便，被全世界广泛接受，占有很大的市场份额。如今在互联网上，信用卡支付同样是最普通和人们首选的支付方式。

先后在网上出现的信用卡支付系统有几种支付模式：无安全措施的信用卡支付、通过第三方代理人的信用卡支付、简单加密信用卡支付和基于 SET 的信用卡支付等。无安全措施的信用卡支付方式对信用卡信息未做加密处理，对消费者来说，安全根本得不到保证；对商家来说，消费者的身份也得不到验证，因而这种无安全保障的支付方式早已被淘汰。

2. 电子现金网上支付系统

按载体来划分，目前电子现金主要包括两类：一类是币值存储在 IC 卡上的电子钱包卡形式；另一类则是以数据文件的形式存储在计算机的硬盘上。由此，电子现金网上支付系统包括电子钱包卡模式与纯数字现金模式两种。

3. 电子支票网上支付系统

在线的电子支票可在收到支票时验证出票者的签名、资金状况，避免了传统支票常发生的无效或空头支票的现象。另外，电子支票遗失可办理挂失止付。因此，电子支票既可满足 B2B（business to business，企业对企业电子商务）交易方式的支付需要，同时也可用于 B2C（business to consumer，企业对顾客电子商务）交易方式的结算，而且成本低，支付速度快，安全性高，不易被伪造。

网上电子支票主要通过互联网和金融专线网络，用发送 E-mail 的方式传输，并用数字签名加密，进行资金的划拨和结算，它是网上银行常用的一种电子商务支付工具。在通常情况下，电子支票的收发双方都需要在银行开设账户，让支票交换后的票款能直接在账户间转移，而电子支票支付系统则通过身份认证、数字签名等手段，以弥补无法面对面地进行交易所带来的缺陷。

一般来说，网上银行和大多数银行金融机构通过建立电子支票支付系统，在各个银行之间可以发出并接收电子支票，就可以向广大顾客提供使用电子支票的网上支付服务。

电子支票交易的过程可分以下几个步骤。

（1）消费者和商家达成购销协议并选择使用电子支票支付。

（2）消费者通过网络向商家发出电子支票，同时向银行发出付款通知单。

（3）商家通过验证中心对消费者提供的电子支票进行验证，验证无误后将电子支票送交银行索付。

（4）商家索付时，银行通过验证中心对消费者提供的电子支票进行验证，验证无误后即向商家兑付或转账。

电子支票交易流程如图 2-6 所示。

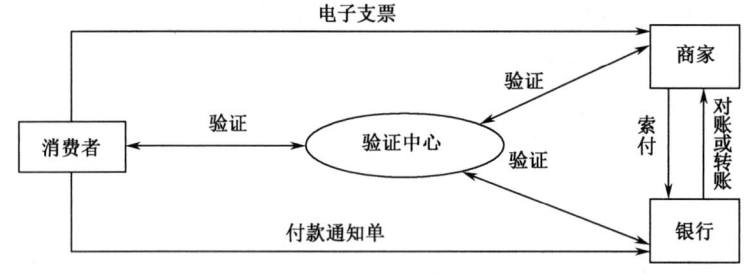

图 2-6　电子支票交易流程

1. 课堂讨论

（1）ATM 系统主要功能有哪些？其风险如何防范？

（2）POS 系统的优越性是什么？
（3）网上支付系统可以划分为几种基本类型？

2. 案例分析

张丽艳看到郑丽媛的信用卡可以先消费后还款，感到很方便，于是也办理了一张信用卡用于消费。张丽艳对于自己所办信用卡的分期付款功能十分好奇，觉得自己可以尝试购买一些高价用品。在好奇心的驱使下，她一次性刷卡消费近 2000 元，还以为可以分几个月来还。直到收到银行方面的催款通知，她才知道自己必须在次月就还清欠债。她不敢告诉父母，只能四处借钱还债。

讨论与分析

信用卡支付给消费者带来了便利，信用卡和张丽艳原来的那张借记卡在消费支付方面有什么不同？需要注意哪些事项？

3. 实务训练

（1）到 ATM 上进行银行卡的余额查询，查看你的银行卡是否可以交纳电话费。
（2）登录银行官方网站，查询 ATM 转账、提现是否收取手续费。
（3）上网查询信用卡使用的注意事项。
（4）请用你的银行卡到超市去实施一次刷卡消费，观察和记录操作流程。如果是信用卡，别忘记在规定的时间内还款！

实训说明

（1）本部分要求学生课后完成。
（2）课堂讨论信用卡使用"陷阱"。

4. 课后拓展

上网搜索传统支票和电子支票的图片，比较两者的区别。

第三单元　第三方电子商务支付系统与移动支付

情景案例

2021 年国庆节后，"电子商务支付与安全"课程的实践训练要求同学们进行网上支付实践，张丽艳同学正好要购买冬装，她在淘宝网上下单购买了一件心仪的羽绒服。

张丽艳购买火车票的时候，使用银联卡完成支付。12306 是中国铁路客户服务中心的官方网站，她不担心付款后得不到车票的问题。张丽艳第一次在淘宝购物，购买羽绒服的淘宝店铺她又不熟悉，只知道在浙江宁波。她担心通过银行卡把货款直接付给卖家，卖家不按承诺发货或者质量有问题。怎么办？如果自己不付款，卖家不会先把羽绒服邮寄到学校。如何才能买到满意的羽绒服，又保证货款安全呢？

任务思考

张丽艳这次又遇到了新的支付问题：在买卖双方互不见面的电子商务交易中，如何才能实现安全支付呢？

你能给张丽艳提供什么好的建议吗？

任务分析

传统的支付方式往往是简单的即时性直接付转，一步支付。其中钞票结算和票据结算适配当面现货交易，可实现同步交换。

电子商务交易是"隔山打牛"。在虚拟的电子商务无形市场中，交易双方互不认识，不知根底。因此，支付问题曾经是电子商务发展的瓶颈之一。卖家不愿先发货，怕货发出后不能收回货款；买家不愿先支付，担心支付后拿不到商品或商品质量得不到保证。博弈的结果是双方都不愿意冒险，网上购物无法进行。

那么，张丽艳在淘宝网购买羽绒服能否和在传统商场购买一样，实现同步交换，以确保买卖双方的权益呢？

为满足同步交换的市场需求，第三方支付平台应运而生，可以确保买卖双方交易的安全。

相关知识

第三方是买卖双方在缺乏信用保障或法律支持的情况下的资金支付"中间平台"，买方将货款付给买卖双方之外的第三方，第三方提供安全交易服务。其运作实质是在收款人和付款人之间设立中间过渡账户，使汇转款项实现可控性停顿，只有双方意见达成一致才能决定资金去向。第三方承担中介保管及监督的职能，并不承担什么风险。所以，确切地说，这是一种支付托管行为，通过支付托管实现支付保证。

第三方支付平台主要分为两大类：一类是以支付宝、微信为首的互联网型支付企业，它们以在线支付为主，捆绑大型电子商务网站；另一类是以银联云闪付、快钱、汇付天下为首的金融型支付企业，侧重行业需求和开拓行业应用。

第三方机构与各个主要银行之间签订有关协议，使第三方机构与银行可以进行某种形式的数据交换和相关信息确认。这样第三方机构就能在持卡人或消费者与各个银行，以及最终的收款人或商家之间建立一个支付流程。

以下介绍几种常见的第三方支付平台和新兴的移动支付系统。

一、银联在线支付平台

银联在线是中国银联联合商业银行共同推出的集成化、综合性线上支付平台，全面支持各种类型银行卡，涵盖认证、快捷、小额和网银支付等多种支付方式，其中认证、快捷和小额支付无须开通网银，即可为银联在线商城的会员提供"安全、快捷、多选择、全球化"的支付服务。

银联在线具有发卡银行接入方式的灵活性、受理银行数量的广泛性、支付模式的多样性、支付功能的丰富性、适用卡种的全面性和业务模式的多方共赢性六项优势；同时，具有方便快捷、安全可靠、全球通用、金融级担保交易、综合性商户服务和无门槛网上支付六大显著特点。

1. 认证支付

该支付方式是中国银联为方便持卡人进行网上支付而设计的增加验证要素的支付服务。目前银行卡支付支持手机验证，即持卡人无须开通网银，在银联在线的支付页面输入银行卡信息（卡号、密码、CVN2 等）和手机号码，由发卡银行验证信息并完成支付交易。

2. 快捷支付

在认证支付的基础上，银联支持持卡人在银联在线网站完成用户注册并关联银行卡，用注册用户信息替代银行卡信息进行支付，同样无须开通网银。如果你需要购买大件商品，如汽车，必须使用大额支付。

3. 小额支付

无须开通网银，若持有借记卡，输入卡号及密码，即可完成支付；若持有信用卡，输入卡号、有效期及 CVN2，即可完成支付。

4. 网银支付

在支付过程中，通过银联在线支付系统转接，在银行网银页面按要求输入支付信息并完成支付。选择该支付方式，必须是银行的网银用户。

银联在线支付流程如图 2-7 所示。

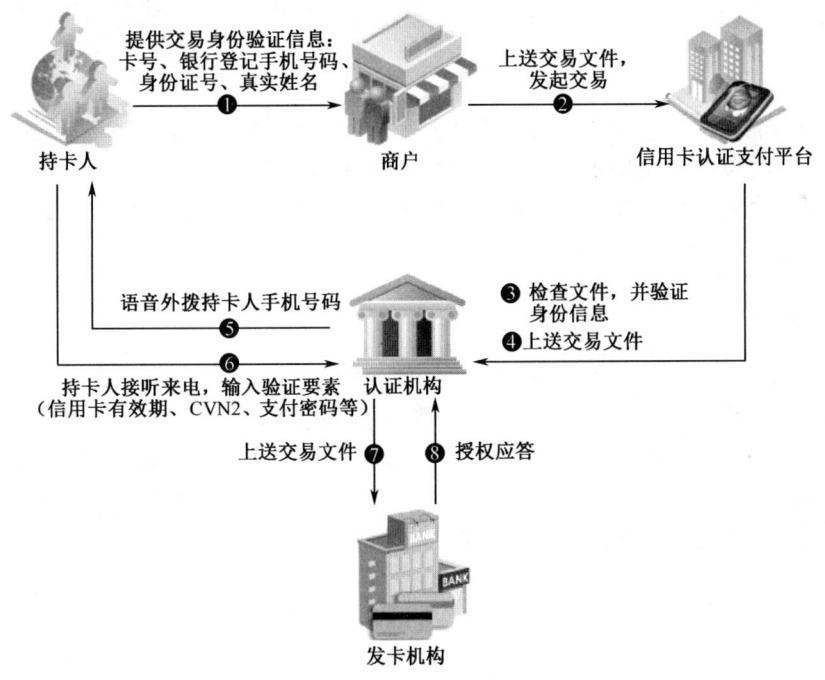

图 2-7　银联在线支付流程

二、支付宝

1. 支付宝简介

支付宝（Alipay）是国内知名的第三方支付平台，由阿里巴巴集团创立。其标志如图 2-8

图 2-8 支付宝标志

所示。阿里巴巴进入 C2C（consumer to consumer，顾客对顾客电子商务）领域后，发现支付是 C2C 需要解决的核心问题，因此就想出了支付宝这个工具。支付宝最初仅作为淘宝为解决网络交易安全所设的一个功能，采取"第三方担保交易模式"，由买家将货款打到支付宝账户，由支付宝向卖家通知发货，买家收到商品后发指令至支付宝，将货款放给卖家，至此完成一笔网络交易。2004 年 12 月，支付宝独立为浙江支付宝网络技术有限公司。2005 年，在瑞士达沃斯世界经济论坛上，马云首先提出第三方支付平台概念。

支付宝从 2004 年建立开始，已经成为中国互联网商家首选的网上支付方案之一，为电子商务用户创造了丰富的价值。截至 2021 年 3 月，支付类 App 仍旧以支付宝为主，其活跃用户数达 79629.8 万人，云闪付和翼支付排名第二、第三。

除淘宝和阿里巴巴外，还有庞大数量的商家和合作伙伴支持支付宝的在线支付和无线支付服务，范围涵盖 B2C 购物、航旅机票、生活服务、理财、公益等众多方面。众多商家在享受支付宝服务的同时，也拥有了一个极具潜力的消费市场。

支付宝已经跟国内外 180 多家银行及 VISA、MasterCard 国际组织等机构建立了深入的战略合作关系，成为金融机构在电子商务支付领域最为信任的合作伙伴。

2．支付宝网上使用流程

（1）注册。登录支付宝官方网站，用手机号码或 E-mail 账户注册支付宝账户。

（2）充值。用网上银行、银行卡将钱充值到支付宝账户"余额"中，购物时便可以使用账户中的余额付款。

（3）挑选商品。在淘宝或支付宝的合作网站上挑选喜欢的商品。

（4）付款。买家先付款给支付宝，支付宝通知卖家发货。

（5）收货。买家收到货并确认收货，通知支付宝划款给卖家，如果买家没有收到货，则可以申请让卖家退款。

三、首信易支付

1998 年 11 月 12 日，由北京市政府与中国人民银行、信息产业部、国家国内贸易局等中央部委共同发起的首都电子商务工程正式启动，确定首都电子商城（首信易支付的前身）为网上交易与支付中介的示范平台。首信易支付自 1999 年 3 月开始运行，是中国首家实现跨银行跨地域提供多种银行卡在线交易的网上支付服务平台，拥有千余家大中型企事业单位、政府机关、社会团体组成的庞大客户群。首信易支付标志如图 2-9 所示。

图 2-9 首信易支付标志

首信易支付业务平台包含 B2C、B2B、G2C（government to citizen，政府对公众电子政务）等多种在线支付服务，支持银行卡及电子充值计费系统在社区、互联网、银行柜台、信息亭、手机、电话等多种终端进行支付，并可广泛应用于电子商务和电子政务领域的交易、支付、计费、清算、会员管理等系统。

四、网银在线

网银在线（北京）科技有限公司为京东集团全资子公司，是国内知名的电子商务支付解决方案提供商，专注于为各行业提供安全、便捷的综合电子商务支付服务。其标志如图2-10所示。

图 2-10　网银在线标志

网银在线与五大国有银行、银联等国内主要金融机构建立了长期的战略合作关系，支持互联网、POS机、手机、电话等多种线上线下的终端支付形式，以及银行卡、外卡、电信卡等各种支付工具，形成了银行卡网银支付、银行卡快捷支付、信用卡无卡支付、手机充值卡支付、电话支付、银行卡POS收单、预付费卡发卡及受理等业内领先产品。

网银在线与120多家国内银行建立直接合作关系，已拥有10万余家商户合作伙伴，实现全行业覆盖。

五、PayPal

图 2-11　PayPal 标志

PayPal针对具有国际收付款需求的用户设计，其账户类型是具有国际收支需要的账户，它是目前全球使用最为广泛的网上交易工具。它能提供便捷的外贸收款、提现与交易跟踪服务；从事安全的国际采购与消费；快捷支付并接收美元、加元、欧元、英镑、澳元和日元等25种国际主要流通货币。其标志如图2-11所示。

PayPal是备受全球亿万用户追捧的国际贸易支付工具，即时支付，即时到账，全中文操作界面，能通过中国本地银行轻松提现，为客户解决外贸收款难题，助商户开展海外业务，决胜全球。

六、快钱

快钱公司总部位于上海，在北京、广州、深圳等地设有分公司，在天津设有金融服务公司，并在南京设立了全国首家创新型金融服务研发中心。快钱商业合作伙伴超过180万家，快钱的流动资金解决方案不仅广泛应用于商旅、保险、电子商务、物流等现代化服务产业之中，也渗透到制造、医药、服装等传统领域；合作伙伴覆盖东方航空、南方航空、平安集团、中国人寿、京东商城、当当网、宅急送、百度、新浪、李宁、联想、戴尔、神州数码等各行业内的领军企业。其标志如图2-12所示。

图 2-12　快钱标志

快钱针对企业现结、赊销、预付三种业务经营模式，向企业提供电子收付款、电子采购账户等创新产品组合，形成了一整套专业高效的流动资金管理解决方案，实现了资金流与信息流的无缝整合，帮助企业提升资金流转效率。

七、财付通

财付通是腾讯公司创办的中国知名的在线支付平台，致力于为互联网用户和企业提供安全、便捷、专业的在线支付服务，通过微信支付、QQ钱包等为用户带来方便快捷的移动支付服务。其标志如图2-13所示。

图 2-13　财付通标志

个人用户注册财付通后，即可在购物网站进行支付。财付通支持全国各大银行的网银支付,用户也可以先充值到财付通,享受更加便捷的财付通余额支付。财付通的提现、收款、付款等配套账户功能,让资金使用更灵活。财付通还为广大用户提供了手机充值、游戏充值、信用卡还款、机票专区等特色便民服务,让生活更方便。

针对企业用户,财付通构建全新的综合支付平台,业务覆盖 B2B、B2C 和 C2C 各领域,提供卓越的网上支付及清算服务,还提供了安全可靠的支付清算服务和极富特色的 QQ、微信钱包资源。

八、易宝支付

图 2-14　易宝支付标志

易宝支付(YeePay)是中国知名的独立第三方支付公司,2003 年 8 月由北京通融通信息技术有限公司创建,总部位于北京,在广州、深圳、上海、成都、南京、杭州、济南等地设有分支机构。2011 年 5 月,易宝支付获得了中国人民银行颁发的首批支付牌照。其标志如图 2-14 所示。

易宝支付签约的大中型商家超过 30 万家,其中包括百度、搜狐、易趣、慧聪、九城、盛大、完美时空、迅雷、中国联通、中国电信等知名企业,年交易额超过千亿元。

在立足网上支付的同时,易宝支付不断创新,首家推出电话支付,将互联网、手机、固定电话整合在一个平台上,使电子商务支付实现了"网上线下"全覆盖。以"随需应变,量身定制"为原则,易宝支付陆续推出了航旅、数字娱乐与游戏、网上购物、教育考试、电信缴费、保险基金、物流等行业的专业电子商务支付解决方案。

九、移动支付

移动支付是指交易双方通过移动设备,采用无线上网方式进行的账务支付。移动支付使用的移动终端通常是手机、掌上电脑和笔记本电脑。我们所指的移动支付主要是手机支付。

单位或个人通过移动设备、互联网或者近距离传感设备,直接或间接向银行金融机构发送支付指令,产生货币支付与资金转移行为,从而实现移动支付功能。移动支付将终端设备、互联网、应用提供商及金融机构相融合,为用户提供货币支付、缴费等金融服务。

移动支付主要分为近场支付和远程支付两种。近场支付也称为现场支付或 NFC(near field communication),即近距离无线通信。NFC 是一种非接触式识别和互联技术。远程支付也称为线上支付,指利用移动终端通过移动通信网络接入移动支付后台系统,完成支付行为的支付方式。例如,掌中付推出的掌中电商、掌中充值、掌中视频等都属于远程支付。

移动支付业务是由移动运营商、移动应用服务提供商和金融机构共同推出的、构建在移动运营支撑系统上的一个移动数据增值业务。移动支付系统将为每个移动用户建立一个与其手机号码关联的支付账户,其功能相当于电子钱包,为移动用户提供了一个通过手机进行交易支付和身份认证的途径。用户通过拨打电话、发送短信或者使用 WAP 功能接入移动支付系统,移动支付系统将交易的要求传送给移动应用服务提供商,由其确定交易的金额,并通过移动支付系统通知用户。在用户确认后,付费可通过多种途径实现,如直接转入银行、用户电话账单或者实时在专用预付账户上借记,这些都将由移动支付系统(或与用户和移动应用服务提供商开户银行的主机系统协作)来完成。

 相关链接

微信移动支付流程

（1）用手机登录微信，单击右上角的功能按钮，弹出功能选项单，单击我的银行卡，进入银行卡页面。微信不同系统版本各选项具体位置及操作会有不同，前述仅供参考。

（2）在填写银行卡信息页面，可以看到所添加银行卡的类型，填写银行卡的有效期、姓名、身份证号码及手机号码，自动跳到验证手机号码页面。

（3）在验证手机号码页面，自动识别手机验证码，选择"下一步"，进入设置支付密码页面。

（4）在设置支付密码页面，设置支付密码，自动进入第二次输入密码页面。

（5）设置好添加的银行卡后，微信就绑定了银行卡，以后涉及的微信支付将从这张卡扣款。

 实践训练

1. 课堂讨论

（1）第三方支付平台的主要优势是什么？

（2）你了解和使用过哪些第三方支付平台？

（3）移动支付的发展前景如何？

2. 案例分析

不知不觉中，第三方支付就渗透到了我们的生活之中，支付宝、易宝支付、快钱，这一串熟悉的名字，既让人们感受到了消费和支付的便利，又折射出第三方支付已成互联网金融模式创新的重要一面。

自 2011 年中国人民银行开始为支付企业颁发牌照以来，迄今已有 200 多家企业获得了第三方支付业务许可证。随着支付行业参与者不断增多，在银行渠道、网关产品及市场服务等方面的差异性越来越小，产品趋于同质化，如何拥有自己独特的竞争力及特色渠道资源成为众多第三方支付企业生存及竞争的筹码。因此，支付企业各自的角色定位对其未来的发展十分重要。例如，支付宝在个人用户线上支付领域遥遥领先；而快钱则在企业用户线上支付方面拔得头筹；易宝支付在航空票务等行业精工细作，具有自己的特色；拉卡拉则重视渠道建设和终端投入，在线下刷卡支付等业务领域占据了一席之地。但是，还有更多的新入行的第三方支付中小企业面临着竞争激烈、盈利困难的处境。

与此同时，由于木马、钓鱼网站和账户、密码被盗等引发的用户资金被恶意划走事件时有发生，也给第三方支付这一"朝阳产业"敲响了安全警钟。

讨论与分析

第三方支付存在哪些不足，需要做哪些改进？

3. 实务训练

（1）注册开通第三方支付平台账户。

（2）到第三方支付平台网站查看"找人支付"和"选择网银支付"等相关的流程。如果有

购买需要，试着在网店用支付工具完成支付，并记录支付流程。

（3）上网查询移动支付的流程。

实训说明

（1）本部分实训在课后进行。

（2）把注册开通第三方支付平台及支付的流程截图。

4．课后拓展

登录一个第三方支付平台网站，了解移动支付的开通方法及其功能。若有需要，开通移动支付账户，使用移动支付进行购物支付。

知识小结

电子商务支付是电子商务得以实现的重要条件，是消费者、商家和金融机构之间使用安全电子手段交换商品或服务，实现支付的综合系统，是融购物流程、支付工具、安全技术、认证体系、信用体系及金融体系为一体的综合大系统。

电子商务支付的一个重要条件就是必须允许将电子货币从一个系统转移到另一个系统，支付系统具有以下功能：使用数字签名和数字证书实现对各方的认证；使用加密技术对业务进行加密；使用消息摘要算法，以确认业务的完整性；当交易双方出现纠纷时，对业务具有不可否认性。

电子商务支付工具大致可以分为三大类：电子信用卡，包括智能卡、信用卡等；电子货币，如电子现金、电子钱包等；电子支票，如电子支票、电子汇款等。

ATM系统、POS系统、电子汇兑系统、网上支付系统是电子商务支付系统的具体应用。

第三方支付平台是指与银行（通常是多家银行）签约，并具备一定实力和信誉保障的第三方独立机构提供的交易支持平台。

第三方支付平台的功能大致可归纳为三项：第一，接收、处理并向开户银行传递网上客户的支付指令；第二，进行跨行之间的资金清算；第三，代替银行开展金融增值服务。

第三方支付使商家看不到客户的信用卡信息，同时避免了信用卡信息在网络多次公开传输而导致的信用卡被窃事件。相对于其他的资金支付结算方式，第三方支付可以有效地为商品质量、交易诚信、退换要求等提供保障。

移动支付是目前发展最快的一种支付系统，具有除存取现金之外的银行ATM的所有功能。

练习测试

1．名词解释

电子商务支付　电子商务支付系统　ATM系统　POS系统　电子汇兑系统
网上支付系统　第三方支付平台　移动支付

2. 选择题

（1）ATM 的主要功能一般不包括（　　）。
　　A．取款　　　　　　B．转账　　　　　C．支付　　　　　D．存小面额硬币
（2）网上银行又称为网络银行、在线银行，是指银行利用（　　）技术，通过在互联网上建立网站，向客户提供金融服务。
　　A．互联网　　　　　B．EDI　　　　　C．SWIFT　　　　D．Intranet
（3）（　　）是比较成熟的支付协议。
　　A．SET　　　　　　B．SWIFT　　　　C．EDI　　　　　D．Intranet
（4）在目前国内第三方支付公司中，下述（　　）的用户规模最大。
　　A．移支付　　　　　B．支付宝　　　　C．首信易　　　　D．易宝
（5）以下关于信用卡的说法，正确的是（　　）。
　　A．先消费，后还款　　　　　　　　　B．不收年费
　　C．可以直接办理，不需要申请　　　　D．不能透支

3. 简答题

（1）电子商务支付系统由哪些内容构成？电子商务支付系统的功能有哪些？
（2）电子商务支付手段包括哪些？
（3）电子商务支付应用系统包括哪些？
（4）第三方支付平台的主要功能是什么？
（5）移动支付的主要功能有哪些？

4. 论述题

（1）试论述电子商务支付系统的安全性对电子商务发展的作用。
（2）说明第三方支付系统有哪些优势。

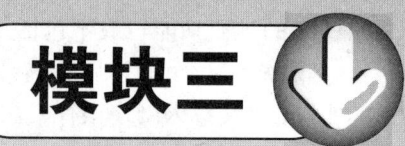

模块三

电子商务支付工具

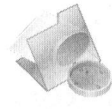 学习目标

知识目标
- 了解电子货币的产生历史及未来发展前景
- 了解电子货币的种类与作用
- 了解常用电子货币的原理及使用方法

能力目标
- 掌握使用银行卡的方法
- 掌握使用网络货币的方法

素质目标
- 养成安全快捷使用银行卡付款的习惯
- 养成严谨、高效的网上工作素质

第一单元　电子货币

情景案例

在模块二第一单元"电子商务支付系统概述"列举的情景案例当中，张丽艳同学在12306网站订购了一张从学校到家乡的火车票，订单提交成功后，在网上支付时，张丽艳用她的银行卡付了车票款。这张储蓄卡就是电子货币。

个人网上支付业务都要涉及银行卡——电子货币。所以，你的储蓄卡或信用卡，都必须提前办理好。而在你把钱存入银行的储蓄卡上时，实际上就是把传统的货币变成了电子货币。

请同学们登录一家银行网站，了解有关储蓄卡的相关解释，以及不同种类的银行卡，如信用卡。通过互联网，搜索"电子货币"，了解一些在互联网上存在的无形的电子货币，如Q币、U币和比特币等，了解有关电子货币的相关解释。

任务思考

那么，什么是电子货币？电子货币是如何产生的？电子货币有哪些种类及作用？如何使用电子货币？如何保证其安全性？以上这些问题涉及的知识就是本单元要讲解的内容。

任务分析

张丽艳利用其储蓄卡顺利地完成网上支付买到火车票后，她的储蓄卡上的金钱余额即刻被扣掉相应的火车票款，即付出了相应的电子货币。

在电子商务网站进行购物时，在网上支付的货币都属于电子货币，都是通过网上银行业务，利用电子货币实现收付结账的。有关网上银行的知识，将在本教材的模块四进行学习。

电子货币使用方便，但其安全性需要引起同学们足够的重视。

相关知识

一、电子货币概述

电子货币是适应网络经济时代的需要而产生的一种电子化货币。这种货币从形式上而言，已与纸币无关，是一种使用电子数据信息、通过计算机网络及通信网络进行金融交易的货币。电子货币是以互联网为基础，以计算机技术和通信技术为手段，以电子数据形式存储在计算机系统中，并通过计算机网络系统传递，实现流通和支付功能的货币。所以，电子货币也叫网络货币。

1．电子货币的基本形态

电子货币的基本形态是指电子货币的应用方式，即用一定金额的现金或存款从电子货币发行者处兑换并获得代表相同金额的电子数据，通过使用某些电子化方法将该数据直接转移给支付对象，从而实现债务清偿。该电子数据本身即被称作电子货币，其基本形态如图 3-1 所示。

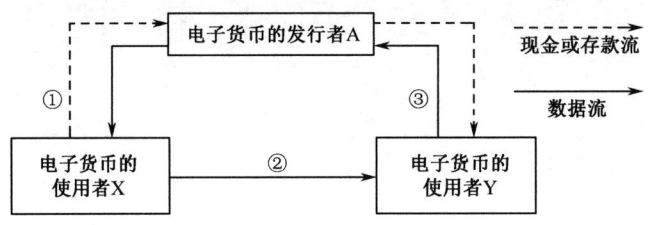

图 3-1　电子货币的基本形态

电子货币发行和运行的流程分为 3 个步骤，即发行、流通和回收。

（1）发行。电子货币的使用者 X 向电子货币的发行者 A（银行、信用卡公司等）提供一定金额的现金或存款并请求发行电子货币，A 接受了来自 X 的有关信息之后，将相当于一定金额电子货币的数据对 X 授信。

（2）流通。电子货币的使用者 X 接受了来自 A 的电子货币，为了清偿对电子货币的另一使用者 Y 的债务，将电子货币的数据对 Y 授信。

（3）回收。A 根据 Y 的支付请求，将电子货币兑换成现金支付给 Y，或者存入 Y 的存款账户。

2. 电子货币体系

电子货币体系以上述基本形态为基础，尚有另一种较典型的体系，即在发行者与使用者之间有中介机构介入的体系。例如，在基本形态中的 A、X、Y 三个当事者之外，在 A 与 X 之间介入了银行 a，在 A 与 Y 之间介入了银行 b，如图 3-2 所示。

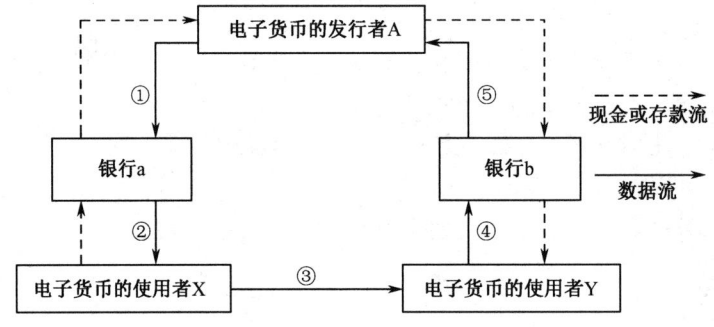

图 3-2　有中介机构介入的电子货币体系

该电子货币体系的运行分 5 个步骤，涉及 5 个当事者。

（1）A 根据银行 a 的请求，发行电子货币，与现金或存款交换。

（2）X 对银行 a 提供现金或存款，请求得到电子货币，银行 a 将电子货币向 X 授信。

（3）X 将由银行 a 接受的电子货币用于清偿债务，授信给 Y。

（4）Y 的开户银行 b 根据 Y 的请求，将电子货币兑换成现金，支付给 Y（或存入 Y 的存款账户）。

（5）A 根据从 Y 处接受电子货币的银行 b 的请求，将现金与电子货币兑换，将现金支付给 b（或存入 b 的存款账户）。

3．电子货币的特点

（1）携带、储存方便。再多的现金都能够被存到一张小小的卡片上，便于携带。
（2）节约货币发行成本，提高货币流通速度。
（3）使用方便、快捷，利用网络遍及各地的优势，电子货币能够进行网上支付，不受地域限制，极大地提高了支付效率。
（4）适合电子商务环境，促进网络经济发展。
（5）监管难度增大。电子货币具有虚拟性，流通快，增加了货币监管难度。
（6）较高安全风险。电子货币的安全性依赖计算机网络的安全性。计算机网络的安全性比较复杂，易受计算机故障、病毒及黑客攻击的影响；网络上还可能存在欺诈网站，导致用户密码泄露、电子货币资金被盗。所以，电子货币比传统货币在安全性方面有更大的要求。在日常使用电子货币时，一定要确保密码的安全，确保客户信息的安全。

二、电子货币分类

按支付方式分类，电子货币大致可分为以下几种。

1．"储值卡型"电子货币

这是功能得到进一步提高的储值卡。储值卡的一般原理：使用者先在卡中存入一定数量的现金，将卡插入一个阅读器中，金额便能以电子化的方式传递，并从卡上减去相应的金额。然后，金额的接收者就能在将来的某一时间从付款人那里收到这个数目的资金。"储值卡型"电子货币也叫电子现金。

IC储值卡型电子货币，使用了IC芯片，因此难以伪造，而且通过ATM可以增加卡内的余额，不必用完即弃，具有与普通储值卡不同的一些优点。

2．"信用卡应用型"电子货币

"信用卡应用型"电子货币指实现网上结算的信用卡，是最早实现在互联网上支付的电子货币。

3．"存款利用型"电子货币

"存款利用型"电子货币指用作支付手段，在计算机网络上被传递的存款货币，如电子支票。

4．"现金模拟型"电子货币

"现金模拟型"电子货币指模仿面对面支付方式的网上电子货币，如数字货币、电子钱包。

三、电子货币的职能与作用

1．电子货币的职能

电子货币是以电子信息代表一定数量的现金，通过支付双方互送电子信息完成结算。这种电子信息的价值仍然依赖实体货币（现金或存款）。

货币的职能是作为一般等价物的货币本质的具体表现。一般等价物有两个基本的特征：第一，所有商品价值的具体体现，这是货币的价值尺度职能；第二，具有与一切商品直接交换的能力，这是货币的流通手段职能。除作为价值尺度、流通手段外，货币还有贮藏手段、支付手段等职能。

大多数电子货币是以既有的实体货币（现金或存款）为基础而存在的。电子货币是以现金、存款等实体货币的既有价值为前提，所以，电子货币具有既有的实体货币的货币职能。

电子货币与传统货币并没有本质区别。电子货币作为货币，仍然是一般等价物的一种表现形式。电子货币是一种在网上发展起来的电子商务支付方式，通过相互交换电子信息而完成在线货币支付过程。

目前的电子货币，主要是把现金货币或存款货币这些既有的支付手段，用电子化的方法实现，是替代现金货币或存款货币的一种新的支付手段。随着电子商务支付的广泛普及和电子货币的广泛应用，电子货币将逐步用于绝大多数的结算。那时，电子货币将成为真正意义的货币。

2. 电子货币的作用

（1）提高资金运营的效率。传统的结算依靠的是银行与客户面对面的人工处理，借助邮政、电信部门的委托传递来进行，因而存在在途资金占压大、资金周转慢等问题。利用电子货币，采用先进的数字签章等安全防护技术，客户不必出门，无须开支票，便能经由网络迅速完成款项支付及资金调拨，简化了现行使用传统货币的复杂程序，并且其使用和结算不受时间、地点的限制。由此，电子货币有效地缩短了支付指令传递时间，减少在途资金占压，显著地提高了资金运营的效率。同时，电子货币还消除了货币印制、存储、运输、安全保卫、点钞等方面大量的社会劳动和费用支出，还具有可任意分割、无面额约束、不同币种之间兑换较容易等优越性。

（2）促进电子商务的发展。电子货币具有传递和转移上的优势。使用电子货币可在互联网上完成结算，对商家而言，瞬间能低成本地收回资金，因而可以放心地给顾客发送商品；对顾客而言，免除了烦琐的支付手续，可轻松购物，由此必将有效地增加市场交易机会。事实上，电子货币的应用和发展使网络上现货、现金交易成为可能，特别是对于信息、软件等商品的销售来说，此类商品的销售商在收取电子货币的瞬间，通过微机终端直接授信，即可将信息、软件商品从互联网上传递给顾客。因此，商品流通的成本将大幅下降。电子货币为降低信息、软件等商品的价格创造了条件，进而必然促进社会需求的扩大。再者，电子货币在网络上的流通也将极大地延伸市场交易的时间和空间，拓宽电子商务活动的交易边界。

（3）加快世界经济一体化的进程。电子货币以电子计算机技术为依托，进行储存和流通，无须实体交换，所以这种货币形式的使用有效地突破了时空限制，资金流、信息流的传递变得十分迅速、高效，时空距离不再是现实世界的障碍。电子货币与网络技术的结合，使经济贸易活动在时间、空间概念上发生了根本的变化，使跨国交易变得非常简单。另外，电子货币及网络金融的发展，加速了资本的国际间流动与全球性资本的形成，促进了全球金融市场的发展。显然，电子货币的发展为经济行为的国际化提供了便利，增强了世界各国的经济联系，加快了经济市场的全球一体化进程。

四、电子货币的发展现状

我国的电子货币工程称作金卡工程。1993年，电子工业部组织起草了"关于在我国实施金卡工程的设想"，同年，国务院下发了有关文件，正式启动金卡工程。其基本目标是在10年左右的时间内，在3亿城市人口中推广普及银行卡，完善支付结算手段，规范金融服务，控制现金流通量，减少偷漏税和堵塞非法金融活动，促进金融、商业和服务业的信息化。为此，国务院成立了"金卡工程协调领导小组"。鉴于银行卡业务发展和联网联合是"金卡工程"建设的主要内容，1996年年初，"金卡工程协调领导小组"同意由中国人民银行牵头成立全国银行卡办公室，具体负责银行卡业务发展和联网联合工作。

金卡工程的实施，推动了金融电子化，银行卡业务快速增长，并取得了可喜的成绩。我国第一张银行卡诞生于1985年，经过30多年的发展，据中国人民银行发布的《2021年第一季度支付体系运行总体情况》称，截至第一季度末，全国银行共办理非现金支付业务873.46亿笔，金额1065.59万亿元，非银行支付机构处理网上支付业务2206.25亿笔，金额86.47万亿元。全国每万人对应的ATM数量为7.13台，共发生银行卡交易849.25亿笔，金额254.94万亿元。全国银行共处理移动支付业务326.17亿笔，金额130.14万亿元。支付系统共处理支付业务1840.88亿笔，金额2214.08万亿元。

1997年10月，在实现部分城市内业务联合的基础上，中国人民银行组织各商业银行成立了银行卡信息交换总中心，开展了全国异地跨行交换系统建设，组织各商业银行、各城市中心与总中心联网，以实现银行卡业务的异地跨行通用。中国工商银行、中国农业银行、中国银行、中国建设银行、交通银行、上海浦东发展银行、招商银行、深圳发展银行、广东发展银行、中信实业银行等全国性商业银行和北京、上海、天津等城市的银行卡信息交换中心先后实现了与总中心的联网，促进了异地跨行交易的增长。

近年来，中国人民银行与各商业银行一起研究拟定了银行卡的统一业务规范和技术标准，先后制定颁布了《中国集成电路（IC）规范》《发卡银行标识代码及卡号》《磁条信息格式》等标准，促进了银行卡业务的快速、健康发展。

目前，我国储值卡业务发展十分迅猛，小到中小商户，大到电信企业、大型商场、公交公司等，其产品形式则为电话卡、商场购物卡、公交卡等。我国网络货币发展较快。据估计，国内互联网已具备每年几百亿元的虚拟货币市场规模。概括起来，我国电子货币主要有两种形式，一是网上银行中的电子货币；二是各大网络服务提供商发行的电子货币，如Q币等。Q币是由腾讯公司推出的在腾讯网使用的一种网上虚拟货币。

【课程思政】 要学好理论知识，科技创新和网络金融带动祖国和民族的振兴，我们必须要有自主的网络金融掌控能力，才不会在大国博弈中失去领先位置。

实践训练

1. 课堂讨论

（1）什么是电子货币？

（2）电子货币有哪些特点？

2. 案例分析

男子165元购比特币被嘲笑，4年后暴涨至527万元

挪威奥斯陆男子克里斯多福，4年前为了撰写关于数据加密的论文，花了27美元（约人民币165元）买下5000枚比特币（Bitcoin）。之后，他就忘记了这件事情。在各大新闻网站报道比特币后，他才想起这件事，登录用私有密钥加密的钱包一看，发现这些比特币已经升值，市价为86.6万美元（约人民币527万元）。

当年，克里斯多福买下5000枚比特币，还因此被人嘲笑一番，没想到4年后，只要用账户中五分之一的比特币，就能买到高级公寓，说他是有钱人一点也不为过。

比特币是一种全球通用的虚拟加密电子货币，目前世界上有一些购物网站接受比特币。比特币在我国还不能作为网上支付工具。

讨论与分析

比特币是真正的电子货币吗？为什么？

3．实务训练

进入某银行网站，了解以下事项。
（1）该银行的银行卡安全用卡常识。
（2）安全用卡十要、十不要。
（3）安全用卡三注意。
（4）使用自助设备的注意事项。

4．课后拓展

（1）上网查询比特币的相关知识。
（2）如何才能获得比特币？
（3）你认为比特币的前景如何？

第二单元　银　行　卡

情景案例

张丽艳同学购买火车票，在12306网站进行网上支付时，用的是当地银行发行的银行卡。每家银行都有自己发行的银行卡。例如，中国工商银行发行的是牡丹卡；中国建设银行发行的是龙卡；中国农业银行发行的是金穗卡等。

张丽艳单击"中国银联"按钮，支付了车票款。在这个过程中，她实际上用到了中国银联的银行卡跨行信息交换系统。

任务思考

那么，什么是银行卡？银行卡是如何产生的？银行卡有哪些种类及作用？如何使用银行卡？什么是"中国银联"？在使用银行卡的过程中，如何保证银行卡里资金的安全，防止银行卡诈骗？以上这些问题涉及的知识，就是本单元要讲解的内容。

任务分析

张丽艳支付火车票款和交纳学费都使用了银行卡。银行卡减少了现金和支票的流通，使银行业务突破了时间和空间的限制,而发生根本性变化。银行卡自动结算系统的运用,使一个"无支票、无现金社会"成为现实。按照是否可以透支,银行卡一般分为信用卡和借记卡两种;按信息载体不同,分为磁条卡和芯片卡;按发行主体是否在境内,分为境内卡和境外卡……

不同种类、不同银行发行的银行卡的功能也不尽相同,通过本单元学习,掌握银行卡的使用方法,了解中国银联对银行卡业务和技术的规范,了解国外主要银行卡及其发卡组织。

相关知识

一、银行卡概述

银行卡是指经批准由商业银行(含邮政金融机构)向社会发行的具有消费信用、转账结算、存取现金等全部或部分功能的信用支付工具。持卡人可凭卡在发卡机构指定的商户购物和消费,也可在指定的银行机构存取现金。

以中国农业银行的银行卡为例,如图3-3所示。

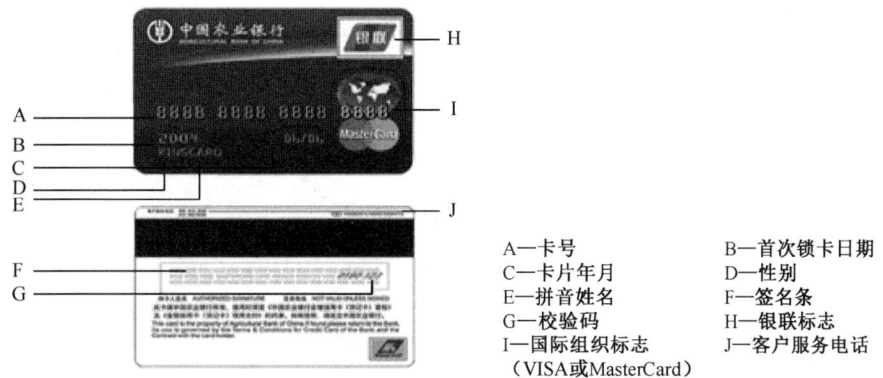

A—卡号　　　　　　　B—首次锁卡日期
C—卡片年月　　　　　D—性别
E—拼音姓名　　　　　F—签名条
G—校验码　　　　　　H—银联标志
I—国际组织标志　　　　J—客户服务电话
（VISA或MasterCard）

图3-3　银行卡示例

1. 银行卡的分类

在一般情况下,银行卡按是否给予持卡人授信度分为信用卡和借记卡。信用卡可以透支,借记卡不具备透支功能。

此外,银行卡还可以按信息载体不同,分为磁条卡和芯片卡;按发行主体是否在境内,分为境内卡和境外卡;按发行对象不同,分为个人卡和单位卡(商务卡);按账户币种不同,分为人民币卡、外币卡;按持卡人信誉、地位等级,可分为白金卡、金卡、银卡、普通卡等。

2. 银行卡的主要功能

(1)支付结算:可用于支付购买商品、享受服务的款项,具有非现金结算功能。
(2)汇兑转账:持卡人在异地、异国都可以借助汇款的方式,实现资金的调动流转。
(3)个人信用:持卡人通过使用银行卡,可在金融机构进行个人的信用度积累。
(4)信用销售:根据每个人的信用记录及基本情况办理信用卡会有不同的授信消费额度,可超前消费,扩大社会的总需求。
(5)循环授信:随着银行卡的使用时间不断加长,持卡人的信用度也会不断累计提高。
(6)购物消费:持卡人可以在授理信用卡的商业机构或网点凭卡进行消费。

（7）提取现金：如果使用信用卡取现，发卡行会收取一定的手续费和利息。

（8）分期付款：可通过循环信贷，不断累积信用度，来实现分期付款。

（9）小额融资：可以被持卡人用于小额融资。

二、信用卡

1. 信用卡的基本概念

信用卡在1915年起源于美国，至今已有100多年的历史，在世界各地使用得非常广泛，已成为一种被普遍使用的支付工具和信贷工具。它使人们的结算方式、消费模式和消费观念发生了根本性的改变。

信用卡是市场经济与计算机通信技术相结合的产物，是一种特殊的金融商品和金融工具。"信用"一词来自英文"credit"，其含义包括信用、信贷、信誉、赊销及分期付款等。信用卡是银行或专门的发行公司发给消费者使用的一种信用凭证，是一种把支付与信贷两项银行基本功能融为一体的业务。银行或发卡机构通过征信，规定一定的信用额度，将信用卡发给资信情况较好的企业和有稳定收入的消费者。持卡人可以凭卡消费，受理信用卡的商户将持卡消费者的记账单送交银行或发卡机构，由银行或发卡机构向持卡人收账。信用卡这种结算方式对卖方（特约商户）具有加速商品销售及流通的优点；对买方（持卡人）则具有先消费后付款，避免携带大量现金的优点；而信用卡发行机构则可收取手续费或发放贷款，取得利息，加速资金的周转。可以说，信用卡具有惠及三方的优越性。

信用卡的最大特点是同时具备信贷与支付两种功能。持卡人可以不用现金，凭信用卡购买商品和享受服务，由于其支付的款项是发卡银行垫付的，银行便与持卡人产生了贷款关系，而信用卡又不同于一般的消费信贷。一般的消费信贷，只涉及银行与客户两者，信用卡除银行与客户之外，还与受理信用卡的商户存在关系。

信用卡是由附有信用证明和防伪标志的特殊塑料制成的卡片。信用卡正面印有发卡银行（或机构）的名称、图案、卡号、持卡人姓名、发卡银行名称缩写等；背面附有磁条和签名条等。

2. 信用卡的种类

信用卡按是否向发卡银行交存备用金，可分为贷记卡、准贷记卡两类。贷记卡是指发卡银行给予持卡人一定的信用额度，持卡人可在信用额度内先消费、后还款的信用卡。准贷记卡是指持卡人须先按发卡银行要求交存一定金额的备用金，当备用金账户余额不足支付时，可在发卡银行规定的信用额度内透支的信用卡。

三、借记卡

借记卡是银行卡的一种，按功能不同分为转账卡（含储蓄卡）、专用卡、储值卡。转账卡是实时扣款的借记卡，具有转账计算、存取现金和消费的功能。专用卡是指具有在百货、餐饮、饭店、娱乐行业以外专门用途，在特定区域使用的借记卡，具有转账计算、存取现金的功能。

四、金融IC卡

金融IC卡又叫芯片银行卡、智能卡。20世纪70年代中期，法国Roland Moreno公司采取在一张信用卡大小的塑料卡片上安装嵌入式存储器芯片的方法，率先开发成功IC存储卡。经过多年的发展，真正意义上的智能卡，即在塑料卡上安装嵌入式微型控制器芯片的 IC 卡，已由摩托罗拉和 BullHN 公司共同于 1997 年研制成功。市场上有两种芯片卡标准，一种是国际上应用较多的 EMV 标准，一种是中国人民银行的 PBOC2.0 标准。

金融 IC 卡按介质类型分为纯芯片卡和磁条芯片复合卡两种。纯芯片卡，以芯片作为唯一交易介质，只能在具有芯片读取设备的受理点使用。磁条芯片复合卡可同时支持芯片和磁条两种介质，在可以受理芯片的受理点使用时读取芯片，在其他受理点则读取磁条，与传统磁条卡使用范围相同。

金融 IC 卡与磁条卡的区别在于信息载体不同。磁条卡是通过卡上磁条的磁场变化来存储信息的，而金融 IC 卡则是通过嵌入卡中的集成电路芯片来存储信息的。

金融 IC 卡的容量大、安全保密性好，可以存储密钥、数字证书、指纹等信息，工作原理类似微型计算机，能够同时实现多种功能需要，为持卡人提供一卡多用的便利。

五、中国银联

1. 概述

中国银联是经国务院同意，中国人民银行批准设立的中国银行卡联合组织。据新华财经报道，截至 2020 年 11 月底，中国银联全球受理网络已延伸至 179 个国家和地区，银联卡境内外累计发行超过 90 亿张。

中国银联采用先进的信息技术与现代公司经营机制，建立和运营广泛、高效的银行卡跨行信息交换网络系统，制定统一的业务规范和技术标准，实现高效率的银行卡跨行使用及业务的联合发展，并推广普及银联卡，积极改善其受理环境，推动我国银行卡产业的迅速发展。

作为中国的银行卡联合组织，中国银联处于我国银行卡产业的核心和枢纽地位，对我国银行卡产业发展发挥着基础性作用，各银行通过银联跨行交易清算系统，实现了系统间的互联互通，进而使银行卡得以跨银行、跨地区和跨境使用。在建设和运营银联跨行交易清算系统、实现银行卡联网通用的基础上，中国银联积极联合商业银行等产业各方推广统一的银联卡标准规范，创建银行卡自主品牌，推动银行卡的发展和应用，维护银行卡受理市场秩序，防范银行卡风险。

为满足人民群众日益多元化的用卡需求，中国银联大力推进各类基于银行卡的创新支付业务。人民群众不仅可以在 ATM、商户 POS 机等终端使用银行卡，还可以通过互联网、手机、固定电话、自助终端、数字电视机顶盒等渠道实现公用事业缴费、机票和酒店预订、信用卡还款、自助转账等多种支付业务。围绕着满足国人多元化用卡需求，在中国银联和商业银行等相关机构的共同努力下，一个范围更广、领域更多、渠道更丰富的银行卡受理环境正在逐步形成。

2. 经营范围

中国银联的经营范围主要涉及以下方面。

（1）建设和运营全国统一的银行卡跨行信息交换网络。

（2）提供先进的电子化支付技术和与银行卡跨行信息交换相关的专业化服务。

（3）开展银行卡技术创新。

（4）管理和经营"银联"标识。

（5）制定银行卡跨行交易业务规范和技术标准，协调和仲裁银行间跨行交易业务纠纷。

（6）组织行业培训、业务研讨和开展国际交流，从事相关研究咨询服务。

（7）经中国人民银行批准的其他相关服务业务。

3．银联卡的特征

（1）带有银联标识的信用卡，银行卡正面印刷了统一的"银联"标识图案。
（2）卡片背面使用统一的签名条。
（3）贷记卡卡片正面的银联标识图案上方加贴统一的全息防伪标志。
（4）银联标准卡的卡号前六位银行识别码（BIN）为622126～622925。

4．银联卡的优点

（1）方便用户。可受理"银联"标识卡的商户，对带有"银联"标识的银行卡，无须识别发卡机构，均可直接受理。
（2）方便持卡人。在贴有"银联"标识的ATM或POS机上，都能使用。

5．银联卡的使用费用

不同银行的费用是不同的。
（1）ATM取款交易：持卡人在申领"银联"标识卡所在城市的ATM上跨行取款，是否交纳手续费，由各发卡机构规定。
（2）POS交易：持卡人在全国所有贴有"银联"标识的POS机上消费使用，均没有手续费。

6．银联卡使用中的注意事项

（1）请勿向任何人提供、泄露个人密码。
（2）当银联卡发生遗失、被盗等情况时，请及时向发卡机构办理挂失手续。
（3）持卡人如果遇到贴有"银联"标识商户拒绝受理"银联"标识卡、商户或银行未按规定收费、发生错账或与银行发生交易争议时，请及时与发卡行或有关中国银联分公司联系。

六、国际信用卡及其发卡组织

国际上常见的信用卡主要有维萨卡、万事达卡、美国运通卡、大来卡、JCB卡等，还有一些地区性的信用卡组织发行的信用卡，如欧洲的Europay等。

1．维萨卡及其发卡组织

维萨国际组织（以下简称"维萨"）是目前世界上最大的信用卡和旅行支票组织。它的前身是1900年成立的美洲银行信用卡公司。1974年，美洲银行信用卡公司与一些商业银行合作，成立了国际信用卡服务公司，并于1977年正式改为维萨，成为全球性的信用卡联合组织。

维萨拥有VISA、ELECTRON、INTERLINK、PLUS及VISA CASH等品牌商标。维萨本身并不直接发卡，维萨品牌的信用卡是由参加该组织的会员（主要是银行）发行的。维萨由全球2.2万多家金融机构组成，维萨的会员机构提供广泛的支付产品和服务，包括信用卡、借记卡、储值卡、公司卡，以及多功能智能卡等。

维萨早在20世纪90年代初就进入中国，并致力于与中国银行界合作，推动中国支付产业的发展。境外的维萨卡已经可以在国内的ATM上正常使用。2005年4月20日，维萨中国公司宣布与支付宝达成战略合作协议，即日起持维萨国际卡的网民可以直接在支付宝上"刷卡"消费，同时享受"维萨验证服务"和支付宝"安全支付"这两项国际先进的网上安全支付服务，这也标志着维萨已经趁此进入了中国的电子商务支付和电子商务领域。

2. 万事达卡及其发卡组织

万事达卡是全球第二大信用卡国际组织。1966 年，美国加利福尼亚州的一些银行成立银行卡协会（Interbank Card Association），并于 1970 年启用"Master Charge"的名称及标志，统一了各会员银行发行的信用卡名称和设计，1978 年再次更名为现在的"MasterCard"。

万事达卡拥有 MasterCard、Maestro、Mondex、Cirrus 等品牌商标。万事达卡本身并不直接发卡，万事达卡品牌的信用卡是由参加万事达卡国际组织的金融机构会员发行的。

3. 美国运通卡及其发卡组织

美国运通卡于 1958 年面世，在全球拥有数以千万计的会员，并在 200 多个国家为商户广泛接受。该卡赋予会员多项专有权益，包括全球补领失卡、购物保障、积分计划和旅游意外保障。该卡在全球 50 多个国家以超过 45 种货币发行，为会员的日常生活和旅游方面的消费及管理提供了方便。为了满足不同顾客的需求，美国运通发行了一系列的美国运通卡，包括个人卡、金卡、白金卡、百夫长卡、公司卡、网上卡、信用卡及联营卡。

4. 大来卡及其发卡组织

大来卡于 1950 年面世，是第一张塑料付款卡，最终发展成为国际通用的信用卡。1981 年，美国花旗银行的控股公司花旗公司接受了大来卡。大来卡公司在尚未被充分开发的地区增加销售额，巩固该公司在信用卡市场中的地位。该公司通过大来现金兑换网络与 ATM 网络形成互惠协议，从而提高了其在国际市场上的地位。

5. JCB 卡及其发卡组织

1961 年，日本信用卡株式会社（以下简称"JCB"）作为日本第一个信用卡公司宣告成立，据凤凰网报道，2021 年 JCB 在海内外拥有约 1.3 亿用户。JCB 的成功是因为其在日本作为旅游和娱乐信用卡提供的优质服务，其独具特色地推进全球化发展，奠定了其作为全球主要信用卡品牌的坚实地位。

实践训练

1. 课堂讨论

（1）什么是信用卡？信用卡有哪些功能？

（2）储蓄卡（借记卡）有哪些功能？

2. 案例分析

揭秘信用卡诈骗"黑科技"——卡不离身竟被异地盗刷

2017 年 2 月 3 日《经济参考报》报道，不法分子用"黑科技"非法批量改装 POS 机，获取大量持卡人信息及密码；在网上联络"出料人"克隆信用卡信息，约定分成比例后，大肆盗刷信用卡。从 2015 年至 2016 年，内蒙古赤峰市公安局红山区分局历时数月侦破了一系列信用卡诈骗案，抓获犯罪嫌疑人 11 名，将一个覆盖非法改装 POS 机、克隆信用卡和提现等环节的信用卡诈骗犯罪团伙一网打尽。

这起案件暴露出来的信用卡诈骗"黑产业链"触目惊心。警方提醒广大消费者，一旦遇到银行卡被盗刷的情况，应及时报警；同时，应加强事前防范，为消除隐患、减少损失，消费者要尽快把磁条卡更换成 IC 芯片卡。磁条卡由于技术上的原因，很容易被不法分子复制，而 IC 芯片卡的安全级别高，不容易被复制。消费者要设定网上交易限额，避免大额损失。消费者在使用银行卡时，若不能确定用卡环境是否安全，应尽快向银行发出求助请求，消除风险。

思考：你了解哪些有关银行卡诈骗的内容？在日常工作生活中，如何防范银行卡诈骗？

3. 实务训练

正确认识你的银行信用卡。

实训说明

（1）观察银行信用卡正面的内容，了解主要包括哪些内容。
（2）观察银行信用卡背面的内容，了解主要包括哪些内容。
（3）如果没有信用卡，可到某一银行官方网站查询相关内容。

4. 课后拓展

（1）进入某一银行网站，查找信用卡开卡流程。
（2）了解信用卡的使用方法和注意事项。

相关链接

信用卡透支额，普通卡一般不超过 1 万元。信用卡透支期限最长为 60 天。透支利息一般为日息万分之五；费率如有变动，以银行的最新规定为准。

从币种上分，国内银行的信用卡可以分为单币卡（又叫人民币卡）和双币卡（又叫国际卡）。单币卡只能透支人民币，然后用人民币还款。双币卡可以在国外透支使用，又分为港币卡、美元卡、欧元卡。双币卡的外币透支额度可以在国内用人民币还款。

【课程思政】目前有部分大学生不考虑自己的经济状况，随意透支信用卡；如果不能按时还款，信用卡的费率不低，不仅增加了经济负担，还会影响个人信用。所以，大学生要勤俭节约，学会科学理财。

第三单元 网络货币

情景案例

现在，如果你不知道扫码支付，可能就会有人说你落伍了。小林在水果摊上买了一些苹果，直接使用手机扫描水果摊老板的收款二维码，买苹果的 10 元钱立即被支付给卖水果的老板。

条码支付是指银行金融机构或非银行支付机构应用条码技术，实现收付款人之间货币资金转移的业务活动。随着技术的进步、制度的完善，扫码支付这一生活场景日益普及。

 任务思考

小林不用现金就能支付买苹果的货款，那他利用条码支付的 10 元钱是否是真正的网络货币呢？除银行卡以外，以电子信息传送形式实现流通和支付功能的网络货币还有哪些形式？什么是电子钱包？电子钱包有哪些用处？

 任务分析

实际上，小林通过收款码支付给水果摊老板的 10 元钱，是他的支付账户绑定的银行卡里的钱。这些钱替代了传统的纸币，通过互联网进行转账支付，就是我们讲的网络货币。

 相关知识

网络货币，即在网上使用的货币，是以互联网为基础，以计算机技术和通信技术为手段，以电子数据（二进制数据）形式存储在计算机系统中，并通过网络系统以电子信息传送形式实现流通和支付功能的货币，包括信用卡型网络货币、电子现金、数字货币、电子支票和电子钱包等。

一、信用卡型网络货币

1. 基本概念

信用卡型网络货币，即在互联网上使用的信用卡，是目前互联网上的支付工具中，消费者使用积极性最高、发展速度最快的一种。

用信用卡支付时，卖方将买方的信用卡号和购买金额等信息传递到发卡机构。此后，发卡机构代替买方将购物金额垫付给卖方。这一垫付清偿了买卖双方之间的债权债务，完成了支付。实际上，买方与发卡机构之间尚留有清算该垫付款的问题，不过这并不涉及买卖双方之间的债权债务处理。

2. 信用卡支付流程

（1）无安全措施信用卡支付流程。买方通过网络从卖方订货，将信用卡信息通过电话、传真等非网络方式传送，或者在网上传送信用卡信息，但均无任何安全措施，卖方与银行之间通过专用网络来检查信用卡的真伪，如图 3-4 所示。

图 3-4　无安全措施信用卡支付流程

当通过电话、传真等非网络方式传送信用卡信息时，由于卖方没有得到买方的签字，如果买方拒付或否认购买行为，卖方将承担一定的风险。

当在线传送信用卡信息，但无安全措施时，买方（即持卡人）将承担信用卡信息在传输过

程中被盗取及卖方获得信用卡信息等风险。

（2）第三方代理人信用卡支付流程。改善信用卡事务处理安全性的一个途径就是在买方和卖方之间启用第三方代理人，目的是使卖方看不到买方信用卡的信息，避免信用卡信息在网上多次公开传输而导致的信用卡信息被窃取。

买方在线或离线在第三方代理人处开立账户，第三方代理人持有买方信用卡号和账号。买方用账号从卖方在线订货，即将账号传给卖方。卖方将买方账号提供给第三方代理人，第三方代理人验证账号信息，并将验证信息反馈给卖方，卖方确定接收订货。这一流程如图 3-5 所示。

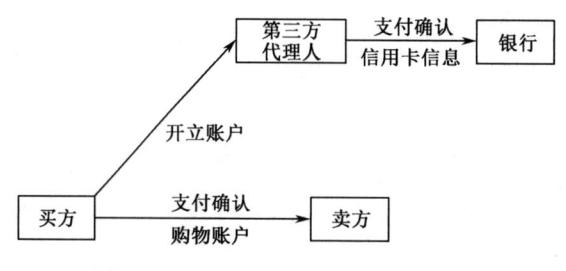

图 3-5　第三方代理人信用卡支付流程

（3）简单加密信用卡支付流程。
① 买方在银行开立一个信用卡账户，并获得信用卡账号。
② 买方订货后，把信用卡信息加密后传给卖方服务器。卖方服务器验证接收到的信息的有效性和完整性后，将买方加密的信用卡信息传给业务服务器，卖方服务器无法看到买方的信用卡信息。
③ 业务服务器验证卖方身份后，将买方加密的信用卡信息转移到安全的地方解密，然后将买方信用卡信息通过安全专用网传送到卖方所在的银行。
④ 卖方所在的银行通过普通电子通道与买方信用卡发卡机构联系，确认信用卡信息的有效性。得到证实后，将结果传送给业务服务器，业务服务器通知卖方服务器交易完成或拒绝，卖方再通知买方。

这一过程采用的加密协议有 SHTTP、SSL 等。这种支付方式给买方带来很多方便，但一系列的加密、授权、认证及相关信息传送，使交易成本提高，所以这种方式不适用于小额交易。该流程如图 3-6 所示。

使用信用卡进行的结算，由于有第三者，即信用卡发行机构的介入，使结算关系复杂化，但买卖双方之间，仅需要提交信用卡卡号及卡的有效期等简单信息，即可完成结算的必要手续。信用卡卡号等信息的传递，可以不通过物理媒体，而使用电子方式。因此，电子货币项目首先在信用卡的应用方面迈向实用化。

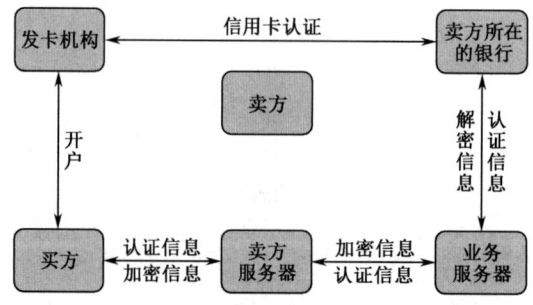

图 3-6　简单加密信用卡支付流程

3. 信用卡型网络货币的特点

信用卡型网络货币的特点：一是特约商店无须太多投入，即能使用；二是24小时内均可使用；三是能受理信用卡的商店在全世界数量相当多；四是有法律和制度方面的保障。

网上电子商务开展的必要条件：必须具备在素不相识的交易对象之间可以使用的、能够即时支付购物款的结算方法。这是因为，站在卖方的立场上，如果无法确认买方的信用程度，就不能确保收回货款，也就难以提供商品或信息。

在网上用信用卡结算时，由于处于卖方和买方之间的信用卡发行机构能保证对于购物款的支付，卖方就能放心地即时回应和满足买方的购物要求。由于国际互联网的应用不受国境限制，使信用卡可以用于国际间的支付。有关汇率的换算则由信用卡公司之间自动处理。

4. 法律和制度问题

信用卡型网络货币，是与传统货币类似的支付手段，如果不加以限制，必然发生与"国家垄断的货币发行权"相抵触的问题。另外，在顾客以预付方式支付现金给非金融卡的发行机构换取电子货币时，即发生了与存款类似的行为，这与"存款业务是银行及有关金融机构的专营业务"的法律规定相抵触。

2011年1月13日，中国银监会公布并开始施行的《商业银行信用卡业务监督管理办法》第二条规定，商业银行经营信用卡业务，应当严格遵守国家法律法规和有关政策规定，遵循平等、自愿和诚实信用的原则。

二、电子现金

电子现金是一种以电子数据形式流通的货币。电子现金是一种用电子形式模拟现金的技术，如现金购物卡。

电子现金通常基于银行账户资金，它的使用相当于用户对该账户资金的支取，它与普通现金有很多相同的特征，如交易可以是私下的、有丢失的可能性、在任何场合均可被接受、交易为从个人到个人。它是电子商务支付工具中最主要的取代纸币的方式，其优势在于支付完全脱离实物载体，使用户在支付过程中更加方便、灵活，更加快速、高效，尤其适用于各种小额交易。

1. 电子现金的特点

电子现金具有现金的特性，如方便、费用低（或没有交易费用），具有防伪性，不记名。和其他电子商务支付手段相比，电子现金还具有以下特点。

（1）匿名性。使用电子现金者不能被跟踪，这样可以保证交易的保密性，也就维护了交易双方的隐私权。也正是因为这一点，如果电子现金丢失了，就会同纸币现金一样无法挂失。

（2）可传递性。电子现金可以方便地由一个人付给另一个人，并且不能跟踪传递这种信息。任何人拿到电子现金都可以用于消费，简单地说，电子现金是可以转让的。

（3）可操作性。电子现金必须具有可操作性。作为一种结算方式，电子现金必须能够换成其他电子现金、纸币现金、商品或服务、银行账户的存款等。

（4）可细分性。在现实生活中，现金有多种面值，消费现金的数量由不同面值的现金组成。电子现金可以像普通的现金一样细分成不同大小的货币单位，用于支付。也就是说，电子现金是可以细分的。

(5) 可存储性。用户可以在家、办公室或路途中对存储在计算机或其他设备中的电子现金进行存储和检索。电子现金的存储是从银行账户中提取一定数量的电子现金，存入上述设备中。由于在计算机上产生或存储现金，因此，伪造现金非常容易，最好将现金存入一个不可修改的专用设备。这种设备应该有友好的界面，有助于通过密码或其他方式的身份验证，以及对卡内信息的浏览。

(6) 不可重复性。电子现金采用密码控制，具有不能复制或不能重复使用的特点。

2．电子现金的优越性

(1) 电子现金使用密码控制，安全系数较高，不易伪造。在网上，买方支付电子现金，商家将电子现金用于支付或去银行进行兑换。银行将电子现金发到买方的计算机时，都会在每张电子现金上盖上数字印章。当买方支付电子现金时，只需将适当数目的电子现金传输到商家那里，商家再发到银行进行确认。为了保证每张电子现金只被使用一次，银行在每张电子现金被支付出去时都记录其序列号。如果一张正被支付的电子现金的序列号经确认已经在数据库中，即已被使用过，银行就会检测到某人试图将一张电子现金使用多次，就会通知商家该电子现金无使用价值而拒收。

(2) 使用电子现金进行商品交易时，交易双方可以立即处理完毕，时间快、效率高。买方本人也可及时核查自己的使用金额，避免出现"挥霍过度，心中无数"的情况。对于金融机构和交通、邮电、通信等其他部门来说，电子现金的使用将会使整个社会系统进一步有机地联系起来。

3．电子现金的种类

电子现金可以分为两种：硬盘数据文件形式的电子现金和IC卡形式的电子现金。

硬盘数据文件形式的电子现金是一种以数据形式流通的货币。它把现金数值转换成一系列的加密序列数，通过这些序列数来表示现实中各种金额的币值。数据文件形式的电子现金存在于硬盘中，在网络中流通比较方便且安全性较好，但携带不方便。

IC卡形式的电子现金是将一定数量的现金金额存储在IC卡中。IC卡可被看作记录电子现金余额的账户，由持卡人拥有并管理，在存入电子现金和消费时必须使用专用设备写入或读出。IC卡形式的电子现金用塑料卡作为载体，携带十分方便，但安全性较差。

4．电子现金的支付过程

不同的电子现金，其支付过程不完全相同，但一般来说，包括以下5个步骤。

(1) 购买电子现金。买方在电子现金发布银行开设电子现金账户，并购买电子现金。要从网上的货币服务器购买电子现金，首先要在该银行建立一个账户，将足够的资金存入该账户以支持今后的支付。目前，多数电子现金系统要求买方在一家银行中拥有一个网银账户。

(2) 存储电子现金。使用电子现金终端软件，从电子现金银行中取出一定数量的电子现金，存在计算机硬盘中。一旦账户被建立起来，买方就可以使用电子现金软件产生一个随机数，它是银行使用私有密钥进行数字签名的随机数。银行将其作为货币，发给买方，这样就有效了。

(3) 用电子现金购买商品或服务。买方向同意接收电子现金的卖方订货，选择使用电子现金付款，用卖方的公开密钥加密电子现金后，传递给卖方。

(4) 资金清算。接收电子现金的卖方与电子现金发放银行之间进行清算。电子现金发放银行将买方购买商品的钱支付给卖方。这时可能有两种支付方式：双方支付方式和三方支付方式。双方支付方式是涉及两方，即买卖双方。在交易中，卖方用银行的公开密钥检验电子现金的数字签名，如果对支付满意，卖方就把数字货币存入他的机器，随后再通过电子现金发放银行将相应面值的金额转入其账户。三方支付方式，是指在交易中，电子现金被发给卖方，卖方迅速把它发给发行电子现金的银行，银行检验货币的有效性，并确认它没有被重复使用。为了检验是否重复使用，银行将从卖方获得的电子现金与已经使用过的电子现金数据库进行比较。像纸币一样，电子现金通过一个序列号进行标识。为了检验重复使用，电子现金将以某种全球统一标识的形式注册。但是，这种检验十分费时、费力，尤其对于小额支付来说。

（5）确认订单。卖方获得付款后，向买方发送订单确认信息。三方电子现金支付过程如图3-7所示。

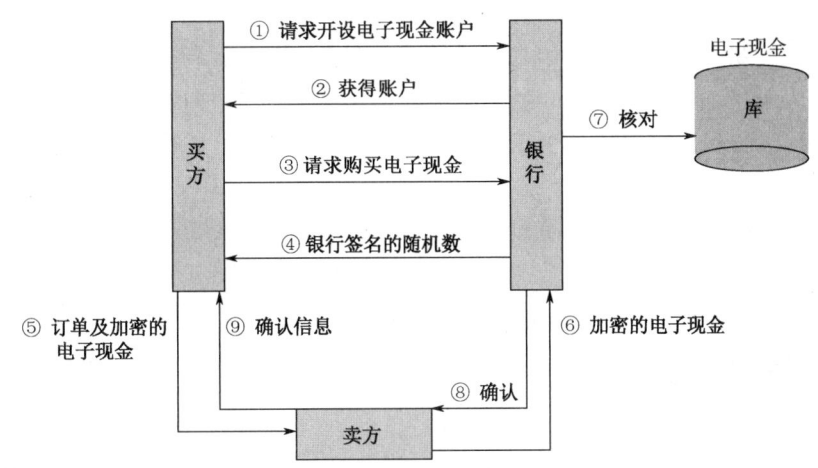

图3-7 三方电子现金支付过程

5．电子现金支付方式存在的问题

（1）数量少。目前，只有少数商家接收电子现金，而且只有少数几家银行提供电子现金开户服务，给使用者带来许多不便。

（2）成本较高。电子现金对于硬件和软件的要求都较高，需要大型的数据库存储用户完成的交易和电子现金序列号，以防止重复消费。

（3）存在货币兑换问题。电子现金仍以传统的货币体系为基础，例如，英国的银行只能以英镑的形式发行电子现金，美国的银行发行以美元为基础的电子现金。因此，从事跨国贸易就必须使用特殊的兑换软件。

（4）风险较大。如果用户的计算机存储器损坏，电子现金也就丢失了，无法恢复。

三、电子支票

电子支票是向收款人签发的、无条件的数字化支付命令，它通过有线或无线接入设备来实现传统支票的所有功能，是一种借鉴纸张支票转移支付的优点，利用数字技术将钱款从一个账户转移到另一个账户的电子支付方式。这种支付方式必须有第三方来证明是有效和经过授权的。

使用电子支票付款时，用户手中使用的不再是传统的支票簿，而是电子支票簿。电子支票簿只是一个形象的称谓，它是一种类似IC卡的硬件装置。在这个卡片中安装一系列程序，将其插入计算机插口后，用户通过密码或其他手段激活这些程序，这些程序就像传统的支票簿一样"制造"出支票来。这种支票不再是纸质的，而是显示在屏幕上的。像填纸质支票一样，用户在电子支票上填好应填的信息，填完以后，还要进行数字签名。

用户的电子支票簿中有用户的私人密钥，可以自动生成用户的数字签名。同时，把购货信息、电子支票等一同做成数字签名，像一个信封一样把所有的信息都封起来。"签完字"以后，用户把"支票"通过网络付给商家。商家收到"支票"以后，再使用同样的数字签名技术在支票上"背书"，签上自己的数字名字，将其交给自己的开户银行，开户银行通过银行间的清算设备和网络与用户的开户银行进行清算。最后，商家的开户银行通知商家钱已经到了商家的账户上，用户的开户银行也会通知用户支票上的钱已经付给对方。

1. 电子支票的支付过程

电子支票的支付是在与商家及银行相连的网络上以密码方式传递的，多数是用公用关键字加密签名或个人身份证号码代替手写签名。用电子支票支付，处理费用较低，而且，银行也能为参与交易的商家提供标准化的资金信息。因此，对 B2B 电子商务形式来说，电子支票有可能成为最有效率的电子商务支付工具。

使用电子支票进行支付，消费者可以通过计算机与网络将电子支票发往商家的电子邮箱，同时把电子付款通知单发给银行，银行随即把款项转入商家的银行账户中。这一支付过程在数秒内实现，非常便捷。

2. 电子支票的交易过程

电子支票的交易过程可分为以下几个步骤。
（1）消费者和商家达成购销协议并选择使用电子支票支付。
（2）消费者通过网络向商家发出电子支票，同时向银行发出付款通知单。
（3）商家通过验证中心对消费者提供的电子支票进行验证，验证无误后将电子支票送交银行索付。
（4）银行在商家索付时，通过验证中心对消费者提供的电子支票进行验证，验证无误后即向商家兑付或转账。

在电子支票的交易过程中，消费者以电子邮件或电子数据交换方式将电子支票发送给商家，电子邮件或电子数据交换程序将电子支票送至第三方的在线计算机系统，我们称之为服务器，其中包含确认电子支票需要的信息。服务器将存款支票发送到商家的开户银行，商家的开户银行像处理普通支票一样进行处理。这些信息将被编码加密，并加入一个相当于汇款人实际签名的电子签名。

3. 电子支票的优点

电子支票将成为被广泛采用的电子商务支付手段。电子支票除具有方便、容易使用的优点外，还有以下几个优点。
（1）十分适合现有的银行系统。
（2）财务风险由第三方通过服务器来承担。
（3）通过简单、成熟的加密工具可以保证安全性。

 相关链接

电子支票基本样式

国际上常用的电子支票系统有 Netchequ、Echeck 等；在我国，除金融机构内部的电子支票结算系统外，类似电子支票业务尚处于起步阶段。电子支票的样式如图 3-8 所示。

图 3-8　电子支票的样式

四、电子钱包

电子钱包是一个可以由持卡人用来进行电子交易和储存交易记录的软件，是人们在网上购物时常用的一种支付工具，是小额购物或购买小商品时常用的新式钱包。"网上电子钱包"与现实生活中大家使用的钱包有类似的功能，但又有很大的不同。在现实生活中，随身带的钱包主要用于携带货币，在支付时取出货币。电子钱包在功能上与普通的钱包没有什么区别，只是货币不再是可见的纸币，取而代之的是电子货币，即电子现金、电子零钱、信用卡、在线货币、数字化币等。在电子商务服务系统中设有电子钱包管理器。

使用电子钱包购物，通常需要在电子钱包服务系统中进行。在网络贸易活动中的电子钱包软件通常都是免费提供的，消费者可以直接使用与自己银行账户连接的网络贸易系统服务器上的电子钱包软件，也可以采用各种保密方式，利用网络上的电子钱包软件。

1. 电子钱包的类型

电子钱包有两种类型：一种类型是计算机软件，主要用于网上消费、账户管理。这类软件通常与银行账户或银行卡账户有关联，如微信钱包、支付宝钱包、小米钱包等。另一种类型是用于小额支付的智能储值卡，持卡人预先在卡中存入一定的金额，交易时直接从储值账户中扣除交易金额，如交通卡、餐饮卡和用于超市购物的购物卡等。

2. 电子钱包的功能

（1）个人资料管理。消费者成功申请电子钱包后，系统将在电子钱包服务器为其建立一个属于个人的电子钱包档案，消费者可在档案中增加、修改、删除个人资料。

（2）网上付款。消费者在网上选择商品后，可以登录到电子钱包，选择入网银行卡，向银行的支付网关发出付款指令来支付。

（3）交易记录查询。消费者可以对通过电子钱包支付的所有历史记录进行查询。

（4）银行卡余额查询。消费者可以通过电子钱包查询个人银行卡余额。

在使用电子钱包时，将有关的应用软件安装到网络贸易服务器上，利用电子钱包服务系统就可以把自己的各种电子货币或电子金融卡上的数据输入进去。如果消费者用信用卡付款，如用维萨卡或者万事达卡付款，只要单击相应项目（或图标）即可完成。

电子钱包其实只是在计算机上使用的一个应用程序，它集成在浏览器中。电子钱包与普通钱包和 IC 卡电子钱包有一个功能是相似的，就是在进行网上支付时，实现货币支付功能。不一样的是，它在网上传输的加密信息中，并没有传送像使用 IC 卡电子钱包时的电子货币，而是发送消费者的发卡银行账号信息及网上"电子证书"，让商家判断该消费者是否真的存在，银行也可以通过电子证书和银行账号来验证消费者的身份及其账户上是否有钱，并将结果返回给商家，商家再通过消费者的电子钱包告诉消费者交易是否成功。网上电子钱包除具有支付的基本功能，同时要安全存储电子证书，否则使用你计算机的人有可能盗用你的电子钱包进行网上购物。

3．电子钱包的支付过程

（1）消费者使用浏览器在商家的网站主页上查看在线商品目录，浏览商品，选择要购买的商品。

（2）消费者填写订单，订单内容包括项目列表、价格、总价、运费、搬运费、税费等。

（3）商家电子商务网站传回订单信息。

（4）消费者确认后，选定用电子钱包支付：将电子钱包装入本人计算机或其他设备系统，单击电子钱包的相应项或电子钱包图标，打开电子钱包，然后输入保密口令，在确认是自己的电子钱包后取出一张电子信用卡来付款。

（5）电子商务服务器对信用卡号码加密后，发送到相应的银行；同时，商家收到经过加密的购货账单，商家将消费者编码加入电子购货账单后，再转送到电子商务服务器上去。

（6）如果银行拒绝并且不予授权，则说明消费者的电子信用卡上的钱数不够用或为零，或已经透支。遭银行拒付后，消费者可以单击电子钱包的相应项，打开电子钱包，取出另一张电子信用卡，重复上述操作。

（7）如果银行证明信用卡有效并授权后，商家就可以交货。与此同时，商家留下整个交易过程中发生往来的财务数据，并发送给消费者一份电子收据。

（8）上述交易完成后，商家按照消费者提供的电子订货单将货物交给消费者或其指定人的手中。

4．电子钱包的特点

（1）个人资料管理与应用方便。

（2）消费者可用多张信用卡。

（3）消费者可使用多个电子钱包。

（4）可以保存与查询购物记录。

（5）多台计算机使用一个电子钱包，共用一张数字证书。

（6）不管使用何种电子货币，都具有较强的安全性。

（7）支付快捷、效率高。

(8) 对参与各方要求很高。

五、微支付

微支付是指在互联网上进行的小额资金支付，这种支付机制对系统有比较特殊的要求。在满足一定安全性前提下，要求尽量少的信息传输，较低的管理和存储需求，对于网络速度和效率要求都比较高。微支付适用于 B2C、C2C 等活跃的电子商务模式的商品交易，特别是数字音乐、游戏等数字产品。例如，网站为用户提供搜索服务、下载一段音乐、下载一个视频片段、下载试用版软件等，所涉及的费用很少，往往只有几分钱、几元钱或几十元钱。微支付就是为解决这些小额现金的支付而出现的。

1. 微支付的特点

（1）交易金额小。微支付的首要特征是能够处理任意微小的交易额。一般交易金额在几分到几元之间。

（2）安全性需求不高。微支付的交易额一般都很小，在这种情况下，即使交易过程中的支付信息被非法截获、窃取或篡改，交易双方的损失也不大。其对安全性的需求就不如其他电子商务支付那么严格。

（3）交易效率高。因为微支付交易额小，交易量很大，所以微支付系统要比传统电子商务系统的交易效率高，使消费者的交易请求得到即时满足。

（4）交易成本低。小额交易的价值本身就很小，如果采用传统的支付方式，那么商家就无法盈利，这就要求微支付机制的交易费用非常低。

2. 实现类型

（1）定制与预支付。这类方式适用于消费者对其购买的产品与服务有充分的了解和信任，产生"预先"付款的行为。

（2）计费系统与集成。这类支付机制已经大量应用于电信行业。电信公司在利用计费系统为自身的服务收费的同时，可以向其他类型的商家提供账单集成服务。

（3）储值方案，即电子现金方案。与第一种类型不同，这类方案基于"电子现金账户"，而不是"预付费账户"。电子现金是可以回收并且跨系统运行的，可以是基于互联网的软件方案，也可以是基于智能卡的硬件方案，其更多地面向现实环境，起到替代传统现金的作用。

基于互联网的微支付应用领域包括视频网站、网络出版、网络游戏、网络服务、付费软件、彩票销售、咨询服务、网络教学、小型垂直网站等。

实践训练

1. 课堂讨论

（1）什么是网络货币？
（2）常见的网络货币有哪几种？有何用途？

2. 案例分析

"银商"贩卖游戏币如何监管

在游戏产业高速发展的同时，寄生于游戏中的银商也在不断发展。网络游戏的快速发展也引发了相关行业的特殊问题。有调查发现，几乎所有的棋牌类游戏中都存在银商这一角色。其中一部分银商通过违规手段打通游戏币与人民币之间的兑换通道，破坏游戏平台的合规治理，为网络赌博等不法行为提供支持。银商的存在，使利用作弊和外挂获取的大量游戏币能够通过非法渠道变现。有银商为了利益的最大化，会去引诱一些自制力不强的玩家频繁地对局，形成不健康的游戏行为。

银商的存在使游戏币和人民币的双向兑换成为可能，但《关于网络游戏虚拟货币交易管理工作》中明确提到，网络游戏虚拟货币的使用范围仅限于兑换发行企业自身提供的虚拟服务，并不包含反向兑换的功能。

游戏与赌博最大的区别在于，游戏是为娱乐，赌博是为盈利。在银商串联下，玩家有机会通过玩游戏获取收益，这与游戏的娱乐性是相违背的。

据《南方都市报》报道，游戏玩家侯某接触到某知名公司旗下一款棋牌游戏。此后一年多，他深陷其中。其自述，除了通过官方渠道充值22万多元，还通过活跃在游戏中的"银商"充值，数额在100万元上下。

讨论与分析

游戏币是否是网络货币？为什么？对游戏币的购买需要加强哪些监管？

3. 实务训练

了解和使用手机 QQ 钱包

2014年3月21日，腾讯公司正式发布手机QQ4.6.2版本，安卓和苹果手机均可以使用QQ钱包。这也是手机QQ正式发力移动支付领域的开端。

手机QQ钱包方便管理Q币、财付通、银行卡。手机QQ钱包沿用PC端QQ钱包财付通的账户体系。用户不仅可以使用Q币和财付通账户的钱，更可以通过绑定银行卡、信用卡来进行移动支付。同时，沿用财付通体系的支付密码，可以用于财付通支付和银行卡支付的密码，让用户可以选择最便捷的方式进行移动支付。用户可以通过QQ钱包，为手机充值、购买电影票，以及购买QQ会员、QQ阅读等，也可以通过手机QQ钱包支付购物款。

QQ钱包使用方法及特点：

（1）先查看一下你的QQ是不是4.6.1以上的版本。

（2）进入【我的QQ钱包】。

（3）进入QQ钱包后，在这里可以看到Q币有多少个，还有财付通有多少余额。其余额可以充话费、购买Q币、游戏充值、理财、购买彩票、转账、发红包和网络购物等。

（4）随时可以更改支付密码，就算别人知道你的QQ密码，没有支付密码也不能动用里面的Q币。

手机QQ钱包上线，结合手机QQ和微信两者的优势，全面布局移动支付领域。

【注意事项】

用户在使用电子钱包时，必须对自己的用户名及口令严格保密。为保证电子钱包的安全，可对自己使用的计算机设置开机密码、屏幕保护口令等。切记，除在电子钱包的交易过程中使用借记卡的密码以外，不要以任何方式告诉任何人你的借记卡密码。

4．课后拓展

了解 NFC

NFC 英文全称"near field communication"，意为近距离无线通信。NFC 是由飞利浦公司发起，由诺基亚、索尼等著名厂商联合推动的一项无线技术。NFC 是一种短距离的高频无线通信技术，允许电子设备之间进行非接触式点对点数据传输（在 10 厘米内）交换数据，主要用于手机等的通信。由于 NFC 具有天然的安全性，因此被认为在手机支付等领域具有很大的应用前景。

NFC 芯片具有相互通信功能，并具有计算能力，还含有加密逻辑电路，后期标准追加了加密和解密模块（SAM）。

为了推动 NFC 的发展和普及，业界创建了一个非营利性的标准组织——NFC Forum，促进 NFC 技术的实施和标准化，确保设备和服务之间协同合作，NFC Forum 在全球拥有数百个成员，包括索尼、飞利浦、LG、摩托罗拉、NXP、NEC、三星、英特尔，其中国成员有魅族、OPPO、小米、中国移动、华为、中兴、佳域、上海同耀和台湾正隆等公司。

NFC 具有距离近、带宽高、能耗低等特点。NFC 与现有非接触智能卡技术兼容，成为被越来越多的厂商支持的正式标准。NFC 还是一种近距离连接协议，提供各种设备间轻松、安全、迅速而自动的通信。与其他无线连接方式相比，NFC 是一种近距离的私密通信方式，在门禁、公共交通、手机支付等领域发挥着巨大的作用。

手机内置 NFC 芯片，比原先仅作为标签使用的 RFID 增加了数据双向传送的功能，使其更加适合用于电子货币支付。

当在无动力的设备（比如一台关机的手机、非接触式智能信用卡，或智能海报）上工作时，NFC 的能量消耗大于低能蓝牙 V4.0。对于移动电话或移动消费性电子产品来说，NFC 的使用比较方便。NFC 的近距离通信特性正是其优点，由于耗电量低、一次只和一台机器链接，拥有较高的保密性与安全性，有利于在信用卡交易时避免被盗用。

知识小结

电子货币是以互联网为基础，以计算机技术和通信技术为手段，以电子数据形式存储在计算机系统中，并通过计算机网络系统传递，实现流通和支付功能的货币。所以，电子货币也叫网络货币。

按支付方式分类，电子货币大致可分为储值卡型电子货币、信用卡应用型电子货币、存款利用型电子货币和现金模拟型电子货币。

信用卡是银行或专门的发行公司发给消费者使用的一种信用凭证，是一种把支付与信贷两项银行基本功能融为一体的业务。按发卡机构的性质区分，信用卡可分为银行卡和非银行卡。万事达卡、维萨卡、中国银行长城卡等属于银行卡；加油卡、电话卡等属于非银行卡。按发卡对象区分，信用卡可分为个人卡和公司卡。按持卡人信誉、地位等资信情况区分，信用卡可分为白金卡、金卡、银卡、普通卡等。按流通范围区分，信用卡可分为国际卡和地区卡。

电子现金是一种以电子数据形式流通的货币。它把现金数值转换成一系列的加密序列数，通过这些序列数来表示现实中各种金额的币值。电子现金具有匿名性、可传递性、可操作性、可细分性、可存储性和不可重复性等特点。

电子支票是向收款人签发的、无条件的数字化支付命令，它通过有线或无线接入设备来实现传统支票的所有功能，是一种借鉴纸张支票转移支付的优点，利用数字传递将钱款从一个账户转移到另一个账户的电子商务支付方式。其优点：（1）十分适合现有的银行系统；（2）财务风险由第三方通过服务器来承担；（3）通过简单、成熟的加密工具可以保证安全性。

电子钱包是一个可以由持卡人用来进行电子交易和储存交易记录的软件，是人们在网上购物活动中常用的一种支付工具，是小额购物或购买小商品时常用的新式钱包。电子钱包具有个人资料管理、网上付款、交易记录查询、银行卡余额查询等功能。

微支付是指在互联网上进行的小额资金支付。这种支付机制有比较特殊的系统要求。在满足一定安全性的前提下，要求信息传输量小、管理和存储需求低，对于网络速度和效率要求都比较高。微支付适用于 B2C、C2C 活跃的商品交易，特别是数字音乐、游戏等数字产品。

练习测试

1. 名词解释

电子货币　信用卡　电子支票　网络货币

2. 选择题

（1）信用卡最大的特点是具备（　　）功能。
　　　A．信贷　　　　B．支付　　　　C．分期付款　　　D．定期付款
（2）信用卡支付（　　）。
　　　A．可在任何商场和饭店使用
　　　B．对持卡人无任何要求
　　　C．可采用刷卡记账、POS 系统结账、从 ATM 提取现金方式支付
　　　D．可以替代其他支付方式
（3）在电子钱包内可以装入各种（　　）。
　　　A．电子货币　　B．数字证书　　C．用户资料　　　D．认证资料
（4）同时具有安全性和匿名性的电子货币是（　　）。
　　　A．电子现金　　B．电子支票　　C．电子钱包　　　D．信用卡
（5）（　　）是电子商务 B2B 模式下最好的支付方式。
　　　A．信用卡　　　B．电子现金　　C．电子支票　　　D．电子钱包

3. 简答题

（1）什么是电子货币？

（2）信用卡的功能有哪些？

（3）电子支票的优点是什么？

（4）什么是信用卡透支？

（5）常用的网络货币有哪些？

4．论述题

（1）试论述防止银行卡诈骗的防范要点。

（2）试论述微支付的优势有哪些。

模块四

网络金融

学习目标

知识目标
- 了解网上银行、手机支付的功能与应用
- 懂得什么是互联网众筹
- 了解网上证券交易的内容及应用
- 了解网上保险的内容及应用

能力目标
- 掌握手机支付的使用方法及其安全注意事项
- 掌握网上证券交易和网上保险的使用方法

素质目标
- 在电子商务环境下能够充分利用网络金融市场的优势,拓展业务,大力提高工作、生活的效率和质量

第一单元　网　上　银　行

情景案例

在模块二第一单元"电子商务支付系统概述"提到的情景案例中，张丽艳同学在12306网站订购了一张从学校到家乡的火车票。订单提交成功后，张丽艳同学通过网上支付（手机钱包支付），即刻付清了购买火车票的钱款。实际上，此时张丽艳同学就用到了网上银行功能。12306网站，通过网上银行，借助计算机网络，把购买火车票的钱（电子货币）从张丽艳同学持有的银行卡上或她的手机钱包中转移到了铁路售票部门的网上银行财务账户中。

任务思考

究竟网上银行是如何实现网上支付功能的？网上银行是何时产生的？网上银行还包括哪些功能？如何使用网上银行？如何防范网上银行诈骗？要弄清楚以上这些问题，就需要学习本单元所要讲解的知识内容。

任务分析

网上银行包含两个层次的含义：一个是机构概念，指通过信息网络开办业务的银行；另一个是业务概念，指银行通过信息网络提供的金融服务，包括传统银行业务和因信息技术应用带来的新兴业务。以下提及的网上银行更多是第二层次的概念，即网上银行服务的概念。

无论是企业还是个人，都可以通过网上银行进行除现金存取以外的查询、转账、支付和信贷等功能，其极大地满足了客户的金融服务要求。对于网上银行的安全性，各个银行都采取了U盾、动态口令卡及手机短信动态验证码等防范措施。

网上银行是依托信息技术、互联网的发展而兴起的一种新型银行服务手段。网上银行借助互联网遍布全球的优势及其不间断运行、信息传递快捷的优势，突破了传统银行的局限，为用户提供全方位、全天候、便捷、实时的现代化服务。

相关知识

网上银行就是借助计算机、互联网及其他电子通信设备提供各种金融服务的银行机构。网上银行以网站的形式，在互联网上开展业务。

例如，中国建设银行电子银行的主页如图4-1所示。

图 4-1　中国建设银行网上银行主页

一、网上银行的产生

1．网上银行产生的原因

（1）网上银行是网络经济发展的必然结果。网络的商业化带动了网络经济的发展，开创了网络经济时代。在以信息技术和创新能力为特征的网络经济时代，需要有效地实现支付手段的电子化和网络化，需要银行改变传统的经营理念和服务方式，建立以客户为中心，以客户价值为导向的营销理念，变被动服务为主动服务。网上银行应运而生，它实现了这些目标。网络经济的发展必将给网上银行带来更好的发展。

（2）网上银行是电子商务发展的需要。无论是传统的交易，还是新兴的电子商务，资金的支付都是完成交易的重要环节，不同的是，电子商务强调支付过程和支付手段的电子化与网络化处理。在电子商务中，作为支付中介的商业银行在电子商务支付中扮演着举足轻重的角色，无论是网上购物还是网上交易，都需要借助电子手段进行资金的支付和结算。银行作为电子化支付和结算的最终执行者，是连接商家和消费者的纽带，是网上银行的基础，它提供的电子与网上支付服务是电子商务中的最关键要素，直接关系到电子商务的发展前景。商业银行能否有效地实现支付手段的电子化和网络化是电子交易成败的关键。因此，网上银行是电子商务的发展需要和必然产物。

（3）网上银行是银行自身发展并取得竞争优势的需要。电子商务的发展给全球经济和贸易带来重大影响，银行也必然受到波及，不得不重新审视自身的服务方式。为在激烈的竞争环境中取得优势并适应电子商务的发展，银行必须利用现有条件，增加服务手段，提供更加便捷迅速、安全可靠、低成本的支付结算服务。根据专家预测，未来的银行实体开设的分行将逐渐减少，而基于互联网平台的银行业务将大量增加。

2．网上银行的产生过程

网上银行的产生必然要经历一定的发展过程，由新生走向发展，并不断完善。网上银行的产生大致经历了三个发展阶段。第一阶段是计算机辅助银行管理阶段。20 世纪 50 年代至 80

年代中后期，银行应用计算机的主要目的是解决手工记账速度慢的问题，并提高财务处理能力。20世纪60年代兴起的电子资金转账技术及其应用为网上银行的发展奠定了技术基础，这是网上银行发展的雏形。第二阶段是银行电子化阶段。随着计算机的普及，银行的业务形式也发生了改变，从电话银行调整为计算机银行，以计算机为基础的电子银行业务往来，形成了不同国家银行之间的电子信息网络，进而形成了全球金融服务系统，这也极大地促进了网上银行的发展。随着银行电子化的发展，电子货币转账也成为银行的主要业务形式。第三阶段是网上银行阶段。在20世纪90年代中期，互联网在各行各业的应用越来越广泛，为网上银行带来了新的生机。它的基本功能大大满足了互联网时代人们对现实生活的需要。

二、网上银行的类型

1．按网上银行的服务对象分类

网上银行按照服务对象分类，可以分为企业网上银行和个人网上银行两种。

（1）企业网上银行。企业网上银行主要针对企业与政府部门等客户开展业务。客户可以通过企业网上银行服务实时了解企业财务运作情况，即在组织内部调配资金，轻松处理大批量的网上支付和工资发放等业务，并可以处理信用证相关业务。

（2）个人网上银行。个人网上银行主要用于个人与家庭的日常消费支出与转账业务。客户可以通过个人网上银行，实时查询、转账、网上支付和汇款。个人网上银行服务的出现，标志着银行业务触角直接伸到了个人客户的计算机桌面上，方便使用，真正体现了家庭银行的风采。

2．按网上银行的组成架构分类

网上银行按照组成架构分类，可以分成纯网上银行和以传统银行拓展网上业务为基础的网上银行两种。

（1）纯网上银行。纯网上银行是一种完全依赖互联网发展起来的全新网上银行，也叫虚拟银行。除后台处理中心外，这类网上银行没有其他任何物理上的营业机构，雇员很少，银行的所有业务几乎都在互联网上进行。纯网上银行又分成两种情况：一是直接建立的独立的网上银行；二是以原银行为依托，成立新的、独立的银行来经营网上银行业务。例如，美国的安全第一网上银行（Security First Network Bank，SFNB）、电话银行（Telebank）等就属于纯网上银行，它们通过互联网提供全球性的金融服务，提供全新的服务手段，客户足不出户就可以办理存款、取款、转账、付款等业务。

（2）以传统银行拓展网上银行业务为基础的网上银行。这种网上银行在传统银行基础上利用公共互联网服务，设立新的网上银行服务窗口，开展传统的银行业务，并且通过发展个人网上银行、企业网上银行等服务，把传统银行业务延伸到网上。这种网上银行在原有银行基础上发展网上银行业务，使实体银行与虚拟银行结合。这种形式与前一种形式的不同在于，它是利用互联网开展业务，而不是完全电子化和网络化的。

三、网上银行服务

1．网上银行服务内容

（1）公共信息服务。银行公共信息包括银行的广告、宣传资料、业务种类和特点、操作规程、最新通知、年报等综合信息，它对网上的所有访问者开放。其具体服务包括以下内容：公用信息发布，银行简介，银行业务、服务项目介绍，银行网点分布情况，ATM 分布情况，银行特约商户介绍，存款、贷款利率查询，外汇牌价、利率查询，国债行情查询，各类申请资料（贷款、信用卡申请），投资、理财咨询说明，最新经济快递，客户信箱服务等。

（2）企业网上银行业务。网上银行业务仅面向在银行开户的企业，数据经过加密后在网上传输，用户设置登录密码及附加密码。客户每次进入网上银行时，系统会自动产生一个附加密码，供下次登录时使用，所以客户每次进入网上银行的附加密码是不一样的。另外，网上银行自动记载系统日志，用户的每个操作都被记载下来，便于审核和发现异常，以维护系统安全。

网上银行可提供的企业网上银行业务具体包括以下内容。

① 账务查询：为在银行开户的公司客户提供查询该公司及其分支机构账户交易、余额和汇款信息的服务。具体内容一般包括以下几方面。

◆ 余额查询服务：查询该公司账户或所属子公司的所有账户前一日工作终了的余额信息。
◆ 历史交易查询服务：选择所需查询的账号和起止日期，查该账户的历史交易明细信息。
◆ 汇款信息查询服务：选择所需查询的账号和起止日期，查该账户的汇款明细信息。
◆ 对公账户实时查询服务：公司客户可通过网上银行服务系统实时查询本公司所有账户的当前余额信息及交易历史信息，包括账户余额查询和交易历史查询。
◆ 国际结算业务网上查询服务，主要内容包括三个方面。一是进口业务。开立信用证信息查询，查询进口商在开证行开立的信用证的信息，包括在信用证项下的来单信息查询和进口代收信息查询。二是出口业务。在信用证项下的通知信息查询，出口商查询通知行是否有由开证行发来的信用证信息，包括在信用证项下的议付信息查询、结汇信息查询，以及出口托收信息查询和出口托收结汇信息查询。三是汇款业务。汇入汇款信息查询，收款人向汇入行查询有关汇入款项的信息。

② 内部转账：开通网上银行的本行账户之间的资金划拨。

③ 对外支付：向在其他网上银行或其他银行开户的其他公司付款。

④ 活期、定期存款互转：将活期存款账户中暂时闲置的资金转为定期存款，将定期存款转为活期存款。

⑤ 工资发放：利用银行卡向公司员工发放工资。

⑥ 信用管理：查询在某银行发生的信用情况，包括各币种、各信用类别的余额和笔数、授信总金额和当前余额、期限、起始日期，以及借款、借据的当前状态和历史交易明细。

⑦ 公司财务查询和信用查询：总公司可根据协议查看子公司的财务信息和信用情况，方便财务监控。

⑧ 总公司对子公司实行收付两条线的管理方式。对于实行资金集中式管理的公司，总公司可根据协议实现分支机构货款向总部的迅速回笼和集中，也可以集中向分支机构支付各种费用。

⑨ 网上信用证。以交易双方在 B2B 电子商务交易平台上签订的有效电子合同为基础，提供在网上申请开立国内信用证和查询打印信用证功能，同时向交易平台的管理者提供信息通知服务，使交易平台的管理者可以随时了解信用证结算的交易过程。

⑩ 金融信息查询及银行信息通知。提供实时证券行情、利率、汇率、国际金融信息等丰富多彩的金融信息。银行通过"留言板"将信息通知到特定客户，例如，定期存款到期通知、贷款到期通知、开办新业务通知、利率变动通知，等等。

（3）个人网上银行业务。网上银行最初以公司业务为主，后逐渐向私人开放，和公司网上银行业务一样，个人银行业务也仅对开户注册的客户提供服务。广大公众只要在网上银行开立了普通存折或一卡通账户，即可享受网上银行提供的各种个人银行业务服务。个人银行业务包括以下几方面。

① 业务查询，包括银行卡私人理财业务查询、账户基本信息查询、某存款子账户信息查询、所有存款子账户信息查询、贷款子账户信息查询等。

② 转账业务，包括活期储蓄转定期储蓄、活期储蓄转整存整取储蓄、活期储蓄转零存整取储蓄、活期储蓄转存本取息储蓄、活期储蓄转零存整取储蓄续存、定期储蓄转活期储蓄、整存整取储蓄转活期储蓄、零存整取储蓄转活期储蓄、存本取息储蓄转活期储蓄、活期储蓄还贷款、申请贷款转活期储蓄。

③ 代收代缴业务，包括申办代缴各种费用和代缴各种费用。

④ 储蓄业务，包括私人储蓄业务查询、查询存款账户信息、查询未登折信息、查询存款账户历史明细信息、查询贷款账户信息。

⑤ 个人贷款业务，包括汽车消费贷款、住房按揭、抵押贷款、公积金贷款、个体工商户小额贷款。

⑥ 银行卡消费业务，包括借记卡消费和（准）贷记卡消费。

⑦ 财务状态管理服务，包括修改密码，挂失银行卡、存折，解除挂失。

⑧ 客户金融咨询服务，包括各种贷款产品种类、内容和申请程序等的咨询，各种贷款产品的咨询，理财咨询。

⑨ 客户意见反馈服务，包括对客户提出的意见及建议做出及时的反馈。

以上业务只是网上银行常见的主要业务，具体银行可能存在细微的差别，而且随着客户需求的变化，网上银行业务正在不断地创新。

2．企业如何获得网上银行服务

企业申请成为网上银行用户的步骤与个人用户申请步骤类似，在开户申请中如实填写企业相关资料并下载证书即可。与个人用户不同的是，企业用户必须到柜台签约，之后才能开通相关服务。

在网上申请的账户经过柜台签约认证后，就能享受到网上银行提供的各项服务，具体步骤如下。

（1）到签约柜台填写账户签约申请表。申请表包括客户信息和需要签约的账户信息。

① 客户信息包括 CN 号、有效证件（身份证等），并留存复印件。CN 号即证书号，它是在下载证书时由证书认证机构分配的。查看数字证书相关信息的方法：（以 IE5 为例）单击"工具"按钮，选"Internet 选项"，在"内容"标签中选择"证书"的"个人"按钮，选择个人证书，单击"查看"，在"详细信息"标签中选择"主题"字段，即可查看证书号等相关信息。

② 账户信息主要是指账号，需要签约的账户可以是在网上银行中心追加过的账户，也可以是未在网上银行中心追加的账户。

在签约柜台出示的证件要与在网上开户申请时填写的一致，否则签约无效。

（2）将签约申请表交柜员，协助柜员验证账户密码（在柜台密码键盘输入账户密码）。

（3）通过柜台客户信息检查和账户密码验证后，就完成了账户签约申请，账户信息将通过加密方式传递给网上银行系统接受校验。

（4）账户签约信息被网上银行系统确认后，当客户再次登录网上银行系统时，签约的账户便拥有了转账、代理缴费、支付、银行证券转账、外汇买卖等网上交易权限。

四、网上银行的安全

很多人对网上银行的安全性存有疑虑。例如，在"双十一""双十二"电商盛宴中，很多人纠结于通过网上银行支付是否安全，最终选择放弃。为解决这一"心病"，银行的电子银行专家们特制了以下网银安全攻略。

（1）"火眼金睛"——仔细辨别登录网址。要仔细确认各家银行的网银官方网址。不要相信通过邮件、短信发送的网银链接或其他网站上的网银链接。

（2）"敝帚自珍"——妥善保管认证工具。妥善保管 U 盾、口令卡等认证工具，一旦丢失、损坏或过期，请及时致电相应银行的客服，或前往营业网点办理挂失或更换，切勿相信"在线升级""自助更新"等信息。

（3）"如期而至"——定期登录，修改密码。每月至少登录一次网上银行、手机银行，定期修改登录密码，同时检验认证工具的有效性。

（4）"守口如瓶"——妥善保护个人信息。在银行办理开户、网上银行、手机银行等业务时，一定要预留本人的真实信息。在任何情况下，坚持登录用户名、登录密码、动态口令、手机交易码不透露给他人的原则，不要相信任何通过电话、短信等方式索要个人信息的行为。

（5）"如履薄冰"——提高计算机及密码的安全性。最好不要使用身份证号码、生日、电话号码、车牌号码等信息作为密码；最好不要在网吧等公共场所登录网上银行；安装并及时更新杀毒软件；不要轻易单击不明网址或邮件的链接，下载、安装来历不明的计算机软件和手机应用。

（6）"如虎添翼"——巧用网上银行增值服务。在网上银行中设置"欢迎信息"，每次登录都要看一眼，以识别假冒网站；开通"网银 e 信"服务，随时掌握网上银行登录、动账信息；设置转账支付限额，有效控制风险。

目前，"超级网银"跨行账户管理功能已经成为黑客恶意利用的目标，银行客户被骗案例时有发生。"超级网银"是跨银行网络金融服务产品，能够方便用户实时跨行管理不同的银行账户。通俗地说，就是可以用一个网上银行账户实现多张银行卡的跨行查询和转账，国内大多数银行默认支持该项功能。然而，一旦有不法分子恶意利用"超级网银"，通过欺诈手段获取他人银行账户的授权，就可以将对方账户的余额全部偷走。

相关链接

手机微信支付

手机微信支付是集成在手机微信客户端的支付功能，用户可以通过手机完成快速的支付流程。微信支付以银行卡的快捷支付为基础，向用户提供安全、快捷、高效的支付服务。用户只需在微信中关联一张银行卡，并完成身份认证，即可将安装有微信的智能手机变成一个全能钱包，购买微信合作商户的商品及服务。用户在支付时只需在自己的智能手机上输入密码，无须任何刷卡步骤即可完成支付，整个过程简便流畅。

目前微信支付已实现刷卡支付、扫码支付、公众号支付、App 支付，并提供企业红包、代金券、立减优惠等营销新工具，满足用户及商户的不同支付需求。2014 年 9 月 26 日，腾讯公司发布的腾讯手机管家5.1版本为微信支付打造了"手机管家软件锁",在安全入口上独创了"微信支付加密"功能,大大提高了微信支付的安全性。从2016年3月1日起,微信支付调整手续费收费政策,转账交易恢复免费,对超额提现交易收取手续费。2017年5月4日,微信支付携手跨境支付公司Citcon正式进军美国。

【课程思政】 支付宝和微信支付在移动支付方面处于国际领先地位,以此进行爱国主义教育,培养学生民族自豪感。引导学生树立科学发展观,遵守金融法规,养成遵守规则的良好习惯。

实践训练

1. 课堂讨论

（1）网上银行是如何产生的？
（2）网上银行有哪些功能和作用？
（3）网上银行对安全有哪些要求？

2. 案例分析

手机"云闪付"

手机"云闪付",即以智能手机为基础,基于NFC技术的一种支付方式。"云闪付"不需要"解锁、亮屏幕、打开App"等步骤,直接亮屏即可"刷手机"支付。

体验"云闪付"需要三步：

（1）拥有一部具备NFC功能的智能手机。
（2）在手机App中绑定自己的银行卡,生成一张云闪付卡,相当于实体银行卡的"替身卡"。
（3）在超市、商场收银台具有银联"闪付"标识的POS机前,收银员输入支付金额后,消费者只需激活手机并轻轻将其放置在POS机附近,在听到"嘀"的一声后输入密码（或按指纹）,就完成了整个支付过程。

讨论与分析
以手机"云闪付"为例,分析其有哪些优势？

3. 实务训练

在网上自助开通任一银行个人网上银行账户,开通后,可尝试使用账户查询、转账汇款等服务。

实训说明
（1）登录你持有银行卡的官方网站,进行网银注册。
（2）可以浏览各大银行网站,观看、记录不同银行个人网上银行注册演示过程。

4. 课后拓展

（1）从技术层面上,如何保障网上银行的安全性？
（2）我国有哪些法律规范来保护网上银行的健康发展？

第二单元 网 上 证 券

情景案例

张丽艳同学在上学时有一个计划，工作以后有了收入，就投资赚钱。投资方法有许多，例如，可以在网上开一家服装店或买一辆汽车出租，可以在金融市场进行黄金、外汇买卖，也可以买卖股票、基金、债券。

黄金买卖、外汇买卖的交易场所，是指国家指定的银行交易大厅。买卖股票、基金、债券的交易场所，是指经过国家批准成立的各家证券公司开设的证券营业部。

刚毕业的大学生工作都很忙，上班族也抽不出时间到证券公司营业部进行股票交易，怎么办？张丽艳想进行股票、基金投资，该如何操作呢？

任务思考

现在进行黄金、外汇买卖和证券投资，可以不去交易所，通过网上的金融市场在网上进行。如何在网上进行股票、基金、债券交易，在网上进行股票、基金、债券交易要了解哪些事项，如何降低交易风险，就是本单元包括的知识内容。

在网上进行股票、基金、债券交易要了解哪些事项呢？

首先，要到证券公司营业部开立资金账户，确认登记信息，建立第三方存管关系并签署第三方存管业务协议。

其次，在计算机或手机上安装证券交易软件，如中信证券、平安证券、国泰君安等证券公司开发的交易软件。

登录所选择的证券网站，下载软件后安装，然后了解该软件的使用说明。

任务分析

登录某证券网站，下载软件后安装，了解软件的使用说明。要全面熟悉软件具有的功能，就必须提前掌握传统的证券市场及股票交易知识。

网上证券交易系统提供了从买卖委托、交易撮合到买卖成交、清算交割、行情显示等服务，证券交易的程序一般包括开户、委托、报价与竞价、清算与交割及过户等。网上证券交易的资金支付如何实现呢？俗话说"股市有风险，投资需谨慎"，没掌握一定的相关知识最好不要进行证券投资。

网上证券交易存在风险，要时刻注意防范。投资者利用网上委托系统进行交易，应积极采取安全措施，加强对账户、密码的保护。例如，不使用简单密码，定期修改密码，输入密码时防止他人偷看，不对他人泄露密码，定期维护计算机及联网设备，采用防病毒及防黑客产品，妥善保管个人资料，及时分析各种信息，准备备用委托交易手段等，以防范网上委托可能发生的各种风险。

 相关知识

一、网上证券交易概述

证券是指载有一定金额的、代表财产所有权或债权的一种凭证，一般包括股票和债券。

股票是股份公司向社会公开发行的，证明持有人在公司中投资入股并据以取得一定收益的所有权凭证，是能够给持有者带来一定权利和义务的有价证券。

股票的持有者即公司的股东，股东可以凭股票向股份公司领取股息和分得红利，公司解散时可以分得公司剩余的财产。

股票具有收益性、流通性、风险性、永久性和参与性5个特点。

债券是作为债务人的社会各类经济主体，为筹集资金而按照法定程序向社会公开发行的，并约定在一定期限内还本付息的借款凭证。

债券是反映债权、债务关系的书面证明。对于购买债券的投资人来说，它只是债权享有者，而不是所有权的享有者。

网上证券交易就是通过互联网进行有价证券的发行和买卖。

网上交易与传统交易方式相比有明显的优势。首先，网上交易打破了空间界限，交易可以随时随地进行。对于证券公司来说，只要拥有良好的资信和品牌，顾客就可以来自"五湖四海"，不再受地域的局限。其次，网上交易降低了各种成本，投资者足不出户就可以办理各项事项，减少了费用支出。对于证券公司而言，网上交易减少了营业投资和成本，如房租、计算机、装修和人员等有形投入等。另外，高速便捷也是网上交易的另一特色。有关调研结果表明，在网上使用计算机自助下单，委托信息可在2秒内到达证券公司，一般不存在占线、断线的问题。

二、网上证券交易模式和系统

1. 网上证券交易模式

证券公司一般通过网站开展网上证券业务。证券公司除了自建和收购网站，还可以通过指定、租用甚至参股其他网站的方式开展网上交易。普通网站可以向证监会申请网上证券经纪和交易资格，或者吸收证券公司入股，合资经营。证券公司拥有资金和专业性两大优势，成熟网站在品牌、信息量、人才结构及潜在的网上客户资源等方面具有优势，两者具有很强的互补性。目前，已有许多成功经验，如广东证券收购"盛润网络"等。

2. 网上证券交易系统

网上证券交易从买卖委托、交易撮合到买卖成交、清算交割、行情显示等，均实现了计算机自动化，使证券交易在瞬间完成，极大地提高了证券交易的效率。而以上诸多网上证券交易功能的实现，都是由网上证券交易系统来完成的。

网上证券交易系统是根据证券交易的基本规程，结合计算机网络系统的特点，采用现代化的管理技术，向客户提供网上证券买卖业务的计算机网络应用系统。该系统包括网上资金管理、网上证券管理、网上报盘管理、网上清算交割、网上数据管理、网上信息咨询，以及网上安全保障等优质服务功能。

网上证券交易系统能正确、完整、及时地收集、加工、处理证券交易市场的各类信息。

网上证券交易系统一般包括以下子系统。

（1）客户委托子系统。客户委托是由客户自己操作或操作员代操作的委托处理系统。它接受客户委托，委托内容包括证券名称、买卖类别、买卖价格、委托数量等信息。在输入价格时，系统向客户显示指定证券的最近成交价、最近买卖申报价和最高价、最低价供客户参考，并对购买证券数额、报盘的限价要求进行判别。在对客户委托的合法性（合规性）进行检查后，形成一条委托记录，将其传给报盘台。若买入证券，要冻结该客户相应的资金；若卖出证券，则冻结该客户相应数量的证券。在资金或证券不够的情况下，系统判为买空或卖空。若客户提出撤单要求，即试图撤销指定的委托单，撤单（部分）成功，则将已撤掉部分的资金或证券由系统立即解冻。

（2）资金管理子系统。该子系统实现对客户资金账户的管理及客户资金的管理。资金账户的管理包括账户的开户、销户及冻结、挂失、清密等各种处理。客户资金管理包括保证金存取、冲账、利息结算等处理。

（3）证券管理子系统。该子系统包括证券账户管理及客户各类证券的托管。账户管理包括开户、销户及挂失、更新等处理。证券托管包括证券的转入、转出、清理及分红、派息、权证管理。

（4）信息咨询子系统。该子系统主要提供给客户证券交易、行情分析及市场信息等方面的服务，具体内容包括以下几方面。

① 报价显示：可以以顺序显示或自选显示的方式显示报价，并以最快的速度自动刷新显示股票报价资料。

② 即时分析：显示分析当前个股或大盘指数分时走势图，并可进行买卖指标、量比指标、对比指标等技术指标曲线分析，系统支持多窗口显示。

③ 技术分析：分析主图和附图。主图主要有 K 线（分析周期从 5 分钟到月线等）、OX 图、量价线、收盘线、柱线图、成交量、移动平均线等，系统能存储这些数据。附图有 KD 线、乖离率、MACD、KDJ、强弱指标、威廉指标、动量指标、OBV 等行情技术分析指标。

④ 综合资讯：包括可按涨幅、跌幅、资金流向等多种方式排序的个股排行和个股资料（即上海、深圳和北京股市中所有上市公司介绍资料及分红、配股情况）。

⑤ 公告信息：系统可根据需要开设各项公告栏目，供用户访问查看，如上海证券交易所、深圳证券交易所信息、专家机构咨询信息和证券信息等。

（5）系统管理子系统。该子系统主要提供给客户进行资金和证券的查询，包括客户资金、证券、委托历史资料及成交历史资料的查询，并即时打印成交报告书。

（6）报表管理子系统。该子系统分为两部分：一部分是前台实时报表管理部分，包括资金、证券两部分，只处理当日实时报表；另一部分是后台报表管理部分，包括日终处理后的各类报表，并增加各报表的历史查询打印、管理分析等内容。

（7）报盘管理子系统。该子系统主要处理客户委托单的申报。它把客户的一张张委托单在报盘机屏幕及打印机上按照"三公"原则逐一处理打印，并生成相应的记录，同时将交易所传回的成交记录录入系统的成交库，进行实时回报显示。

（8）即时处理子系统。该子系统实现对客户委托的实时处理，以便客户能得到及时的交易服务。当证券卖出成交返回后，实时处理系统即时将资金增加到客户的账户中。当证券买入成交返回后，则即时将所需的资金从客户的账户中划去。当客户买入撤单成功后，对其资金进行解冻，使客户资金即时回笼，以便客户即时使用。

（9）日终处理子系统。该子系统进行当日交易结束后的结算处理，其中包括收市处理、备份及数据库的清零等。收市处理是将交易所传回的成交回报库与当天的资金库、委托库、证券库进行成交配对，将正确的成交记录存入成交库，检查错误的成交记录并做相应的处理，最后计算各种费用。收市处理结束后就进行日库、历史库和其他库的备份，并对当日数据库清零。

（10）系统维护子系统。该子系统是这套管理软件的核心模块，它控制着整个系统的各个参数设置及上岗操作员的密码设置和权限分配，还包括系统各个数据库的维护，如重建索引等，以及证券派息、权证管理等。

（11）经理监管子系统。该子系统实现对客户的资金和证券账目、客户交易情况及员工工作情况进行实时检索和查询，以便做进一步的分析。

网上证券交易系统要配备的软件包括网络技术支撑平台、数据库平台（包括柜台软件、证券交易管理软件、行情分析软件等）、网上咨询服务平台、卫星通信平台；硬件包括终端服务器、LED点阵大屏幕、磁卡小键盘、电话、网络、服务器、工作站和不间断电源等。考虑到卫星接收机及其通信软件由证券交易所统一提供，柜台软件、证券交易管理软件和行情分析软件均已相当成熟，因此，系统设计的重点主要在网络结构布局和网络服务器、不间断电源、LED点阵大屏幕、磁卡小键盘委托、电话委托、自助委托等方面。

三、网上证券交易的基本方法

1. 网上证券交易的程序

证券交易的一般程序主要包括开户、委托、报价与竞价、清算与交割，以及过户。

（1）开户。开户就是投资者（包括自然人和法人）凭本人身份证或法人单位有效证明到证券交易所或交易所授权的其他证券经营机构及其网站或App办理股东账户手续（债券现货买卖不必开户，而期货买卖需开户）。

（2）委托。投资者办妥开户手续以后，就可以按照有关规定，到证券交易所的会员机构办理委托买卖手续，即交纳保证金，填妥委托内容、委托方式、出价方式及委托有效期限。

委托方式：当面委托、电话委托和网上交易。

投资者委托股票买卖的出价方式：市价委托、限价委托和指定价委托。市价委托，即投资者要求证券公司以当时的市场价格买进、卖出股票；限价委托，即投资者要求证券公司按照自己限定的价格幅度买卖股票；指定价委托，即投资者提出一个明确的委托价格，要求证券公司低于这个价格买入或高于这个价格卖出某只股票。目前我国多采用限价委托或指定价委托。

委托有效期限，通常有当日交易、普通日交易、指定日交易。当日交易是指从投资者委托之时起，到当日交易所营业终了时间内有效，过期未成交委托即失效。普通日交易，也称五天有效交易，是指从委托之日（含委托当日）起到第五个交易日，交易所营业终了的时间内有效。指定日交易是指委托双方约定在某一日之前交易有效。目前一般采用当日交易。

（3）报价与竞价。投资者与证券公司达成委托协议后，便由证券公司将投资者的委托内容通过电话或计算机输送到证券公司驻交易所的场内交易员——红马甲，由其报价与竞价，从而达成交易。

出示价格的行为就是报价，报价的方式一般有口头报价、填单报价和计算机报价三种：口头报价就是以口头喊价的形式出价；填单报价即通过填写买卖申报单出价；计算机报价则是将买卖价格输入计算机终端出示价格。目前多采用计算机报价。

竞价就是各种买卖价格相互配对的过程。交易员将买卖价格指令输入计算机终端，通过计算机联机系统将报价传入交易所的计算机主机，由交易所计算机主机按"价格优先，时间优先"的原则自动匹配交易，一旦成交，就向双方发出信号，通知成交结果。

(4) 清算与交割。清算就是证券买卖成交后，买入方支付款项，卖出方收取款项。场内证券公司完成其代理证券交易的清算交割后，还需要办理与投资者之间的缴费清算手续。投资者与其证券经纪人之间的缴费清算主要包括证券买卖价款、证券交易佣金、证券交易印花税和其他费用，此外还有证券的交割等内容。交割就是购买者取得股票的所有权和支配权，出售者取得款项。目前交易所实行无实物交割制度，仅仅是在各自的账户上交割。

(5) 过户。股票买卖清算和交割以后，即进行过户。过户就是更换股票主人的姓名，也就是在各上市公司的股东名册上改变股东姓名，以确保其相应权利和义务的实现。这样股票就完成了过户交易。

2. 网上证券交易操作步骤

在网络上进行证券交易，其程序和上述的交易步骤是一样的，也是经过开户、委托、成交、交割、过户等几个步骤，只不过实现交易的手段不同而已。这些工作都是在计算机和互联网上操作完成的。网上证券交易的操作步骤如下。

(1) 开户登记。目前大多数证券公司都支持在互联网上开户。在开户前，投资者需要先准备好智能手机、身份证和银行卡（非信用卡）。第一步，下载证券公司 App，通过手机号码注册账户。第二步，按要求上传身份证正反面等影像资料，进行实名认证。第三步，完善个人信息，联系地址要写清楚。第四步，选择要开通的资金账户类型，输入银行卡信息，设置交易密码。第五步，进行风险评估，证券公司会根据投资者测评的风险评估值提供与其风险承受能力相适应的服务或产品。第六步，提交开户申请，等待电话或视频回访。回访成功后，证券公司会以短信形式将资金账户信息发给投资者，此时资金账户已被激活，可正常使用。

(2) 下单委托。互联网通过 TCP/IP 协议将投资者的需求及买卖委托及时、准确地通过与证券交易所直接连接的网络系统传递给交易所的撮合子系统，并及时得到确认和成交回报。

(3) 清算交割。投资者以电子邮件形式接收证券公司发送的通知单，或者通过浏览器连到证券公司的万维网主机上主动查询自己的交割单和对账单。投资者也可以通过远程文件传输（FTP）的方式到证券公司的非匿名 FTP 服务器上下载自己的成交回报。款项的收付则是在证券公司网上的资金账户中直接进行的，或者是在银证通、证邮通资金账户中进行电话或网上收付转账。

3. 网上证券交易的安全事项

(1) 结束交易时要注销登录。如果没有注销登录，他人可能冒名进行非法交易。此外，网络浏览器通常会记录使用者最近访问过的站点，包括登录页面。

(2) 为保证交易资料、保证金和托管证券的安全，在离开所用计算机之前，应退出委托软件或关闭该浏览器。

4. 网上证券交易存在的风险

尽管采取了有效措施保护客户资料和交易活动的安全，但网上证券委托交易仍然存在下列风险。

(1) 互联网是全球性公共网络，并不由任何一个机构控制，所以，数据在互联网上传输的安全性是不能被完全确保的，互联网本身并不是一个完全安全、可靠的网络环境。在互联网上传输的数据有可能被某些个人、团体或机构通过某种渠道获得，并且了解该数据的真实内容，从而使在互联网上交易的机构或投资者的身份被泄露，甚至有被仿冒交易的可能。

（2）在互联网上的数据传输可能因通信繁忙出现延迟，或者因线路、硬件变换设备和电信故障等其他原因出现中断、停顿或数据不完全甚至错误，从而使网上交易出现延迟、停顿、中断或错误等情况。

（3）在互联网上发布的证券交易行情信息可能滞后，与真实情况不完全一致。

（4）在互联网上发布的各种证券信息，包括分析、预测性资料可能出现差错。

四、网上证券投资的步骤

投资者在办妥网上证券交易的有关手续之后，便可以通过一系列步骤来实现买卖证券、进行投资的目的。

1. 掌握证券市场与投资的有关知识

证券市场如同其他商业领域一样，是一个斗智斗勇的场所。证券行情的波动因素牵涉而非常广，涉及现代经济生活的每个角落。证券投资的内容相当复杂，只了解网上证券交易的有关知识是远远不够的。投资者对证券市场运行和证券投资分析没有相当程度的了解，是不会获得成功的。投资者需要学习和掌握的知识有以下几方面。

（1）经济学、管理学、市场学、世界经济等经济分析学科知识，用以对经济增长和公司经营等进行全面、准确的预测和分析。

（2）财务分析与管理知识，用以对公司经营进行定量评估分析。

（3）社会学和心理学知识，用以分析证券市场运行和证券行情受社会因素和投资者心理的影响而变化的状况。

（4）金融学、证券学和投资学知识，用以准确分析证券行情和正确做出投资决策。

（5）数学和统计预测学知识，用以精确地分析行情，计算收益与风险，确定投资计划。

（6）计算机软件应用知识。投资者需要用证券投资分析软件对证券市场的数据进行处理，评估行情、收益和风险。

（7）金融与证券法学知识，用以在投资活动中避免违法行为。

（8）互联网方面的知识及金融证券网站方面的有关信息与评价。

此外，投资者还应该通过有关证券网站或其他财经网站搜集和整理各方面的有关材料。

2. 搜索全面详细的信息资料进行证券投资分析

投资者需要搜集的信息资料包括以下几方面。

（1）宏观经济方面的信息资料，包括国民经济的宏观、微观指标，产业发展的信息与调查分析资料，地区经济发展状况的信息资料，相关产品的市场供求情况及进出口贸易情况，财政金融状况的信息资料，国家有关经济、产业、贸易、财税、金融等方面的政策调整信息，等等。

（2）公司经营方面的信息资料，包括公司章程，经营内容，经营策略，主要市场竞争环境及竞争能力，业务开发情况，公司管理层及内部组织效率，近期内重大的业务活动，近年来的财务资料及股息分配、增资扩股情况，等等。

（3）证券市场方面的技术性资料，包括各种证券价格波动、交易量变化、价格指数及交易总量的变化等信息资料。

（4）金融证券网站及其他渠道提供的投资分析与咨询建议。

3. 研究证券总体行情和各种证券行情走势的变化规律

投资者应研究、分析证券总体行情变化的时间规律,即循环波动的特点,分析证券市场人气和投资者的心理变化规律,分析各种证券价值变化及行情技术指标的变化规律,从而为利用基本分析和技术分析方法预测证券行情创造条件。

4. 根据自己的经济实力和目标需求确定投资策略

证券投资策略主要有以下几种。
(1) 长期(长线)投资策略,即进行持续一年以上或一个长期趋势的证券投资。
(2) 中期(中线)投资策略,即进行持续三个月至一年或一个中期趋势的证券投资。
(3) 短线投资策略,即进行持续三个月以内或一个短期趋势的证券投资。
(4) 一日交易策略,即进行二日之内或当日买卖的证券投资。
上述这些投资策略各有利弊。投资者在确定投资策略时,除要考虑经济实力和目标需求外,还应考虑证券市场行情变化的特点及自身的投资决策能力和心理素质。

5. 选择投资对象、投资组合及买卖时机

对投资对象的选择主要依据对证券价值的基本分析、证券行情变化的特点及投资策略来进行;对于买卖时机,则应该根据证券行情的技术性预测分析和投资策略来把握。投资对象和买卖时机的确定是投资者进行投资操作的关键,它直接影响投资的效益。

6. 确定投资对象和投资组合,实施投资计划

在投资计划的实施中,投资者还应考虑证券交易的方式、保护措施、买卖价值等内容。投资计划在实施的过程中,应当根据证券市场的变化而谨慎、灵活地调整。

五、网上证券交易的资金支付

为实现网上证券交易的资金支付,商业银行和证券公司要加强合作,充分发挥各自的优势,实现银行和证券公司转账,从而更好地为投资者服务,完成证券交易过程中的资金支付。

1. 网上证券交易资金支付的主要方式

网上证券交易资金支付的主要方式有以下三种。

(1) 通过银行卡(或存折)转账。这是最早的方式,这种转账是银行和证券公司通过电话、手机、互联网等媒介,为投资者提供银行账户与证券资金账户之间互相转账的一种金融服务。

(2) 用银行卡(或存折)直接进行证券交易。随着银行与证券公司合作的深化,银行推出用银行卡直接进行证券交易的业务。采用这种方式,投资者的证券资金账户和存款账户合二为一。投资者到银行网点选择一家与该银行合作的证券公司开户,就可用其银行卡账户通过银行柜台、电话、互联网进行证券交易。

(3) 投资者通过商业银行发行的银行和证券公司联名卡直接买卖证券。例如,中国工商银行和国信证券公司合作发行的"牡丹国信证券灵通卡",就是将银行的金融产品和证券公司的资金卡结合起来。

2. 银行和证券公司转账系统

银行和证券公司转账系统运用计算机技术、语音处理技术、电话信号数字化技术和网络技术等，以多种媒体形式，为客户提供银行账户和证券资金账户之间的实时转款服务。银行和证券公司转账系统的出现，不仅极大地方便了投资者，同时为银行提供了一种崭新的金融服务手段，还为银行直接参与证券市场业务、实现跨业经营打下了基础。它的推广应用取得了明显的经济效益和社会效益，深受银行、证券公司和投资者的欢迎。

银行和证券公司转账系统为投资者在银行与证券公司之间划拨资金建立了一条快捷途径。投资者在证券公司营业部各种委托终端，或在银行储蓄网点各种终端上，均可以电子划账方式，在其银行存款资金与证券资金之间双向划拨。该系统为投资者提供了一种有效的理财手段，同时促进了银行和证券公司的业务发展。

（1）系统功能。银行和证券公司转账系统提供如下主要功能。

① 银行和证券公司转账。银行端（储蓄柜台、POS 机、ATM、电话银行、网上银行等）和证券公司端（资金柜、自助委托柜、电话委托、网上委托等）都可受理银行和证券公司转账，包括将投资者的银行存款账户资金直接转入投资者证券资金账户，或者将投资者证券资金账户的资金转入对应的银行存款账户。

② 账户余额查询。从银行端或证券公司端可查询证券资金账户余额和银行存款账户余额。

③ 日终时银行与证券营业部自动对账，并打印业务报表。

④ 系统管理和监控。在银行和证券公司转账的基础上，银行与证券公司进一步合作，还可通过电子银行的终端和网上银行，直接为客户提供网上证券交易服务。

（2）系统结构。在银行和证券公司转账系统的技术设计上，应充分利用银行和证券公司双方现有的网络系统，通过 DDN/X.25 专线，采用 TCP/IP 协议进行广域连接，将银行的综合业务网络系统同证券交易网络系统连接起来。

银行端转账前置机与银行应用服务器建立连接，对银行和证券公司双方传送的数据加密、解密，存放交易流水，存放存款账户与资金账户对照表。

证券公司端中的通信前置机，通过格式转换，实现与银行之间的数据通信。所有的银行数据只有通过数据转换前置机才能送达证券公司后台交易服务器，而交易服务器送往银行端的数据也必须通过它。

投资者可在银行和证券公司转账网络中的任意一个可转账的网点（可以是证券公司网点，也可以是银行网点）输入必要的信息，如银行存款账号、银行账户密码、转账类型、转账金额、证券资金账号、证券账户密码等；系统接收到这些信息后，校验无误，进行相应的操作。如果是银行存款转证券交易，则要将投资者资金从银行存款账户划转到证券资金账户上，对银行账户进行取款操作，对证券资金账户进行存款操作；反之，则对证券资金账户进行取款操作，对银行账户进行存款操作。

相关链接

登录某一证券公司网站或某证券公司 App，了解网上证券交易的相关知识。

实践训练

1. 课堂讨论

（1）网上证券交易包括哪些基本内容？
（2）网上证券交易的基本原则有哪些？
（3）网上证券交易中的股票买卖清算和交割是指什么？

2. 案例分析

扫描二维码 4-1，了解并分析"8·16 光大证券乌龙指事件"。

4-1

讨论与分析

（1）"光大证券的系统没有对买入、卖出的异常价格设限"会导致什么后果？
（2）什么是期货？什么是量化投资？
（3）因光大证券乌龙指事件而造成投资者的财产损失，光大证券是否应该承担赔偿责任？

3. 实务训练

学生上网到新浪网主页面，选择"交易"频道，选择"练习场"，进行模拟交易练习。结合新浪股票模拟交易操作，逐步熟悉网上证券业务的内容。通过上述实训，加强对网上证券有关知识的理解。

实训说明

（1）有新浪微博、博客、邮箱账户的同学，可以直接登录进入模拟交易页面，如果没有上述账户，请注册。
（2）通过新浪股票"练习场"（包括上海、深圳、香港及美国股市）模拟交易操作，了解并体验网上证券业务。
（3）结合网上证券操作体验，分析网上证券业务的优势。
（4）通过上述实训，加强对网上证券业务流程的掌握。

4. 课后拓展

（1）上网查询有关量化投资的相关知识。
（2）什么是期货？期货和股票、证券有什么不同？

第三单元 网上保险

王老师是张丽艳同学的外语老师，工作以后有了收入，投资赚了钱，就买了一辆汽车，不仅上班方便了，还能在节假日驾车出游。

根据国家规定，购买汽车时必须购买汽车保险。王老师上班很忙，对保险业务不熟悉，也没有时间到保险公司去购买保险，她让张丽艳帮忙上网查询一下相关信息。

任务思考

王老师在网上购买汽车保险,应该做哪些准备呢?在网上购买保险要注意哪些事项?网上保险有哪些特点?如何预防保险欺诈……王老师面临的问题就是本单元所要讲解的知识内容。

任务分析

保险是指投保人根据合同的约定,向保险人支付保险费,保险人对于合同约定的可能发生的事故造成的财产损失承担赔偿保险金责任,或者当被保险人死亡、伤残、疾病或达到合同约定的年龄、期限时承担给付保险金责任的保险行为。

商业保险大致可分为以下几种:财产保险、人身保险、责任保险、信用保险、津贴型保险和海上保险。王老师购买的汽车保险就是商业保险中的财产保险,大学生购买的人身意外伤害保险就属于人身保险的范围。

王老师要购买汽车保险,首先要选择一家开展网上保险业务的保险公司。例如,登录中国平安保险(集团)股份有限公司网站,根据要购买的险种,交付保费就可以生成保单,完成购买。在出现事故后,还可以根据网站中"服务中心"的"理赔服务"的提示索赔。

相关知识

网上保险也叫保险电子商务,是指通过互联网进行保险的销售、管理及理赔服务。保险作为一种传统的金融服务,其经营活动仅仅涉及资金和信息的流动,而不会遇到物流配送等问题。这正是保险、银行等金融服务业开展电子商务的先天优势。与传统经营方式相比,网上保险具有许多优势。

一、网上保险的主要内容

1. 网上保险的概念

所谓网上保险是指保险公司或新型的网上保险中介机构以互联网和电子商务技术为工具来支持保险经营管理活动的经济行为。它包含两个层次的含义:从狭义上讲,网上保险是指保险公司或新型的网上保险中介机构通过互联网,为客户提供有关保险产品和服务的信息,并实现网上投保,直接完成保险产品和服务的销售,由银行将保险费划入保险公司;从广义上讲,网上保险还包括保险公司内部基于互联网技术的经营管理活动,以及在此基础上的保险公司之间、保险公司与公司股东、保险监管、税务、工商管理等机构之间的交易和信息交流活动。

2. 网上保险的特点

与保险公司传统的经营方式相比,网上保险具有许多优势和特点,主要体现在以下几方面。

(1)扩大知名度,提升企业竞争力。互联网的主要特征就在于其信息传递和处理的快速性和共享性,以及信息传播的广阔性。利用互联网技术,保险公司可以在全球范围内介绍自己的公司,推销自己的产品和服务,有效抢占保险市场。

法国安盛集团是全球最大的保险及资产管理集团之一,其首家公司于1816年在法国成立。

通过多项收购及合并活动，安盛集团已成为全球首屈一指的保险集团，业务网络覆盖全球五大洲逾50个国家及地区。安盛集团的主要业务为保险及资产管理。

安盛集团分别在巴黎证券交易所和纽约证券交易所上市，集团的数家公司也在其经营地上市，如纽约、法兰克福、伦敦、布鲁塞尔、都柏林。

我国互联网保险始于1997年，中国保险学会和北京维信投资顾问有限公司发起成立第一个面向保险市场和保险公司内部信息化管理需求的中文网站——中国保险信息网。当年该网促成国内第一份网上保单，标志着我国保险业迈入了电子商务的大门。2000年后，各大保险公司官方网站相继成立。

（2）快捷方便，不受时空限制。通过互联网开展保险业务，保险公司只需要购买一定的网络设备，向网络服务供应商支付较为低廉的网络服务费，就可以一星期7天、一天24小时地在本地区、全国乃至全世界范围经营，同时省去传统的保险代理人、保险经纪人等中介环节，直接与客户进行交易，还能大大缩短投保、承保、保费收缴和保险金支付等业务流程上花费的时间。

另外，通过互联网，保险公司还可以有效地与各种人群和组织发生联系，特别是传统保险中介无法或不愿接触的客户，这样就能获取更多的业务，扩大保险覆盖面，规模经济效应将更加突出，从理论上更加符合保险经营的"大数法则"，更加有利于保险公司的稳定经营。

（3）简化交易手续，降低经营成本。长期以来，保险公司一直通过代理人和经纪人出售保险单，而实践证明，这种经营模式是低效的。低的生产率使经营成本高达保险费的33%或更高。通过互联网销售保单具有大幅度降低经营成本的优势。美国著名的管理和技术咨询公司 Booz Allen Hamilton 的一份研究报告指出："网络将使整个保险价值链成本降低60%以上，特别是在销售和客户服务领域。成本的降低加上便利和个性化的服务，促使客户通过互联网来购买保险单。"

电子商务的发展大大简化了商品和服务的交易手续，网上保险也是如此。一个典型的网上保险交易的情形是：被保险人通过键盘、鼠标或手机就能轻松地访问保险公司的网站，了解保险公司提供的产品和服务，输入自己的购买意向，甚至通过网站提供的特定软件来设计最适合自己的投保方案，保险公司可以立即接收到这些信息并快速做出回应。这个过程节省了买卖双方联系和商谈的大量时间，可以免除传统保险经纪人和保险代理人的介入，提高了效率，降低了保险公司的销售成本。同时，由于管理费用的降低和佣金的免除，保险公司还可以通过降低保险费率来进一步吸引客户，客户也将从中受益。对于买卖双方来说，这是一个双赢的局面。

（4）免除传统中介，为客户提供质量更高的服务。网上保险拉近了保险公司与客户之间的距离，因为买卖双方通过互联网实现了直接的双向交流，不需要第三方就能完成交易。

对客户来说，通过主动浏览保险公司的网页，足不出户就可以方便快捷地获得从公司背景到险种安排等方面的详细信息，还可以在保险公司之间进行对比，轻松做到货比三家，减少了投保的盲目性、局限性和随意性，实现投保的理性化。同时，客户将告别信息残缺、选择单一及被动的传统保险服务，转而在多家公司及多种保险产品中进行比较和选择。客户从过去消极接受传统保险代理人的硬性推销，转变为根据自己的需求和自主选择来实现投保意愿，并轻松地在线投保，即时成交，避免了与传统代理人打交道的烦恼和代理人可能存在的误导。

对保险公司来说，通过生动形象的多媒体网页，能够详细地介绍保险知识，解答客户咨询的问题，为客户进行个性化的保单设计。更重要的是，通过互联网，保险公司还可以及时得到客户的需求信息和反馈意见，在相关技术的支持下，快速做出调整，或推出新的险种和服务，提高服务质量，或进一步改善与客户的关系，提高客户的忠诚度。

（5）改善管理，提高企业经营效率。先进、有效的经营管理是保险公司能够持续、快速、健康发展的"法宝"。互联网技术的发展和普及，对保险公司的内部经营管理也产生了深刻的影响，提高了企业经营效率。

3. 网上保险的种类

不同保险公司提供的险种是不同的，网上保险一般包括财产险、人身险、健康险三类。财产险一般有车险、信用险、保证险等；人身险一般有意外伤害险、寿险等；健康险一般有重疾险、医疗险等。

4. 汽车险简介

机动车辆保险属于财产险。机动车保险的种类有以下几种。

（1）交强险。交强险是指机动车交通事故责任强制保险，这是政府要求必须买的，是强制性的。交强险保的是事故对方的人和车。不买此险，汽车不能上路，否则会被罚款。

（2）基本商业险。基本商业险属于主险险种，包括车辆损失险、第三者责任保险、盗抢险、车上人员责任险。

① 车辆损失险：如果出事故了，自己的车坏了要修，保险公司就帮你出修理费。

② 第三者责任保险：如果你驾车撞了别人，给对方造成财产和人身损失，保险公司会对其赔偿。该险是机动车交通事故责任强制保险的补充。

③ 盗抢险：如果车丢了，3个月后找不到，保险公司就会赔偿。

④ 车上人员责任险：赔偿车辆因交通事故造成的车内人员的伤亡。

（3）附加商业险。主要包括玻璃险、自燃险和划痕险。

（4）不计免赔险。买了此险，保险公司就在保额内100%赔偿。

二、网上保险系统

网上保险系统是指保险公司或网上保险中介机构通过互联网网站为客户提供有关保险产品和服务信息并实现网上投保的计算机软件、硬件系统，一般指计算机软件。

常见的网上保险系统有保险门户网站系统、代理人网上办公系统、车险理赔系统、保险经纪公司业务管理系统等。

1. 保险门户网站系统

中国平安保险（集团）股份有限公司网站首页如图4-2所示。

在互联网时代，门户网站是保险公司发布信息的重要平台，能够为保险公司提供产品介绍、信息发布、人才招聘等各种服务。随着互联网的发展，许多保户希望坐在家或办公室里就能办理保险业务；同时，保险公司也希望通过互联网为客户提供方便、快捷的服务，降低开展业务的成本，提高市场占有率。该系统就是专门针对这种保险需求而研发的实现客户与保险公司双赢的解决方案。

多年来，各保险公司积累了保险行业的门户网站和电子商务系统建设经验，设计开发了先进的保险门户网站系统。作为面向保险行业的网上应用系统，保险门户网站系统提供了强大的信息采编功能，保证网上信息的及时更新，能够最大限度地发挥网站的宣传作用。

图4-2 中国平安保险公司网站首页

保险门户网站系统的主要功能模块包括：各险种的在线销售，保险需求分析，销售、代理、中介的在线支持等。具体系统功能有以下几种。

（1）保险产品信息查询。

（2）保险新闻发布。

（3）网上投保。注册用户输入其用户名及密码；新用户必须申请用户名和密码；进入"在线投保"，选择投保险种；阅读所选险种简要说明和条款；填写所选险种投保问询表。

（4）网上出单。在网上递交根据投保问询表生成的投保单。

（5）网上审核。保险公司实时审核投保单。

（6）网上付款。若保险公司实时核保后，投保人可进入付款程序，即选择付款方式——网上银行付款和单到付款。选择网上付款的投保人，必须输入个人资料，发出付款确认指令后，在线等待实时确认，接到确认反馈信息后，付款过程即结束。选择单到付款的投保人，发出付款确认指令即可。

（7）网上查询。投保人收到投保单和保单后，必须在投保单上签字（法人必须加盖公章），并将签字（法人必须加盖公章）后的投保单交给送单人或寄回保险公司。选择单到付款的客户还必须在收到投保单及保单的同时，将保费交给送单人。投保人可以在线查询保险公司将投保单和保单送达或寄达投保人的情况。通过查询保单简要信息，投保人可以检验保单是否有效。

（8）保险咨询。

（9）会员服务。

2．代理人网上办公系统

随着国内保险行业销售模式的不断增加和完善，个人代理销售模式在成为最主要保险销售方式的同时，如何实现模式本身的系统性管理，以及与其他销售模式融合，成为保险企业亟待解决的问题之一。面向寿险公司的代理人，保网成功开发并推出了代理人网上办公系统。该系统利用最先进的互联网技术，由国际领先的一系列在线寿险营销工具模块构成，旨在利用互联网技术提升寿险代理人整体服务水平与工作效率。

（1）获得准客户。代理人可以拥有并使用具有独立二级域名的网上门店等网络工具，并能够进行个性化定制。这使互联网成为一种新的客户来源渠道，代理人可以轻松获取准客户。

（2）提高效率。系统提供保险超市、短信系统、在线专业信函、万能建议书系统、客户需求分析、保险贺卡等多项功能，大大提高代理人在开展业务和客户服务方面的工作效率。

（3）提升形象。网上个性化门店的建立及相应的基于互联网的辅助工具的使用，可以提升代理人在客户心目中的专业度和可信度。

3．车险理赔系统

车险理赔系统是将计算机网络技术、传统汽车配件供应商配件报价信息和保险理赔业务管理有机地结合在一起，服务于保险公司的专业保险远程定损系统，包括报案、查勘、定损、立案、核赔、内勤、管理、系统管理等模块。本系统实现了跨地域、岗位的高速、无缝信息传递，形成了一站式服务；完全无纸化运作使所有的信息高度透明，大大提高了管控力度；通过远程定损，最大限度地减小了在中、小赔案上消耗的人力成本。

该系统采用互联网平台，解决了保险公司车险定损业务中定损信息的及时传输问题、定损配件的定价及实时定损问题，将保险公司定损中心、保险代理公司、保险公司定点修理厂用网络平台连接起来，实现远程定损、远程核损、配件报价标准化、定损人员调度自动化。

4．保险经纪公司业务管理系统

"经纪通"是由拥有十余年保险管理、运营经验和大型应用软件开发经验的专家主持，通过对保险经纪机构核心业务的潜心研究，专为保险经纪公司度身定制的业务处理系统。它的出现弥补了保险经纪公司没有专门的业务处理系统的缺陷，填补了国内空白。"经纪通"以其先进的技术、稳定的性能、简单的操作和强大的功能赢得了广大客户的好评。

"经纪通"V5.0涵盖保险经纪公司信息化建设的各个方面，特别适合国内新兴的保险经纪公司进行业务管理与信息处理。

（1）系统功能。

① 保险经纪险种资料库、各行业信息、风险资料库。

② 客户管理。

③ 风险项目管理。

④ 保单处理。

⑤ 财务结算。

该系统清楚地记载每个项目的实施过程，将各类资料记录入库，进行风险评估管理、建议书生成、保单处理、理赔查勘信息管理、分保与合保业务处理、佣金计算、统计分析及生成各种报表等工作，同时通过网上销售支持（包括经纪公司宣传、保险设计室、网上客服中心、保险资料库等），为客户提供及时、高效的全面服务。

（2）系统作用。

① 整合资源创建优势。将经纪公司的三项关键资源——业务来源（包括业务员）、客户和保险公司，通过该系统进行有机管理与整合，创建自身优势。

② 提高效率，降低成本。建立业务处理信息化平台，使业务流程标准化，尽量减少手工

作业，大大提高了工作效率，降低了人员成本。

③ 项目管理团队协作。通过项目管理，共享技术和资料，提升整个团队的协作能力。

④ 强化服务，发挥优势。为客户提供比保险公司更加体贴、周到的售前、售后服务，增强客户忠诚度，以便长久地留住客户。

⑤ 活动管理提升业绩。通过对客户档案和业务员活动周志的记录和分析，对整个公司的销售过程进行全程监控。

⑥ 优化合作，创造效益。通过对保险公司和险种的毛利分析，争取保险公司的最优惠条件，突出发展有效益的险种。

三、网上保险经营模式

目前网上保险主要有两种经营模式：第一种是基于保险公司网站的经营模式，如太平洋保险、中国平安保险等网站；第二种是基于新型网上保险中介机构网站的经营模式，如我国的"易保"，美国的 InsWeb 和国民第一证券银行等。

传统的保险公司大多具有较强的资金实力，对于保险营销有着深刻的理解。所以，传统的保险公司开通自己的网站，宣传自己的产品和服务，在网上销售保险产品。

在美国，通过互联网销售保险单为美国国民第一证券银行首创；在中国，大型的保险信息网站"中国保险信息网"造就了我国第一笔通过互联网促成的保险交易。据美国 Cyber Dialogue 数据行销公司 2000 年的一项调查表明：在美国通过互联网购买保险的客户中，有 20%通过保险公司的网站直接购买，其余 80%通过新型的网上保险中介机构网站购买。

2005 年 4 月 1 日，中国人民财产保险股份有限公司（以下简称"中国人保"）召开新闻发布会，宣布在《中华人民共和国电子签名法》实施之日正式推出电子保单，并为网上投保的客户颁发了国内第一张电子保单。

中国人保推出的电子保单采用了国际领先的电子签章技术，全面保证了电子保单的不可篡改性和不可否认性。客户只需登录其网站，选定要购买的保险产品，在线支付保费，足不出户即可轻松获得具有法律效力的电子保险单，整个投保过程简便、快捷、高效。

下面以车险投保、理赔流程为例。

1. 网上投保，网上理赔

在线购买中国人保的车险，且出险为单方车损，没有人员或物品的损伤，定损后即可进行网上理赔。通过网络上传理赔资料，足不出户，赔款即直达银行账户。

（1）上传索赔资料。登录中国人保网站或手机 App，通过个人中心→理赔秘书→索赔资料提交，输入保单号和证件号，根据页面提示上传所需的电子版索赔资料。

（2）提交账户信息。登录中国人保网站或手机 App，通过个人中心→理赔秘书→赔款账户信息提交，提交收款账户信息。索赔资料通过审核后，赔款将自动打入个人账户。

2. 理赔程序

如果出现事故，首先应保护现场并采取必要的紧急施救措施，然后按以下步骤进行理赔。

（1）拨打报案电话。立即拨打保险公司报案电话或在有条件的情况下通过传真等方式向保险公司报案，公司理赔服务人员将询问出险情况，协助安排救助，告知后续理赔处理流程并指导拨打报警电话。在紧急情况下，可先拨打报警电话。

（2）事故勘察和损失确认。保险公司理赔人员或委托的公估机构、技术鉴定机构、海外代理人到事故现场勘察事故经过，了解损失情况，查阅和初步收集与事故性质、原因和损失情况等有关的证据和资料，确认事故是否属于保险责任，必要时委托专门的技术鉴定部门或科研机构提供专业技术支持。填写出险通知书（索赔申请书），出具索赔须知。对保险财产的损失范围、损失数量、损失程度、损失金额等损失内容、涉及的人身伤亡损害赔偿内容、施救和其他相关费用进行确认，确定受损财产的修复方式和费用，必要时委托具备资质的第三方损失鉴定评估机构提供专业技术支持。

（3）提交索赔材料。根据保险公司书面告知的索赔须知内容提交索赔所需的全部材料，保险公司对提交的索赔材料的真实性和完整性进行审核确认，对索赔材料真实性存在疑问的情况将及时进行调查核实。

（4）赔款计算和审核。在提交的索赔材料真实齐全的情况下，保险公司根据保险合同的约定和相关的法律规范进行保险赔款的准确计算和赔案的内部审核工作，并达成最终的赔偿协议。

（5）领取赔款。保险公司根据赔款支付方式和保险合同的约定支付赔款。补充说明：因第三者对保险标的损害而造成保险事故的，在保险公司根据保险合同的约定和相关的法律规范支付赔款后，保户签署权益转让书并协助保险公司向第三方进行追偿。

相关链接

线上购买保险安全吗？

随着我国互联网的蓬勃发展，网购已经深入人心，似乎没有什么是一次网购搞不定的。不过说起在网上买保险，很多人心里就开始打鼓了，因为保险本身是一项大额支出，购买时人们普遍会比较慎重。很多人担心网上买保险不靠谱，无非是担心线上投保的金融资产的安全性、理赔手续的便利性、服务的及时性几个方面。

（1）金融资产的安全性。网上买东西太方便了，但见不到人就付款，而且一付就是30年，会让人感觉心里没底。在购买时，我们填写自己的个人信息，看起来是在第三方平台上填写的，实际上这些信息都是直接递交给保险公司，保险公司对被保人的个人信息进行核查。所以担心"线上平台会不会倒闭？倒闭后我们的保单怎么办？"的朋友可以放心了。就算平台有什么运营风险，你的保单还是在保险公司，保险公司依旧会照常履行保障义务。

（2）理赔的便利性。其实线上和线下买保险一样，也有保单合同。在网上买保险，保险合同一般以电子保单的形式发送到投保人的电子邮箱中，或保存在交易记录中。《中华人民共和国民法典》明确规定，电子合同的法律效力和纸质合同一样，都受法律保护。

（3）服务的及时性。在线购买保险的客户大多数是年轻人，产品责任简单的居多，这类人群在保单的服务性上要求不高，方便性更重要。但线上购买对投保人的保险知识有一定要求，由于保险合同的法律特性，很多保险产品的介绍看上去让人难以理解，涉及的专业名词较多，很多人对于保单服务的担忧多半集中在售前。因此，对于很多年龄偏高、网络操作不熟练、网购经验较少、对条文理解较为困难的客户群体，购买前后的人工服务显得更重要。

资料来源：《广元日报》（2021年5月）

实践训练

1. 课堂讨论

（1）网上保险的主要功能有哪些？

（2）购买网上保险的基本流程是什么？

（3）网上保险理赔的基本流程是什么？

2. 案例分析

股票在线交易的优势有哪些？

随着证券市场的发展，股票交易已经不仅局限于交易大厅之中，股票市场、券商及互联网相配合，共同实现了股票的在线交易，对股票市场的投资者而言十分便利，随时随地都可以进行股票交易。下面我们来详细了解一下股票在线交易的优势。

（1）股票在线交易不受时间地点的限制，只要办理了在线交易的相关手续，就可以在证券交易时间内随时随地查看行情委托下单，对投资者来说十分方便。

（2）可以更加广泛地了解信息，相对应的服务更多。如果仅仅把线上交易看成一种交易手段的话，太过于局限，通过线上交易可以更加方便、及时地获取各种股票交易信息，而且在选择上更有主动性，可以随时随地查询上市公司披露的各种信息及相关资料，基于此可以对股票市场的任何风吹草动了然于胸，更及时地做出判断和交易动作。

（3）收费相对合理。一般的证券公司基本上都采用在线交易手续费低于传统交易手续费的方式来促使更多的交易者采用在线交易方式。

随着互联网的发展，越来越多的人选择在线交易，摒弃了传统交易模式，更加方便地进行操作，来获取更多的收益。

资料来源：赢家财富网（2021年6月）

3. 实务训练

（1）登录某一保险公司网站，浏览网上保险商城主页，了解该保险公司网上保险商城的相关内容。

（2）了解该保险公司网上车险服务的内容。

4. 课后拓展

购买保险时应该注意的四个细节

越来越多的消费者认同"买保险就是买保障"的理念，既然如此，就既要确保保单有效、保障有力，还要确保一旦出险能及时获得理赔。因此，投保时就要重视一些细节，免得日后烦恼。

（1）看清保单条款，以免退保损失。买保险必须对保单条款进行通读，详细了解保险责任、免责条款和理赔注意事项。如果对保单条款存在疑惑，应该在第一时间联系保险销售人员或公司客服人员。

（2）保险金额、保障内容需及时调整。随着家庭情况、经济条件，以及被保险人自身健康状况的改变，保障额度与时俱进很重要。例如，大学毕业刚进入社会的"新人"，可能买一份意外险就可以建立基本保障，而一旦结婚生子，肩上的责任无疑加重很多，保障的进一步完善就非常必要了。

（3）变更地址、遗失补新很重要。小心维护保单是投保人享受保单权益的关键。如果保险合同尚未到期却遗失，想要补一份新合同，或者变更地址等，一般需在保险公司网点办理，一些保险公司也为客户提供了移动保全服务，可以在网上直接进行相应操作。

（4）详细了解保险责任，看清保障范围。在一般情况下，保险责任时间长和保障范围广的产品，都需要较长的交费期限或购买保险时投入不少的钱。如果自己没有足够、稳定的财力支付保费，而考虑不周，就很容易造成自己中途无法续交保费，从而出现中途必须退保的现象。这样一来，自己不但得不到有效的保险保障，而且还要受到钱财上的大量损失。

第四单元　互联网众筹

情景案例

张丽艳同学家里有 10 亩地，生产优质小米。由于小米的营养高，市场需求大，销售价格高，网上销路很好，能给家里增加收入。所以，张丽艳的父母计划扩大种植面积，但面临资金短缺的困难。在这种情况下，一种办法是到银行贷款，但手续烦琐，等到贷款下来，就错过了最佳播种期。另一种办法是民间借贷，但利率太高，会增加生产成本，且存在还款风险。那么，是否还有更好的办法？答案是肯定的，可进行网上众筹，将融资信息发布到互联网众筹平台上，以解决资金短缺问题。

任务思考

那么，什么是奖励型互联网众筹？互联网众筹是如何实现的？要了解清楚以上问题，就需要学习本单元要讲解的知识内容。

任务分析

企业、组织和个人的经济活动，筹措资金都是绕不开的问题。众筹，即大众筹资，也就是大众出钱，帮助一个人或者一个组织完成一件事。近些年，互联网发展迅速，众筹这种起源于美国的新型互联网金融模式更是一直处于风口浪尖。互联网众筹解决了传统筹资的难题，在"大众创业、万众创新"的背景下，这种低门槛的融资模式也深受欢迎，加上阿里、京东等电商巨头相继入场，更令这个行业备受关注。

 相关知识

一、互联网众筹

众筹是指大众筹资或群众筹资,是指用"团购+预购"的形式,向社会募集项目资金的一种方式。

互联网众筹是指在金融层面,以网站作为一个平台,大家合力做一件事情,比如有人出钱,有人出技术,然后一起创业。如果盈利,大家按出资比例分红;如果亏损,一般由发起方承担。小企业、艺术家或普通人利用互联网,向公众展示他们的创意,争取大家的关注和支持,向大众筹集项目资金。互联网众筹实现了消费者、生产者、投资者和融资者共赢,提高了直接融资比例,降低了融资成本。

互联网众筹通过互联网发布筹款项目来募集资金,相对于传统的融资方式,更为开放。能否获得资金不再是由项目的商业价值作为唯一判定标准,只要是网友喜欢的项目,都可以通过众筹方式获得项目启动的第一笔资金,为更多小本经营者提供了广阔的发展空间。

互联网众筹具有如下5个特点。

1. 参与门槛低

对项目发起方来说,无论身份、地位、职业、年龄、性别,只要有想法、有创造能力都可以发起;从项目消费方来讲,1元即可起购,没有任何身份、地位等限制。

2. 互动性强

通过将参与感和娱乐属性融入专业金融产品中,让众筹过程更有趣。

3. 个性化定制

众筹模式有别于单纯的投资模式,追求的不再是单纯的资金收益率,而是基于个性化需求和兴趣定制产品或服务。以百度电影众筹为例,对于消费者来说,除了资金收益,他们还能获得个性定制的消费套餐,如明星签名照、明星祝福、电影参演机会、选秀投票机会等。

4. 共赢

通过众筹,消费者可以定制属于自己的个性化产品和服务,生产者可以获得资金和前期的营销推广机会,从而实现了消费者、生产者、投资者和融资者的共赢。

5. 风险管控好

由于众筹资金来源于广大网民,可全程监控资金和信息,使众筹发起方可严格控制金融风险。

二、互联网众筹的模式

互联网众筹可以分为奖励型、股权型(类似风投)、捐赠型等。其中,奖励型是最容易被接受、最普遍的模式。

1. 奖励型众筹

在众筹的所有模式中，奖励型众筹无疑是最受参与者欢迎的。相比股权型众筹，奖励型众筹近几年发展稳健，处于持续发展状态。

奖励型众筹又称回报式众筹或预购式众筹，是指项目发起人在筹集款项时，投资人可获得非金融性奖励作为回报。这种回报仅是一种象征，也可能是由某投资人提供：如VIP资格、印有标志的T恤等。奖励型众筹通常应用于创新项目的产品融资，尤其是电影、音乐及设备产品的融资。还有一种情况是预先销售，指销售者在线发布新产品或服务信息，对该产品或服务有兴趣的投资者可以预先订购，从而完成众筹融资。该模式在一定程度上可以替代传统的市场调研和进行有效的市场需求分析。同时，投资者参与预售的动机除希望产品或服务被生产出来外，在产品真实销售时获得折扣也是其中原因之一。奖励型众筹的特点是项目好玩，有创新，市面上没有，投资人更多的是对项目感兴趣，而不是收益。产品众筹本身金额就小，个人投资几十元钱、几百元钱的居多，即使产品做得没有宣传的好，大家也不会因为几百元损失而感到无法接受。目前产品奖励型众筹大部分项目和成功筹资额来自京东、淘宝，小的奖励型众筹平台慢慢衰落。互联网巨头旗下的奖励型众筹平台，在用户优势、资源优势上面是小平台无法比拟的。

京东众筹主页如图4-3所示。

图4-3　京东众筹主页

在奖励型众筹中，科技类、农产品类、创意类产品更受欢迎。这些产品投资门槛低、金额小。例如，很多"黑科技"产品都很前卫，受众面广，农产品则好吃、健康、价格便宜。这些是投资人感兴趣的点。创意类产品针对性很强，如针对某个动画片、某个游戏的粉丝做一款产品。

众筹行业未来的发展，最重要的就是创新，必须有好的产品，才能激起投资人的兴趣，才有足够的吸引力。众筹平台要对项目认真审核，并对项目进度进行监控，确保项目方做出真正的产品。

例如，《都市时报》商城启动月饼众筹活动，并推出"猜价格送月饼"活动，邀请市民对众筹推出的两款月饼——宣威火腿月饼（硬壳火腿）和苦荞火腿月饼猜价。最终，有10位市民猜得八九不离十，每人获月饼一盒。

2．股权型众筹

股权众筹是指公司出让一定比例的股份，面向普通投资者；投资者通过出资，入股公司，获得未来收益。这种基于互联网渠道而进行融资的模式被称作股权众筹。还有一种解释是，"股权众筹是私募股权互联网化"。

从是否担保来看，股权众筹可分为两类——无担保的股权众筹和有担保的股权众筹。

股权众筹运营模式：

（1）凭证式众筹。凭证式众筹主要是指以卖凭证和股权捆绑的形式来募资，出资人付出资金，取得相关凭证。该凭证直接与企业或项目的股权挂钩，但投资者不会成为股东。

（2）会籍式众筹。会籍式众筹主要是指通过熟人介绍，出资人付出资金，直接成为被投资企业的股东。

（3）天使式众筹。与凭证式、会籍式众筹不同，天使式众筹更接近天使投资的模式，出资人寻找投资企业或项目，付出资金，直接或间接成为该公司的股东。同时，出资人往往有明确的财务回报要求。

3．捐赠型众筹

捐赠型众筹，就是在网上捐款，做慈善公益活动。

2016年9月1日，《中华人民共和国慈善法》正式实施，该法规定没有获得公开募捐资格的个人和组织不得在网上公开募捐。该法将互联网募捐信息平台的指定权授予民政部。

捐助型众筹已经得到政府主管部门的认可，在各个众筹类型中突出重围，同时率先走出监管空白的困境。

此外还有债权型众筹等。

相关链接

中国红十字会总会主办，中国红十字基金会、北京轻松筹网络科技有限公司承办的全国红十字系统首届众筹扶贫大赛初赛于2017年7月31日正式启动。共有来自25个省、直辖市、自治区的135个项目入围，涵盖了初级农产品、生鲜、杂粮干货、手工艺品等7个品类。22个省、市、自治区228个项目报名参赛，经过严格选品，137个项目进入初赛的线上筹款。9月18日，50个闯入半决赛的项目上线，两周总筹款277万余元。

三、互联网众筹的安全

在征信缺位对互联网金融行业产生负面影响的同时，众筹也面临着同样的问题。中小微企业和创业企业数量庞大，个人能力和道德素质参差不齐，信用和道德难以评估。同时，长久以来，我国社会是熟人社会，征信基础很弱，社会信用体系需要完善。信用体系过去以银行为主导，由于缺乏主观动力，也没有旺盛的市场需求，信用数据还难以覆盖数量庞大的中小微和创业企业。

因为征信的缺位，众筹平台和投资者选择什么样的项目开展众筹，就面临很大的困境。众筹行业此前并没有将征信视为众筹项目筛选、风控的核心环节，或者盲目上线项目，或者缺乏对企业和创业者科学的信用评估。没有征信支撑，投资者或平台即使进行了调查，效果也难以保证。

近年来，众筹行业出现一些乱象，如产品众筹刷单、卖假货，股权项目欺诈，项目方与平台联合与投资者争利，这是信用风险不断暴露的初步表现。一旦大量项目出现难以退出、难以执行回购条款、经营数据有问题等情况，众筹项目方和平台的信用问题就将大规模浮出水面，成为各投资、融资主体及平台等多方矛盾的焦点。这些信用问题产生的负面影响，会导致投资者对众筹的参与兴趣降低。

因此，伴随着众筹的高速发展，征信体系的建设显得尤为迫切。大众参与的众筹要得到可持续发展，就必须切实地保护好投资者的利益。众筹行业要建立良性的生态环境，就必须建设完善的征信体系。

相关链接

股权众筹风险的防范

投资者在参与股权众筹时应当采取以下措施，以减少风险。

（1）尽可能挑选信息披露相对完善的众筹平台。同时，应当就拟投资项目所处产业、市场、竞争对手、创始人等状况尽可能地从第三方处了解有关信息。在投入资金后，应随时跟踪与项目有关的信息。

（2）选择由专业机构担任领投方的众筹项目。投资者应在了解领投机构的过往业绩、行业口碑、擅长投资领域的情况下，选择适合的领投机构。

（3）尽可能选择有反悔期的众筹平台。反悔期是指在投资者做出投资决定后至实际完成出资前可以撤回投资的时间。反悔期的存在可减少冲动决策带来的不良后果。

（4）投资者应当合理评估自身的风险承受能力，根据自己的财务状况、风险承受能力、理财结构等，按照风险分散原则，设定单一项目的合理投资上限，从而尽可能避免股权投资的高风险。

（5）投资者在签署有关投资文件时，应当关注投资文件中有关投资者的权利和保障措施。

【课程思政】 因缺乏对贷款（筹资）知识的了解，部分大学生陷入高额利息和逾期还款的恶性循环状态。因此，大学生要树立理性的消费观和财富观，不要盲目超前消费、过度消费，珍惜个人信用，时刻保持风险意识，选择合法、安全的筹资渠道；在筹资前要明确资金的利息率，计息周期和其他相关筹资费用；在筹资后，要恪守借款合同，履约还款。

实践训练

1. 课堂讨论

（1）什么是奖励型众筹？
（2）参与股权众筹时应当采取哪些措施以减少风险？

2. 案例分析

扫描二维码 4-2，阅读《众筹点映：让好电影"遇"到对的观众》一文并分析。

讨论与分析：

选择一个银行的手机"云闪付"为例，分析"云闪付"有哪些优势？

众筹在其他行业有哪些应用？在创新、创业过程中，如何利用众筹筹集资金？

4-2

3. 课后拓展

扫描二维码 4-3，学习《村民"众筹"建空中别墅》的相关内容。

讨论与分析：

（1）本例属于什么类型的众筹？

（2）互联网众筹房产有什么优点和缺点？

4-3

知识小结

网络经济时代对金融服务的要求可以简单地概括为：在任何时间、任何地点、以任何方式提供全方位的金融服务。而互联网正具备这样的特点，所以网上银行、网上证券、网上保险便迅速发展起来了。

网上银行是依托信息技术、互联网的发展而兴起的一种银行服务手段。网上银行借助互联网遍布全球的优势及其不间断运行、信息传递快捷的优势，突破了传统银行的局限性，为用户提供全方位、全天候、便捷、实时的现代化服务。

网上银行的基础，就是借助计算机、互联网及其他电子通信设备提供各种金融服务的银行机构。网上银行以网站或手机 App 的形式，在互联网上开展业务。

网上证券交易，通常是指投资者利用互联网的网络资源，获取证券的即时报价，分析市场行情，并通过互联网委托下单，进行实时交易。

网上证券交易是近年来迅速发展起来的高度计算机网络化的业务，从买卖委托、交易撮合、行情显示到成交回报、清算交割，均实现了计算机自动化，使证券交易的周期大大缩短。

网上保险，是指保险公司或新型的网上保险中介机构以互联网和电子商务技术为工具，来支持保险经营管理活动的经济行为。网上保险也叫保险电子商务，与网上银行一样，作为一种传统的金融服务，其经营活动也仅仅涉及资金和信息的流动，而不会遇到物流配送问题。这正是保险、银行等金融服务业开展电子商务的先天优势。

互联网众筹，是指通过互联网发布筹款项目并募集资金。相对于传统的融资方式，互联网众筹更为开放。能否获得资金不是由项目的商业价值为唯一判定标准，只要是网友喜欢的项目，都可以通过众筹方式获得项目启动的资金。它为更多的小本经营者提供了广阔的发展空间。

练习测试

1. 名词解释

网上银行　手机微信支付　手机云闪付　网上保险　股票　债券　互联网众筹

2. 多项选择题

（1）网上银行的支付方式包括（　　　）。
　　A．网银支付　　　B．电子商务支付　　C．手机支付　　D．快捷支付
（2）手机微信支付的应用方式有（　　　）。
　　A．线下扫码支付　　　　　　　　B．万维网扫码支付
　　C．公众号支付　　　　　　　　　D．指纹支付
（3）互联网众筹运营的主要模式有（　　　）。
　　A．捐赠模式　　　B．奖励模式　　C．股权模式　　D．债权模式
（4）校园贷的五大危害有（　　　）。
　　A．低利息并不可信　　　　　　　B．越便捷，越易变"劫"
　　C．一旦逾期，催款"全方位"　　D．易滋生借款恶习
　　E．易诱发其他犯罪
（5）股票具有哪些性质（　　　）。
　　A．使用权性　　　B．流通性　　　C．风险性　　　D．投机性
　　E．所有权性　　　F．固定收益性
（6）网上证券交易与传统证券交易的一般程序包括（　　　）。
　　A．登记开户　　　B．下单委托　　C．报价与竞价　　D．清算与交割
　　E．过户　　　　　F．交费
（7）网上保险与传统保险相比具有（　　　）优势。
　　A．简单　　　　　B．高效　　　　C．低成本　　　　D．易于管理
　　E．安全　　　　　F．方便

3. 简答题

（1）什么是网上银行？
（2）手机微信支付的安全措施有哪些？
（3）什么是网上证券交易？
（4）网上证券交易的基本原则是什么？
（5）网上保险的种类有哪些？
（6）互联网众筹有哪些特点？

4. 论述题

试论述个人网上银行的主要业务内容。

模块五

电子商务系统的安全

学习目标

知识目标
- 了解安全问题的产生和网上支付的安全性
- 理解各种网络攻击的表现方式
- 掌握交易环境、交易对象和交易过程的安全性

能力目标
- 能辨别主要的网络安全攻击方式
- 掌握应对网络安全漏洞的方法
- 能对手机银行以及网上银行的使用过程进行安全防护

素质目标
- 养成网上支付过程的安全防护习惯
- 养成定期维护计算机及手机系统操作安全的习惯

第一单元　安全问题的产生

情景案例

"双十一"网购狂欢的后遗症

张丽艳打算在"双十一"进行大采购，帮家人买一台电视机，给自己买些生活用品和服饰。在准备抢购的时候，她在网上看到了以下新闻。

在退款诈骗中，骗子往往以消费者网购物品缺货、快递丢失为由，主动联系用户"退款"，并通过引导消费者点击钓鱼网站填写退款信息的方式，骗取用户账户信息、银行卡号和钱财。还有的不法分子通过建立虚假的购物网站，骗取受害者钱财。电商大促期间常见的诈骗方式总结如下。

1. 退款诈骗

如果在"双十一"抢购后，突然接到自称卖家的人打来电话，称你的网购交易存在异常或无法发货，需要给你退款或解除交易异常。不用怀疑，你极有可能正在遭遇一种常见的网络诈骗方式：退款诈骗。你一旦按照对方的指示，打开网页或进行某些操作，就很有可能面临资金账户被盗或网银资金被盗的风险。如果遇到交易异常或发货缓慢的情况，一定要拨打电商网站的官方客服电话进行咨询，切勿相信陌生人打来的电话或发来的短信，更不要轻易点开陌生人发来的网址链接。

2. 二手交易诈骗

在"双十一"之后的一个星期内，二手交易诈骗极有可能大幅增加。骗子会在各种同城网站或二手交易网站上发布消息，谎称自己抢购的便宜货不想要了，想加价、同价甚至低价转让。

骗子会诱骗消费者在虚假的二手交易网站上进行交易。待消费者付款后，骗子就会逃之夭夭。更有甚者，一些骗子会在买家索要交易订单、发票或实物的照片时，向买家发送带有木马、病毒的文件。用户一旦打开这些文件，网银或支付账户就有可能遭到盗刷。

3. 中奖诈骗

如果是平日里收到中奖短信，可能绝大多数人不会相信。但"双十一"之后，以"您在某某电商参与抢购抽中大奖"的名义发送的诈骗短信，就很有可能有人相信。"双十一"后的半个月至一个月的时间里，各类中奖诈骗短信可能呈现持续高发的态势，一定要注意甄别。

4. 虚假快递诈骗

"双十一"后，消费者会收到大量的包裹，骗子也会看准这个机会。骗子冒充快递员，而且能够准确说出消费者购物的信息，让消费者深信不疑。骗子用快递丢失、损坏等借口，谎称赔偿消费者客户，伺机骗取钱财。

任务思考

你在网络购物过程中，遭遇过类似的诈骗吗？你分析过原因吗？你的支付宝账户绑定几张银行卡或信用卡？若想预防类似诈骗事件发生，应该如何去做？

这些疑问，实际上就是和电子商务支付与安全相关的一系列问题。

任务分析

在日常的网络购物过程中，支付是必不可少的一个环节。在上述案例中，网络购物支付完成后，消费者很可能没那么高的警惕性。对于如何保管自己的信息，如何预防网上支付平台工作流程的漏洞等问题容易疏忽，因此提高自身安全意识和制定相应的安全策略成为当务之急。比如，在日常的电子商务交易中，用户应该加强自身信息保密安全意识，切实避免由于个人原因造成的交易支付信息安全威胁。第三方支付平台或网络银行机构，要加强金融系统的安全建设，防止被不法分子抓住信息传递过程中的漏洞。

相关知识

在电子商务交易中，诚信、物流和支付是重要因素。支付的作用随着电子市场规模的扩大而不断提升，重要性愈加明显。面对层出不穷的网络攻击，网上支付流程对安全性的要求分为4个方面。

一、网络中支付信息的保密性

支付信息的保密性是指在交易过程中，支付信息在传输或存储中不被他人窃取。网上支付系统必须保证信息在商户、消费者、银行、认证机构等几个对象之间存储、传递的过程中不会泄露，不被非法人员利用。

在网上支付过程中，用户的关键信息（如登录密码或交易密码、数字证书文件、验证码等）的保密性是账户安全与否的重点。在开放的网络环境中进行支付，不仅需要通过支付网关，还需要支付平台提供一系列措施保证交易信息的保密性，例如，安装安全控件、分页面显示登录信息等。而在登记用户信息时，应对用户信息中的密码、密码问题和答案采用加密存储的方式，以此保证交易信息的安全性。另外，用户自身也需提高警惕，避免在无意中泄露关键信息，给他人造成可乘之机。

相关链接

人脸识别安全？不安全？

2021年2月，凤凰网报道，全国信息安全标准化技术委员会等机构发布了《人脸识别应用公众调研报告（2020）》。该报告显示：有九成以上的受访者使用过人脸识别，其中"刷脸支付"最多；有六成受访者认为人脸识别技术有被滥用的趋势；还有三成受访者表示，因为人脸信息泄露、滥用而遭受到隐私或财产损失。

媒体公开报道，广东东莞某公厕内安装"人脸识别供纸机"，部分市民抱怨个人隐私泄露。相关机构后来终止使用该设备，但依旧不能消除用户对人脸信息泄露的担忧。

依托清华大学人工智能研究院设立的人工智能企业北京瑞莱智慧科技有限公司公布一项最新研究成果。该公司使用一台打印机、一张A4纸、一副框架眼镜，在15分钟内顺利破解国产手机的屏幕锁，19部安卓手机无一幸免，全部被破解，其原理是利用人工智能算法存在的"对抗样本"漏洞。

除了手机屏幕锁，微信、支付宝及银行类App也成为大众常用的应用软件。这些应用软件也会用到人脸识别，是否存在被"对抗算法"攻破的隐患？银行类App目前风险较高，眨眨眼、张张嘴等活体验证方式基本无效，相比之下，支付类App使用人脸识别技术更加谨慎。

思考：人脸识别的安全性应用。

二、网络中支付信息的完整性

信息的完整性是从信息存储和信息传输两方面来看的。信息在存储时，要防止被非法篡改和破坏；在传输过程中，接收方收到的信息与发送方发送的信息完全一致，说明在传输过程中信息没有遭到破坏。

在网上支付过程中，面对具备特定知识和工具的攻击者，数据信息很可能被篡改，因此必须预防对信息的随意生成和修改，同时要防止数据信息在传输过程中丢失和重复输入，并保证信息传送次序的统一。

三、交易信息的不可否认性

信息的不可否认性，是指信息发送方和接收方不能否认自己曾经发出或接收过信息。在传统的支付过程中，交易双方主要通过盖章和签名来预防否认行为。在网络环境中，交易发生时，主要依靠电子签名及收发信息的确认回复来预防否认行为。《中华人民共和国电子签名法》在2005年4月1日起施行，该法明确了电子签名的法律效力和有效范围，可以防止接收方更改原始记录，或者否认已收到的数据。

四、交易双方身份的真实性

交易双方身份的真实性是指交易双方的身份是真实存在的，不是假冒的。网络的虚拟性决定了交易双方面对面进行交易的可能性很低，双方距离远，互不认识。因此，在开放的互联网环境下，交易双方必须能够互相确认身份，才能保证交易的顺利进行。

网上支付系统，如网上银行系统或第三方支付系统，要考虑客户端用户是不是假冒用户，客户端用户也要识别使用的网上银行系统是自己要访问的真实平台，还是"钓鱼"网站，所以客户端用户和网上支付系统相互间的身份认证成为电子商务支付中很重要的一环。例如，中国农业银行网上银行对用户第几次登录信息的显示，就是帮助用户有效识别真假网站的有效措施。

【课程思政】 在网络交易过程中，除了要提高信息安全防范意识，还要明确电商平台防范信息泄露的具体义务内容，这样有助于解决实践中频发的信息泄露问题。《韩非子·说难》说："事以密成，语以泄败。"我们应该学习中华传统文化中的思想精华，用以解决网络交易过程中的安全问题。

实践训练

1. 课堂讨论

（1）电子商务支付系统有哪些安全问题？
（2）人脸识别技术对于交易信息的安全性有怎样的挑战？

2. 案例分析

网购手里没钱，"花呗"让"剁手党"愉快地败家；急需现金周转，"借呗"给你雪中送炭。在"花呗"和"借呗"给我们的生活带来便利的同时，一些不法分子以"花呗"套现、"借呗"提额为名，实施诈骗。那些想要套现、提额的人原本是想占点便宜，没想到正中骗子设下的圈套，不仅没有解一时之急，还要去偿还那些被骗走的钱。

张丽艳的同学想通过"花呗"套现周转，于是在QQ上添加了一个名叫"花呗套现"的好友，按照对方的要求在淘宝店铺里拍下了商品，用"花呗"支付后确认收货。可是，对方并没有按事先约定好的将钱返还给他。对方无法联系后，该同学才发现自己被骗了。

其实，"花呗"套现和淘宝刷单大同小异。套现者先在淘宝店内购买虚拟商品，利用"花呗"付款给卖家，卖家扣除一定"手续费"后，将剩下的金额打回买家的支付宝账户上。买家确认收货后，"花呗"的金额被转到卖家的支付宝账户中。

"花呗"套现最常见的骗术是，你拍下宝贝，确认收货，卖家却把你拉黑了，而且追回被骗钱款的可能性也不大，只能自认倒霉。

蚂蚁金服曾经提醒过用户，一旦被查实利用"花呗"套现，普通买家个人征信记录会被"抹黑"，轻则损失信用得分，重则影响未来买房、买车。

资料来源：融360原创

讨论与分析

针对这种现象，试着分析如何从个人和第三方平台等角度提升安全意识，避免发生不幸。

3. 实务训练

用两家网购App进行同种商品的购物体验，重点体会在支付过程中不同平台的安全支付保障条件如何。

实训说明

（1）教师可在课堂上模拟演示，也可在授课后集中完成实训。

（2）从个人的角度出发，谈谈网上支付的安全措施。

4. 课后拓展

（1）上网查找目前的网银被盗案例，分析网银被盗的原因，以及处理结果。

（2）试着说说你在网络应用体验中有哪些应用是有加密保证的。

第二单元　网络攻击

情景案例

张丽艳帮亲属研究网络贷款的问题，发现以下新闻。

2021年1月21日，白银市居民高先生接到一个陌生电话，对方询问其是否需要贷款。高先生同意后，对方让其添加客服人员微信，客服人员向其发送了二维码。高先生扫描二维码下载了"平安普惠"App，注册并申请贷款1万元。后来，高先生发现放款失败，客服人员称交纳998元成为会员便可顺利放款。高先生缴费后，对方又以收款银行卡卡号填写错误，需交纳保证金、解冻费等为由让其转账1万余元。对方继续诱导高先生向指定账户转账，做流水账时，高先生感觉被骗，遂报警。

注意：凡是在贷款发放前要求交纳保证金、解冻费、做流水账的都是诈骗，若需贷款，请到银行或正规信贷机构办理，切勿贪图方便在网上自行查找贷款平台。

2021年1月26日，酒泉市居民吴女士接到一个陌生电话，对方称其在平安消费金融上有一个校园贷账户需要注销，如果不注销会影响今后的征信及银行贷款业务办理，还要附加利息。吴女士在对方的指引下，添加了对方提供的企业微信，并下载安装平安金融App，在该App上申请额度并借款24640元。对方要求吴女士将这笔钱转至其提供的银行账户，转账后，对方又以吴女士在美图秀秀、拍拍贷等软件上都有账户、需要注销为由，继续诱导吴女士在这些软件上申请额度并转账。吴女士感觉被骗，遂报警。

注意：贷款平台不存在注销清零一说，任何贷款只要不违约、不逾期，都不会影响征信，请时刻提高警惕，切勿被不法分子的谣言蛊惑。

看完这些新闻后，张丽艳不禁思考：网络平台资金相关业务如何避免被攻击？

资料来源：《兰州晨报》（2021年2月）

任务思考

比起传统的金融机构，新兴的网络平台成立时间较短，业务飞速发展，且缺乏有效的监管，因此容易暴露问题。有些新兴网络平台的技术水平与传统银行机构的相比存在一定差距，易被黑客攻击。在监管不足的情况下，这些平台需要自身承担起责任，提高网站的安全性。随着移动支付的飞速发展，移动支付会成为网络攻击新目标吗？

任务分析

强调网络金融市场安全系统建立的重要意义及网络攻击的未来目标。面对层出不穷的黑客和病毒攻击的时候，要有的放矢，提高防范能力。因此，我们要提高警惕，及时了解目前的安全风险和安全威胁都是哪种类型，以及防范的方法。本单元涉及的内容主要是黑客对网上支付过程的常用攻击手段。

相关知识

一、计算机病毒

计算机病毒是计算机犯罪的一种衍化形式。在计算机程序中插入的破坏计算机功能或数据，影响计算机使用并且能够自我复制的一组计算机指令或程序代码被称为计算机病毒。

实践证明，计算机病毒已经成为威胁计算机网络信息系统安全的最重要的因素。计算机病毒，有的只是干扰屏幕，有的则封锁键盘或打印机，有的修改或破坏硬盘上的数据，有的破坏硬盘引导扇区和分区表，有的驻留内存、修改中断向量表或格式化硬盘，有的甚至大量占用硬盘空间，降低系统运行效率或使系统瘫痪。计算机病毒的泛滥和蔓延会危害或破坏信息系统资源，中断或干扰信息系统的正常运行，给社会造成的危害越来越大，因而对其不能掉以轻心。

计算机病毒的特点包括以下几点。

1．繁殖性

计算机病毒可以像生物病毒一样进行"繁殖"。当正常程序运行的时候，它也进行自身复制，因此是否具有繁殖、感染的特征是判断某段程序是否为计算机病毒的首要条件。

2．破坏性

计算机中毒后，可能导致正常的程序无法运行，计算机内的文件被删除或受到不同程度的损坏，通常表现为增、删、改、移。

3．传染性

计算机病毒本身具有破坏性，更有害的是具有传染性，一旦病毒被复制或产生变种，其传染速度之快令人难以预防。在生物界，病毒通过传染从一个生物体扩散到另一个生物体。在适当的条件下，病毒可以大量繁殖，并使被感染的生物体生病甚至死亡。同样，在计算机系统中，只要一台计算机染上病毒，若不及时处理，病毒会在计算机上迅速扩散。计算机病毒可通过各种可能的渠道，如软盘、硬盘、移动硬盘、计算机网络等去传染其他的计算机。当在一台机器上发现病毒时，往往曾在这台计算机上用过的移动硬盘或者 U 盘已经感染上了病毒，而与这台机器联网的其他计算机可能也被感染了。是否具有传染性，是判别一个程序是否为计算机病毒最重要的条件。

4．潜伏性

有些病毒像定时炸弹一样，什么时间发作是预先设计好的。例如，"黑色星期五病毒"不到预定时间难以被察觉，等到条件具备的时候就爆炸开来，对系统进行破坏。一个编制精巧的计算机病毒程序，进入系统之后一般不会马上发作，可以静静地躲在硬盘里待上几天甚至几年，一旦时机成熟，获得运行机会，就四处扩散，造成危害。计算机病毒往往有一种触发机制，不满足触发条件时，除了传染，不做什么破坏。计算机病毒的触发条件一旦得到满足，有的在屏幕上显示信息、图形或特殊标识，有的则执行破坏系统的操作，如格式化硬盘、删除硬盘文件、对数据文件加密、封锁键盘，使系统死锁等。

5．隐蔽性

计算机病毒具有很强的隐蔽性，有的可以通过杀毒软件检查出来，有的根本就查不出来，有的时隐时现、变化无常，这类病毒处理起来通常很困难。

6．可触发性

病毒因某个事件或数值的出现，实施感染或进行攻击的特性被称为可触发性。病毒的触发机制就是用来控制感染和破坏动作的频率的。病毒具有预定的触发条件，这些条件可能是时间、日期、文件类型或某些特定数据等。病毒运行时，检查触发机制预定条件是否满足，如果满足，启动感染或破坏动作；如果不满足，则继续潜伏。

扫描二维码 5-1，观看关于勒索病毒的相关内容。

著名病毒——勒索病毒

勒索病毒的攻击技术、商业化模式逐渐成熟，2021 年的勒索病毒呈现出新的攻击方向。

1. "双重勒索"模式流行

在谈论勒索软件时，我们需要在其过去和现在之间划清界限。因为如今的勒索软件不仅涉及加密数据，还涉及数据泄露。黑客首先会窃取受害者的机密数据，然后对受害者的文件加密。如果受害者拒绝支付赎金，黑客就会公开其数据。也就是说，如今的勒索软件已经不再单纯加密数据，还会在互联网上发布被盗数据，我们将其称为"勒索软件 2.0"。"双重勒索"使企业和机构不仅要面临破坏性的数据泄露，还有相关的法律、财务和声誉方面的影响，这给企业增加了满足黑客要求的压力。

2. 远程办公入侵成为常态

360 公司发布的《2020 年勒索病毒疫情分析报告》显示，从勒索病毒的投递方式来看，远程桌面入侵仍然是用户计算机被感染的主要方法。受新冠肺炎疫情大流行和全球数字化进程加快的驱动，远程办公的场景快速激增，因网络开放度的提升和接口的增多，勒索病毒有了新的攻击面。Datto 公司发布的《全球渠道勒索软件状况报告》显示，59% 的受访者表示，由于新型冠状病毒大流行而增加的远程工作，导致勒索软件攻击的增加。

3. 以新冠肺炎疫情为诱饵的攻击活跃

受新冠肺炎疫情影响，钓鱼软件攻击也变得活跃起来。例如，从 2020 年开始，出现使用新型冠状病毒相关内容主题作为钓鱼诱饵的攻击，使用的主题有："疫苗、口罩供应不足""健康调查报告""新型冠状病毒最新信息"等，攻击者总能找到最引人关注的话题，诱骗被攻击者打开钓鱼邮件。

4. 关键基础设施成攻击重要目标

大型政企机构的网络资产价值高，所以成了勒索病毒的头号"猎物"。为了"一网打尽"，勒索病毒往往会在攻陷一台机器后，持续渗透，攻陷更多机器后再大量植入文件加密模块，造成政企机构的业务系统大面积瘫痪。根据 Coveware 公司的报告，2020 年第一季度，企业平均支付赎金增加至 111605 美元，比 2019 年第四季度增长了 33%。

5. 定向式勒索软件被制造

勒索病毒凭借其成熟的攻击技术、商业化模式、广泛的变种，获得了犯罪分子的普遍青睐。亚信安全公司发现，APT 攻击者会从勒索病毒"释放者"手里购买初始网络访问权限，瞄准相关行业、企业，形成分工更精细的勒索病毒攻击。目前，黑客组织不断发展，甚至不少国外主流的勒索病毒运营团队，在国内寻找合作者，进行勒索病毒的分发传播，牟取暴利。

6. "云原生"下的数据安全成为重中之重

根据咨询机构相关数据，受疫情影响，近 70% 的企业组织计划增加"云"的投入，而微服务、容器化、DevOps、持续交付等特点，也让云原生重塑 IT 技术体系。阿里巴巴集团下属的研究机构达摩院认为，云原生可将网络、服务器、操作系统等基础架构层高度抽象化，降低计算成本、提升迭代效率，大幅降低云计算使用门槛，拓展技术应用边界。因此，基于云架构的层次化防勒索方案,将成为提高数据安全的重要手段。

7. 物联网成为勒索软件攻击新突破口

勒索病毒攻击的对象,已经不限于个人计算机、防护能力较弱的传统企业、政府、学校网站,万物互联时代的工厂、工业设备、智能摄像头、路由器等诸多设备也被当成攻击目标。黑客通常通过向互联网开放的物联网设备访问公司网络,每个连接互联网的设备都是黑客安装勒索软件并要求付款的潜在入口。

资料来源:科技云报道

二、口令破解

1. 什么是口令破解

口令破解又称口令入侵,是指黑客使用某些合法用户的账号和口令登录到目的主机,然后实施攻击活动。获取口令的途径有网络监听、口令猜测,暴力破解和利用系统管理员的失误等。

攻击者进行口令破解通常要具备如下条件。

(1)高性能计算机。

(2)大容量的在线字典或其他字符列表。

(3)已知的加密算法。

(4)可读的口令文件。

(5)口令以较高的概率包含在攻击字典之中。

一般说来,口令破解包含两个步骤:第一步,获取口令文件;第二步,用各种不同的加密算法对字典或其他字符表中的文字加密,并将结果与口令文件进行对比。口令破解流程如图5-1所示。

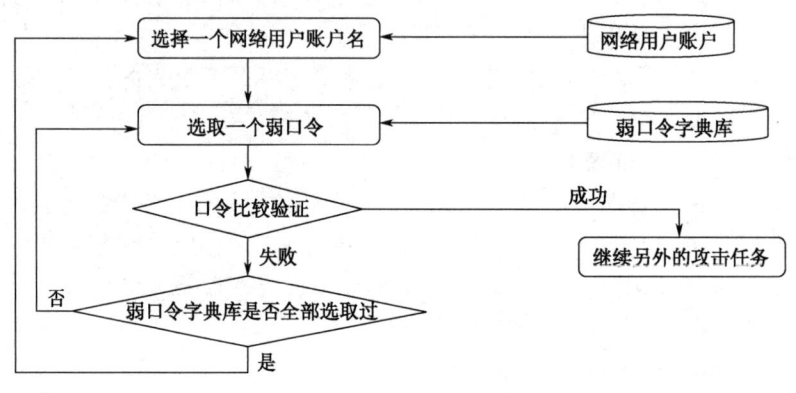

图 5-1　口令破解流程

2. 常见口令破解工具

(1) SMB 口令破解。NAT(NetBIOS Auditing Tool)是 SMB 口令破解工具。

(2) Telnet 口令破解。Brutus 是一个远程口令破解工具,支持 Windows 系列操作系统,支持以下几种类型的口令破解:HTTP、POP3、FTP、SMB、Telnet。

(3) 数据库口令破解。SQLdict 是一个远程破解数据库口令的工具,支持 Windows 系列操作系统。

(4) POP3 口令破解。E-mail Crack 是一个基于 POP3 协议的口令破解软件,它根据攻击者提供的用户名单和口令列表文件、字段逐个尝试猜测用户口令。

（5）FTP 口令破解。FTP-C 是一个专门破解 FTP 口令的工具，从界面到操作都十分简单。软件很小，才 200KB 左右，它以压缩方式发布，可以设置代理破解密码，因此可以隐匿攻击者的行踪。

（6）Windows NT 系统口令破解。LophtCrack 是针对 Windows NT 操作系统的口令破解软件，它能够破解 Windows NT 操作系统中的加密用户口令。LOphtCrack 采用的方式是口令字典、混合式破解和暴力破解。

（7）UNIX 系统口令破解。John the Ripper 是一个快捷的口令破解工具，主要针对 UNIX 下的弱口令，可运行的平台有 UNIX、DOS、Windows。

请扫描二维码 5-2，观看口令破解小视频。

三、拒绝服务攻击

拒绝服务攻击即攻击者想办法让目标机器停止提供服务，是黑客常用的攻击手段之一。其实对网络带宽进行的消耗性攻击只是拒绝服务攻击的一小部分，只要能够对目标造成麻烦，使某些服务被暂停甚至主机死机，都属于拒绝服务攻击。拒绝服务攻击问题一直得不到合理的解决，究其原因，这是由于网络协议本身的安全缺陷造成的，因此拒绝服务攻击也成为攻击者的终极手法。攻击者进行拒绝服务攻击，实际上让服务器具有两种效果：一是迫使服务器的缓冲区被塞满，不接受新的请求；二是使用 IP 欺骗，迫使服务器把合法用户的连接复位，影响合法用户的连接。

简单地讲，拒绝服务就是用超出被攻击目标处理能力的海量数据包消耗可用系统、带宽资源，致使网络服务瘫痪的一种攻击手段。在早期，拒绝服务攻击主要是针对处理能力比较弱的单机，如个人计算机或窄带宽连接的网站，对拥有高带宽连接、高性能设备的网站影响不大。

在 1999 年底，伴随着 DDoS 的出现，高端网站高枕无忧的局面不复存在。DDoS 即"分布式拒绝服务"攻击，是借助数百甚至数千台被植入攻击守护进程的主机同时发起的集团作战行为。因此，分布式拒绝服务也被称为"洪水攻击"。常见的 DDoS 攻击手法有 UDP Flood、SYN Flood、ICMP Flood、TCP Flood、Proxy Foold 等。DDoS 攻击原理如图 5-2 所示。

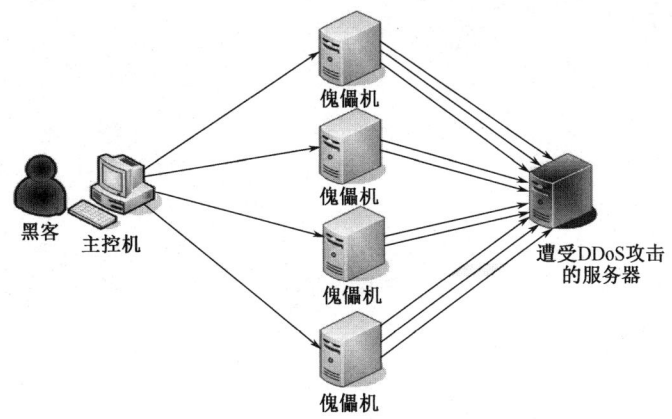

图 5-2　DDoS 攻击原理

2007 年 4 月 6 日，某银行总行的数据中心网络出现故障，北京分行各营业网点和网上交易业务被迫中断4小时。2010年2月3日，另一家银行的系统瘫痪4小时，影响涉及全国分支机构，ATM、网银均不能办理业务。网络的开放性让网络攻击可以随时随地进行，若采用DDoS攻击可以使一个网站不堪重负而瘫痪，网络攻击也可能找到访问服务器的漏洞，从而窃取客户的访问数据。

四、网络监听工具

网络监听工具是一种监视网络状态、数据流程及网络上信息传输的管理工具，它可以将网络界面设定成监听模式，并且可以截获网络上传输的信息。也就是说，当黑客登录网络主机并取得超级用户权限后，若要登录其他主机，使用网络监听工具便可以有效地截获网络上的数据。但是，网络监听工具只能应用于连接同一网段的主机，通常被用来获取用户密码。

在网络中，当信息进行传播的时候，可以利用工具将网络接口设置成监听模式，由此将网络中正在传播的信息截获或捕获，从而进行攻击。网络监听在网络的任何一种位置模式下都可进行，而黑客一般是利用网络监听来截取用户口令的。例如，有人占领了一台主机之后，再想将战果扩大到这台主机所在的整个局域网，监听往往是一条捷径。

在网络监听时，常常要保存大量的信息（也包含很多的垃圾信息），并对收集的信息进行大量的整理，这样就会使正在监听的机器对其他用户的请求响应变得很慢。同时，监听程序在运行的时候需要消耗大量的处理器时间，如果在这个时候就详细地分析数据包中的内容，许多数据包就来不及被接收而漏走。所以，监听程序很多时候将监听得到的数据包存放在文件中，等待以后分析。分析监听到的数据包是很头疼的事情，因为网络中的数据包非常复杂。两台主机之间连续发送和接收数据包，在监听到的结果中必然会加上一些别的主机交互的数据包。监听程序将同一 TCP 会话的数据包整理到一起就相当不容易了，如果希望将用户详细信息整理出来就需要根据协议对数据包进行大量的分析。

现在网络中使用的协议出现比较早，许多协议都是基于一种非常友好的、双方充分信任的基础上实现的。在通常的网络环境之下，用户的信息（包括口令）都是以明文的方式在网上传输的，因此进行网络监听，从而获得用户信息并不是一件很难的事情。一个人只要掌握初步的TCP/IP协议知识，就可以轻松监听到想要的信息。

【**课程思政**】 老师用讲故事的方式，介绍世界或中国著名的网络安全专家，让学生学习他们的专业精神和优秀品德。

实践训练

1. 课堂讨论

（1）你还知道哪些具有破坏力的计算机病毒？
（2）木马病毒对网上支付系统的攻击有哪些形式？
（3）网络监听的危害有哪些？

2. 案例分析

2022年1月27日，《2021年中国手机安全状况报告》（以下简称《报告》）发布，分析了打击电信网络诈骗的新趋势。

《报告》显示，2021年全年，360手机卫士累计拦截恶意程序攻击约82.4亿次，拦截钓鱼网站攻击约933.4亿次。手机用户仅依靠社会经验和常识已无法甄别骗局，数字技术在诈骗预警和"黑灰产"反制中发挥着越来越重要的作用。该报告由360手机卫士联合360政企安全和天枢智库共同发布。

花样翻新，诈骗短信盯上新冠疫苗

在疫情驱动下，生活场景搬到了手机里，数据成为重要的生产要素。数字经济在促进发展的同时，也带来了安全隐患。更多个人信息暴露在移动互联网中，"黑灰产"盗取手机用户隐私、实施诈骗的门槛降低了。

2021年，"打疫苗了？"成为中国人常用的问候语。《报告》显示，急迫的接种需求让"新冠疫苗预约"被骗子盯上，成为短信诈骗的新场景。有犯罪分子假借"疾控中心"名义，发短信诱导手机用户访问钓鱼网站，实施银行卡诈骗。"新冠疫苗"成为360反诈中心诈骗短信拦截的高频词。

360手机卫士与北京反诈中心合作，将反诈中心搬到大众软件里，对诈骗开展预警、拦截和处置。360手机卫士通过对海量案例数据分析发现，骗子也在"与时俱进"，新社会需求催生了新的诈骗话术场景。

除新冠疫苗预约外，《报告》披露的新型诈骗话术场景还包括"分享朋友圈领百元红包"、P2P"内策回款""虚拟货币"等。对此，《报告》特别提醒币圈玩家警惕"国际来电+下载钱包+视频会议+屏幕共享"的话术组合，你很可能正在落入诈骗圈套。

反诈新趋势，不靠经验靠技术

电信网络诈骗作为一种"非接触式"新型犯罪，具有犯罪手段智能化的特点。

《报告》显示，2021年电信网络诈骗呈现出四大技术趋势：诈骗App伪装界面，如博彩代理应用伪装成普通计算器；裸聊敲诈出现资产保护、程序免杀、手机远程控制等功能变种；利用"假钱包"等方式盗取用户虚拟货币；使用第三方聊天SDK搭建内嵌诈骗平台的通联应用，打造诈骗生态闭环。

360手机卫士安全专家告诉记者，依靠社会经验识别和应对骗术已经"不太管用"，需要对"黑灰产"进行技术反制。据了解，依托人工智能、云计算和全球最大安全数据库建立起来的360安全大脑，对涉诈电话、短信、网址、应用等样本进行识别和研判，能够有效打击涉诈产业链，保障手机用户的网络安全。

2021年，在公安部重拳出击下，"黑灰产"在国内的生存空间被严重压缩。数据显示，截至2021年11月，全国共破获电信网络诈骗犯罪案件37万余起，抓获违法犯罪嫌疑人54.9万余名。据360安全大脑拦截数据，2021年钓鱼网站攻击次数同比下降了7.3%。

《报告》显示，2021年开始，"黑灰产"人员在发送诈骗短信时会进行地址过滤，屏蔽北京、云南、内蒙古、重庆、新疆、江苏、山东等地用户。在电信诈骗治理比较好的地方，骗子也会绕道走。2021年，我国电信网络诈骗治理取得了阶段性成果。在警企联动下，数字技术对"黑灰产"形成了有效的反制。

手机安全是现代人的"安全感"的重要组成部分。未来，360手机卫士仍将持续依托360安全大脑，致力于打造行之有效的安全保障能力，并与众多合作伙伴一道，加强行业协作，共同推动渠道、平台、第三方技术服务者、设备厂商自觉履行社会责任，打造健康、安全、便捷的移动网络。

资料来源：百度百家号（2022年1月）

讨论与分析

从个人及企业的角度出发，如何制定移动端的使用安全策略？

3. 实务训练

（1）请同学们到网络上调研，目前主要的钓鱼网站诈骗方式有哪些危害？如何避免遭遇钓鱼网站？

（2）在目前众多的网上银行中，你使用的是哪一家？请登录该银行网站，并试着描述一下该银行提供的安全措施。

实训说明

（1）本部分要求学生课后完成。

（2）课堂讨论网上银行及第三方支付平台的安全措施。

4. 课后拓展

上网了解世界著名黑客的资料，了解网上攻击者的趣事。

第三单元　交易环境的安全性

情景案例

张丽艳同学和其他人一样，经常在网上玩游戏。有一天，她看到一则新闻：旗下拥有《恶灵古堡》《魔物猎人》等热门系列的日本游戏大厂 Capcom 宣布，服务器遭到黑客攻击并被勒索 11 亿日元，除超过 35 万条员工及股东个人资料泄露外，还有 1TB 大小的机密资料外流，其中包括该公司的游戏销售报告、财务情况、排定的发行计划，甚至尚未宣布的详细信息。自称 Ragnar Locker 的黑客集团日前发表犯案声明，Capcom 表明拒绝向黑客屈服并采取法律行动。

在学习了上个单元有关网络攻击的内容后，张丽艳感到自己的电子商务交易安全环境也可能受到了威胁。

任务思考

在电子商务的交易过程中，安全环境包括哪些内容？如何提高交易环境的安全性？

任务分析

网络交易的环境安全是关系到顾客、商家和银行三方利益的重要因素。如何建立和完善网上支付环境，如何提高顾客安全体验，是电子商务发展必须要考虑的问题。本单元主要从四个角度介绍建立网络安全环境的重要性和措施。

相关知识

一、客户机的安全性

客户机面临的安全威胁主要来自欺骗和盗用，病毒和木马威胁着网上银行和用户账户安全和支付过程的安全。最常见的是利用病毒和木马盗窃资料，如"网银大盗""网银窃贼"等木马病毒。2009年，央视"3·15"晚会曝光的黑客"顶狐"，通过自己制造的木马程序，盗取大量用户的网上银行信息，并出售给他人，导致部分网银客户资金受损。虽然网银或第三方支付机构提供了一些技术手段来增强客户支付的安全性，但其通常是防范已知的危险行为，不法入侵者并不需要破解这些防护手段，而是通过别的漏洞绕过防护。主要的威胁有以下两种情况。

1."钓鱼"的假名网站

若客户不能正确识别而登录了假冒网站进行交易，轻者丢失自己的网上银行或第三方支付账户资料，重者直接丢失款项。

2. 客户机被劫持

更为严重的情况是客户机被劫持，成了"肉鸡"，黑客利用木马程序获得账户密码，然后利用用户数字证书甚至USB Key来完成网上银行转账。如果该客户没有使用银行卡手机通知服务，则不能及时发现资金被盗。更糟糕的是，不法入侵者得到银行卡账号和密码，再制造假卡盗取客户银行资金。

二、通信信道的安全性

通信信道是数据传输的通路，在计算机网络中分为物理信道和逻辑信道。物理信道指用于传输数据信号的物理通路，它由传输介质与有关通信设备组成；逻辑信道指在物理信道的基础上，发送与接收数据信号的双方通过中间节点形成逻辑通路。

通信信道被侵入，后果不堪设想。建立安全的通信信道的安全体系大致有以下内容：机房环境安全，电磁防护，硬件防护，加强硬件防护措施，防止设备被盗、被毁，甚至采用专用的通信线路进行交互信息的传输，选用没有电磁泄漏的光缆传输，提高安全保密性能。

三、服务器的安全性

服务器是网络环境中为客户机提供各种服务的、特殊的计算机系统，在网络中具有非常重要的地位，它的安全性显得尤为重要。网络服务器上的漏洞主要有以下几方面。

（1）网络服务器因各种原因而不能返回客户要访问的秘密文件、目录或重要数据。

（2）远程用户向服务器发送信息时，特别是信用卡信息，遭不法分子中途非法拦截。

（3）网络服务器本身存在一些漏洞，使一些人能侵入主机系统，破坏一些重要的数据，甚至造成系统瘫痪。

（4）CGI（通用网关接口）安全方面的漏洞：有意或无意在主机系统中留下漏洞，给非法黑客创造条件。用CGI脚本编写的程序，当涉及远程用户从浏览器中输入表格（form）并进行检索，或form-mail之类在主机上直接操作命令时，会给网络主机系统造成危险。

四、网上银行和手机银行的安全性

根据上面的内容,请同学们分析一下,在电子商务支付流程中存在哪些安全风险?

网上直接支付是付款人直接通过计算机网络将银行(或证券公司等机构)账户的资金划转给收款人,从而实现转账的相应交易,付款和收款两个环节顺次完成(不考虑银行系统内部流转),资金直接在银行系统内完成转移。网上间接支付是付款人通过网络把资金先划至第三方支付公司,通过担保和代保管,在交易确认成功后再由第三方支付公司划给收款人,包括付款、代保管、收款三个环节。从网上支付流程中可以看出,整个支付系统的安全包括银行(或证券)系统安全、第三方支付机构系统安全、客户(收款人、付款人)安全和网络支持系统安全四方面。绝大多数支付行为都离不开银行系统的支持,因此,网上银行的安全性成为网上支付安全的核心。

网上银行的安全风险主要有经营风险、环境风险(如火灾、水灾)、设备风险等,技术安全风险有业务系统安全风险、数据安全风险、操作系统及网络安全风险、网络攻击风险、网站被假冒风险等。

那么,增强网上银行系统安全有哪些手段呢?综合来说,银行(证券)系统、第三方支付系统、网络支持系统的安全措施主要体现在技术方面,有两层防火墙技术(保证核心数据库不受攻击)、网络数据传输加密(保证口令、数据和控制信息的安全)、权限控制(内部权限控制和外部网络访问权限控制)、备份与灾难恢复、入侵检测等。通过以上措施,能够保证核心数据库安全,但灾害、拒绝服务攻击等有可能让服务器中断服务,与外部联系紧密的访问服务器也有较多风险。另外,要进行身份验证,因为牵涉到网络和前台客户端,容易产生漏洞,所以要一直不断完善。

对于手机银行而言,随着移动互联网技术的发展,传统银行"物理网点+电子银行"的业务模式正向着"柜台→鼠标→拇指"的新模式演变。手机银行作为一种结合货币电子化与移动通信的崭新服务,不仅可以使人们在任何时间、任何地点处理多种金融业务,而且极大地丰富了银行服务的内涵,使银行能以便利、高效而又较为安全的方式,为客户提供传统的和创新的服务。建议用户一定要在银行官方网站下载手机银行 App,并给手机安装杀毒软件,防止木马入侵,勿开通免密支付或其他便捷服务,以免带来不必要的损失。

相关链接

SDK(software development kit,软件开发工具包)指针对某种软件某一功能的开发工具集合。比如,数据分析 SDK 能够实现数据分析功能。SDK 可以帮助 App 开发者高效率、低成本地实现地图、支付、统计、社交、广告等功能。所以,大量 SDK 被嵌入 App,运行在智能手机、平板电脑等用户终端中。

但 SDK 也具备获取相当一部分设备信息和用户个人信息的能力。于是,部分第三方 SDK 就包含了过度获取用户隐私的能力。

2020 年,央视"3·15"晚会报道了 SDK 插件涉嫌违规收集用户个人信息的问题。部分 App 含有窃贼 SDK 插件,能截取用户的所有短信,包括网络交易验证码。

对于这则消息,与央视"3·15"晚会合作对相关 App 进行评测的上海市消费者权益保护委员会在 7 月 17 日详细介绍了相关评测情况和涉及的数十个 App。

有问题的 SDK 包括上海氪信信息技术有限公司提供的氪信 SDK、北京招彩旺旺信息技术有限公司提供的招财 SDK。嵌有上述 SDK 插件的相关应用包括天天回收、闪到、萝卜商城、紫金普惠等。SDK 违规收集用户个人信息遭曝光后,引起工业和信息化部等相关部门的高度重视。工业和信息化部发出通知表示,将严厉查处"3·15"晚会曝光的信息通信领域违规行为。

资料来源:腾讯新闻(2020 年 7 月)

实践训练

1. 课堂讨论

(1)你认为网络威胁离我们远吗?
(2)如何安全使用个人手机?
(3)你觉得应该如何提高组织或机构的系统安全性?

2. 案例分析

由于新冠肺炎疫情对消费市场的影响,移动支付交易规模增速下降明显,但随着疫情逐渐稳定,人们被压抑的消费欲望爆发,移动支付行业市场规模将得到进一步扩大。

从 2020 上半年中国移动支付用户使用支付平台时遭遇风险问题的调查数据来看,47.7%用户使用支付平台时遭遇系统漏洞导致的支付故障,36.9%用户遭遇钓鱼网站等非法网站,而个人信息被盗、交易欺诈,被劫持等也是用户遭遇的风险问题,占比分别为 35.4%和 26.2%。随着技术与市场的成熟,移动支付覆盖面将更加广泛,行业市场有望持续扩大,但行业安全问题仍然不可忽视,需要各支付平台加强监管措施,推动行业健康发展。

在进行网上支付时,用户必须提高网络安全防范意识,掌握必要的网络安全防范措施,这样才能防止自己的支付账号及密码被泄露,最大限度地减少不必要的损失。常见的网上支付安全防范措施有以下几点。

(1)防范并识别假冒网站。持卡人在使用网上银行业务时,一定要识别网站域名的真伪。持卡人要熟悉商业银行或支付平台的域名,在登录时认真核对,并在支付操作时细心。

(2)识别虚假短信(电话、邮件)。持卡人在收到任何与银行卡、支付相关的短信后,一定要确认发送者身份及短信内容的真实性。凡是收到涉及要持卡人提供账号或支付密码的短信、电话或邮件,持卡人一定要提高警惕,防止被骗。

(3)密码保护。密码不能设置得过于简单。所谓简单,就是指密码容易被别人猜出来,如自己或亲人的生日信息、电话号码,或者类似"123456"这样的简单数字组合。同时,要注意支付终端的安全性,不要在公共网吧、机房进行网上支付,个人计算机要安装反病毒、反木马软件。另外,在输入支付密码时,要防止他人偷窥、摄像等。

(4)安装网上银行的数字证书。由于人脑记忆的局限性,持卡人在设置支付密码时通常是字母、数字的简单组合,利用枚举法可以轻易破解。数字证书属于高安全强度的加密机制,不容易被破解。目前,所有商业银行的网上支付系统都提供数字证书服务。因此,持卡人在进行网上支付时最好安装并使用数字证书,从而大大降低网上支付的安全风险。

(5)防止支付数据被篡改。数字签名技术的使用可以保障数据的完整性。利用数字签名产生消息摘要,消息摘要能标明支付数据的特征值,即使支付数据有了细微的变化,也会产生内容迥异的消息摘要。因此，一旦支付数据被篡改，通过比对消息摘要，就可以轻易识别数据是否被人篡改。

（6）防止支付否认。数字签名技术还可以防止支付否认。在传统的线下支付活动中，银行和客户可以将支付回单作为交易凭证，双方互相不能否认产生的支付活动。互联网支付，数字签名记录能起到类似支付回单的作用。电子商务的特征是在线交易，保证网上支付安全是电子商务发展必须解决的重大问题。现有的网络安全技术基本上能满足电子商务在线支付安全的需要。随着技术的不断进步，网上支付会更加安全简便，从而为电子商务的普及和发展提供必要的保障。

资料来源：网易（2021年2月）

讨论与分析

根据上述案例，采取加强网上支付安全的措施有何意义？我们的网上支付环境有哪些安全隐患？

3．实务训练

（1）注册开通网上银行及手机银行账户。
（2）到银行网站查看支付的安全保障措施。
（3）到财付通和支付宝网站查看支付的安全保障措施，并和网上银行的安全保障措施进行对比。

实训说明

（1）本部分实训在课后进行。
（2）把手机银行 App 和计算机端网上银行网站的安全体系进行对比，记录成表格。

4．课后拓展

查询有关网络交易环境安全方面的新闻，看看最近的支付安全漏洞主要有哪些。

知识小结

本模块主要以各类案例为引导，介绍网络交易面临的安全问题，以及现在主要的网络攻击手段，重点介绍了交易环境、交易对象、交易过程中的安全问题，并说明了网上支付的安全措施。

网上支付要求保证网络中资金流数据的保密性、网络中支付信息的完整性、信息的不可否认性和交易双方身份的真实性，才能保障安全。

网络攻击层出不穷，主要有病毒、口令破解、拒绝服务攻击和网络监听。

计算机病毒是编制者在计算机程序中插入的破坏计算机功能或破坏数据，影响计算机使用并且能够自我复制的一组计算机指令或程序代码，具有繁殖性、破坏性、传染性、潜伏性、隐蔽性和可触发性等特点。

口令破解是指黑客使用某些合法用户的账号和口令登录到目的主机，再实施攻击活动。

拒绝服务就是用超出被攻击目标处理能力的海量数据包消耗可用系统、带宽资源，致使网络服务瘫痪的一种攻击手段。

网络监听是一种监视网络状态、数据流程及网络上信息传输的管理工具，它可以将网络界面设定成监听模式，并且可以截获网络上传输的信息。

交易对象和交易过程的安全及网上支付的安全，都要求参与各方认清风险的主要来源，有的放矢地进行防范。

练习测试

1. 名词解释

信息的保密性　信息的完整性　信息的不可否认性　口令入侵
拒绝服务攻击　网络监听

2. 选择题

(1) 银行的安全风险主要包括（　　）。
  A. 经营风险　　　　　　　　　　B. 环境风险（如火灾、水灾）
  C. 设备风险　　　　　　　　　　D. 技术风险
(2) 计算机病毒的特点包括（　　）。
  A. 繁殖性　　　　　　　　　　　B. 破坏性和传染性
  C. 潜伏性和隐蔽性　　　　　　　D. 可触发性
(3) 网络服务器上的漏洞主要有（　　）。
  A. 来自假冒交易网站的威胁　　　B. 防火墙的攻击
  C. 客户机成为"肉鸡"　　　　　　D. 用户操作不当
(4) 电子商务交易的参与者不包括以下的（　　）。
  A. 支付网关　　　B. 用户　　　C. 商家　　　D. 物流
(5) 常见的网络攻击有（　　）。
  A. 网络监听　　　B. 口令入侵　　　C. 木马病毒　　　D. 键盘记录器

3. 简答题

(1) 网络面临的安全问题有哪几类？
(2) 在电子商务交易系统中，支付网关的作用是什么？
(3) 电子商务交易的流程是怎样的？
(4) 现阶段的支付风险主要存在哪些方面？
(5) 如何减少手机银行 App 的使用风险？

4. 论述题

(1) 试分析网上交易在安全方面的优势与劣势。
(2) 请说明网上支付的安全性的未来发展趋势。

模块六

网上支付安全与加密技术

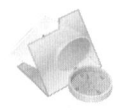 学习目标

知识目标
- 了解网络安全防范的概念、加密技术的内涵、PKI 的组成
- 了解防火墙的安全策略、信息加密和 PKI 的原理及应用
- 掌握移动端安全解决的常见方案、加密技术的实现过程

能力目标
- 独立完成信息加密原理和过程实现
- 能够协同设计网络安全方案

素质目标
- 养成在网络交易过程中注重信息安全的习惯
- 具有严谨的职业道德素养

第一单元　网络安全防范

情景案例

张丽艳同学所在的寿城职业技术学院开通了校园网，通过校园网可以选课、查询成绩和学习网上课程，校园网通过中国教育和科研计算机网与互联网互联，在享受互联网方便快捷的同时，也面临着遭遇攻击的风险。

电子商务更是在开放的互联网上进行的，其存在的安全隐患和漏洞更为严重。

面对日益猖獗的病毒和黑客攻击，无论是移动端还是 PC 端，一旦中招，将遭遇无法挽回的损失。为了网络安全，如何部署自己的安全防护网呢？

任务分析

电子商务支付系统的安全性是用户能否放心网购的重要因素。无论是 PC 端，还是移动端，消费者都需要一个值得信赖的网络安全环境。因此，如何构建安全网络就是非常重要的话题了。

构筑网络安全体系，要从两方面着手：一是采用一定的技术；二是不断改进管理方法。从技术角度看，目前常用的安全手段有内外网隔离技术、加密技术、身份认证、访问控制、安全路由等，这些技术对防止非法入侵系统起到了一定的防御作用。防火墙作为一种将内外网隔离的技术，普遍应用于校园网、电子商务网站等的安全建设中。从管理方法的角度看，组织的管理意识及管理策略决定网络安全体系的强度。

本单元主要描述网络安全规划的一般措施，如防火墙技术、病毒的防治与管理、物理安全控制，以及移动端的安全解决方案等内容。

一、网络安全规划

网络安全规划是在电子商务支付系统中为安全管理和保护敏感信息资源而采取的一系列措施的总和。因为网络安全与网络应用是相互制约和影响的，网络应用需要安全措施保护，但安全措施过于严格，就会影响应用的易用性。因此，在采取网络安全措施之前，必须经过严格的规划。另外，网络安全管理遍布网络的所有分支，包括设备安全、访问安全、服务器安全、客户端安全等。网络安全的具体措施有防火墙、对病毒的防治与管理、物理安全控制，以及对移动终端支付系统的安全隐患分析。

二、防火墙技术

1．防火墙的概念

防火墙是位于两个（或多个）网络间，实施网络间访问控制的一组组件的集合。防火墙是最重要的网络防护设备之一。

防火墙必须成为不同安全级别的网络或安全域之间的唯一通道，只有被防火墙策略明确授权的通信才可以通过，如图 6-1 所示。防火墙系统自身具有高安全性和高可靠性。

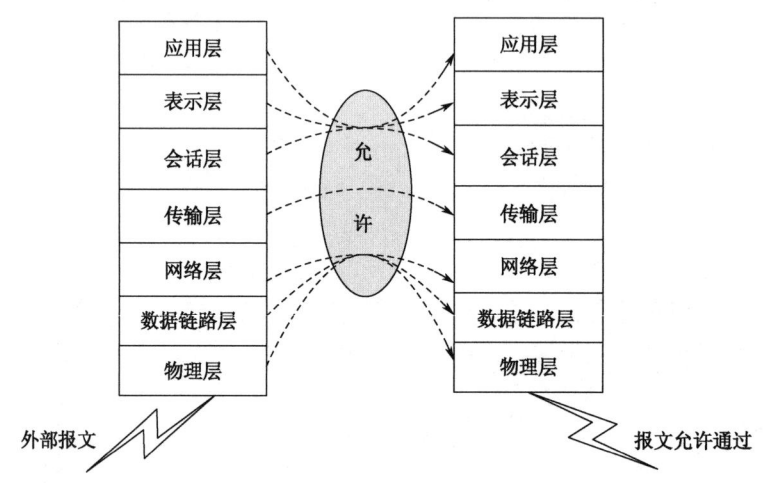

图 6-1　防火墙策略授权通信通过

2．防火墙的功能

通俗来讲，防火墙的功能就是防火墙能做什么，不能做什么。

防火墙能做什么？

（1）实现安全策略。安全策略对哪些人和哪些行为被允许做出规定。例如，一个常见的安全策略是允许任何人访问公司服务器上的万维网站点，但不允许远程登录到服务器上。防火墙可以使用两种基本的安全策略：用规则规定拒绝哪些访问，允许其余没规定的访问；用规则规定允许哪些访问，拒绝其余没规定的访问。为了得到较高的安全性，一般采用第二种策略。

（2）创建一个阻塞点。防火墙在一个公司私有网络和公共网络间建立一个检查点。这要求所有的流量都通过这个检查点。防火墙设备在该检查点可以监视、过滤和检查所有进来和出去的流量。网络安全行业称这些检查点为阻塞点。

（3）记录网络活动。防火墙还能够监视并记录网络活动，并且具有警报功能。根据防火墙记录的数据，管理员可以发现网络中的各种问题。例如，通过查看安全日志，管理员可以找到非法入侵的相关记录，从而采取相应的措施。

（4）限制网络暴露。防火墙在网络周围创建了一个保护的边界，并且对公网隐藏了内部系统的一些信息，以增加保密性。当远程节点侦测你的网络时，对方仅能看到防火墙。远程设备不会知道内部网络的布局，以及都有些什么。例如，防火墙的网络地址转换功能可以隐藏内部的 IP 地址；代理服务器防火墙可以隐藏内部主机的信息。

（5）VPN 网关。VPN 即虚拟专用网络（virtual private network），是指在公用网络上建立专用网络的技术。校内网就是利用 VPN 网关与互联网连接的。

防火墙不能做什么？

防火墙并不能为网络防范一切，也不应该把它作为对所有安全问题的最终解决方案。懂得防火墙能保护什么非常重要，懂得防火墙不能保护什么也同等重要。例如，不能控制不经过防火墙的通信活动，无法控制内网中的通信行为，不能进行深度内容检测，不能控制物流故障，等等。

请扫描二维码6-1，观看讲述防火墙及其作用的视频。

3．防火墙的种类

6-1

防火墙技术可根据防范的方式和侧重点的不同而分为很多类型，总体来讲可分为数据包过滤、应用级网关和代理服务器等类型。

（1）数据包过滤型防火墙。数据包过滤是在网络层对数据包进行选择，选择的依据是系统内设置的过滤逻辑，被称为访问控制表。通过检查数据流中每个数据包的源地址、目的地址、所用的端口号、协议状态等因素，或它们的组合来确定是否允许数据包通过。

数据包过滤型防火墙逻辑简单，价格便宜，易于安装和使用，网络性能和透明性好，通常安装在路由器上。路由器是内部网络与互联网连接的必不可少的设备，在原有网络上增加这样的防火墙几乎不需要任何额外的费用。

数据包过滤的优点是不用改动客户机和主机上的应用程序，因为它工作在网络层和传输层上，与应用层无关。但其弱点也是明显的：过滤并判别的只有网络层和传输层的有限信息，对各种安全要求不可能充分满足；在许多过滤器中，过滤规则的数目是有限制的，且随着规则数目的增加，性能会受到很大的影响；由于缺少上下文关联信息，不能有效地过滤 UDP、RPC 一类协议；另外，大多数过滤器中缺少审计和报警机制，且管理方式和用户界面较差；对安全管理人员要求高，建立安全规则时，必须对协议本身及其在不同应用程序中的作用有较深入的理解。因此，过滤器通常是和应用网关配合使用的，共同组成防火墙系统。

（2）应用级网关型防火墙。应用级网关在网络应用层上实现协议过滤和转发功能。它针对特定的网络应用服务协议，使用指定的数据过滤逻辑，并在过滤的同时，对数据包进行必要的分析、登记和统计，形成报告。实际中的应用级网关通常安装在专用工作站系统上。

数据包过滤型和应用级网关型防火墙有一个共同的特点，就是它们仅仅依靠特定的逻辑判定是否允许数据包通过。一旦满足逻辑，则防火墙内、外的计算机系统建立直接联系，防火墙外部的用户便可能了解防火墙内部的网络结构和运行状态，这有利于实施非法访问和攻击。

（3）代理服务器型防火墙。代理服务器也被称为链路级网关或 TCP 通道，也有人将它归于应用级网关一类。它是针对数据包过滤和应用级网关技术存在的缺点而引入的防火墙技术，其特点是将所有跨越防火墙的网络通信链路分为两段。防火墙内、外计算机系统间应用层的"链接"，由两个终止代理服务器上的"链接"来实现，外部计算机的网络链路只能到达代理服务器，从而起到了隔离防火墙内、外计算机系统的作用。

代理服务器也对过往的数据包进行分析、登记，形成报告，当发现被攻击迹象时会向网络管理员发出警报，并保留攻击痕迹。代理服务器型防火墙是内部网与外部网的隔离点，起着监视和隔绝应用层通信流的作用，同时常结合过滤器的功能。它工作在 OSI 模型（开放式系统互联通信参考模型）的最高层，掌握着应用系统中可用于安全决策的全部信息。

（4）复合型防火墙。出于对更高安全性的要求，人们常把基于数据包过滤的方法与基于应用代理的方法结合起来，形成复合型防火墙。这种结合通常是以下两种方案。

① 屏蔽主机防火墙体系结构：在该结构中，分组过滤路由器或防火墙与互联网相连，同时一个堡垒机安装在内部网络，通过在分组过滤路由器或防火墙上过滤规则的设置，使堡垒机成为互联网上其他节点所能到达的唯一节点，这确保了内部网络不受未授权外部用户的攻击。

② 屏蔽子网防火墙体系结构：将堡垒机放在一个子网内，形成非军事化区，两个分组过滤路由器放在这一子网的两端，使这一子网与互联网及内部网络分离。在屏蔽子网防火墙体系结构中，堡垒机和分组过滤路由器共同构成了整个防火墙的安全基础。

三、计算机病毒的防治与管理

预防计算机感染病毒，首先要明确病毒都有哪些种类，个人计算机会产生何种现象，而针对不同类型的病毒，治理的方法也不尽相同。

1. 计算机病毒发作现象

怎样知道计算机感染病毒呢？有以下几种现象：
（1）死机、黑屏、蓝屏或非法操作。
（2）应用软件不能运行。
（3）计算机速度明显下降。
（4）设备被禁用，数据不能保存。
（5）在局域网环境下，网络堵塞，服务器不能正常工作。

2. 计算机病毒的种类

大多数的病毒可以按照前缀名称不同，分为以下几种。

（1）系统病毒。系统病毒的前缀为 Win32、PE、Win95、W32、W95 等。这些病毒的一般特性是可以感染 Windows 操作系统的 *.exe 和 *.dll 文件，并通过这些文件进行传播，如 CIH 病毒。

（2）蠕虫病毒。蠕虫病毒的前缀是 Worm。这种病毒的特性是通过网络或者系统漏洞进行传播，大部分的蠕虫病毒有向外发送带毒邮件、阻塞网络的特性。例如，冲击波（阻塞网络）、小邮差（发带毒邮件）等。

（3）木马病毒、黑客病毒。木马病毒前缀是 Trojan，黑客病毒前缀名一般为 Hack。木马病毒的公有特性是通过网络或者系统漏洞进入用户的系统并隐藏，然后向外界泄露用户的信息，而黑客病毒则有一个可视界面，能对用户的计算机进行远程控制。木马、黑客病毒往往是成对出现的，即木马病毒负责侵入用户的计算机，而黑客病毒通过木马病毒进行控制，现在这两种类型的病毒越来越趋向于整合。一般的木马，如 QQ 消息尾巴木马（Trojan.QQ3344），还有针对网络游戏的木马病毒，如 Trojan.LMir.PSW.60，都是整合木马病毒。在这里补充一点，病毒名中有 PSW 或者 PWD 之类的，一般表示这个病毒有盗取密码的功能（这些字母一般都为"密码"的英文"password"的缩写）。

（4）脚本病毒。脚本病毒的前缀是 Script。脚本病毒的公有特性是使用脚本语言编写，通过网页进行传播，如红色代码（Script.Redlof）。脚本病毒还会有如下前缀：VBS、Js（表明是何种脚本编写的），如欢乐时光（VBS.Happytime）、十四日（Js.Fortnight.c.s）等。

（5）宏病毒。其实宏病毒也是脚本病毒的一种，由于它的特殊性，在这里单独算成一类。宏病毒的第一前缀是 Macro，第二前缀是 Word、Word97、Excel、Excel97 其中之一。凡是只感染 Word97 及其以前版本 Word 文档的病毒采用 Word97 作为第二前缀，格式是 Macro.Word97；凡是只感染 Word97 及其以后版本 Word 文档的病毒采用 Word 作为第二前缀，格式是 Macro.Word；凡是只感染 Excel97 及其以前版本 Excel 文档的病毒采用 Excel97 作为第二前缀，格式是 Macro.Excel97；凡是只感染 Excel97 及其以后版本 Excel 文档的病毒采用 Excel 作为第二前缀，格式是 Macro.Excel；以此类推。该类病毒的公有特性是能感染 Office 系列文档，然后通过 Office 通用模板进行传播，如著名的美丽莎病毒（Macro.Melissa）。

（6）后门病毒。后门病毒的前缀是 Backdoor。该类病毒的公有特性是通过网络传播，给系统开后门，给用户的计算机带来安全隐患，如 IRC 后门 Backdoor.IRCBot。

（7）病毒种植程序病毒。这类病毒的公有特性是运行时会从体内释放出一个或几个新的病毒到系统目录下，由释放出来的新病毒产生破坏作用，如冰河播种者（Dropper.BingHe2.2C）、MSN 射手（Dropper.Worm.Smibag）等。

（8）破坏性程序病毒。破坏性程序病毒的前缀是 Harm。这类病毒的特性是具有好看的图标来诱惑用户点击，当用户点击这类病毒时，病毒便会直接对用户的计算机产生破坏，如格式化 C 盘（Harm.formatC.f）、杀手命令（Harm.Command.Killer）等。

（9）玩笑病毒。玩笑病毒的前缀是 Joke，也称恶作剧病毒。这类病毒的特性是具有好看的图标来诱惑用户点击，当用户点击这类病毒时，病毒会做出各种破坏性操作来吓唬用户，其实病毒并没有对用户的计算机进行任何破坏，如女鬼病毒（Joke.Girlghost）。

（10）捆绑机病毒。捆绑机病毒的前缀是 Binder。这类病毒的特性是病毒作者会使用特定的捆绑程序将病毒与一些应用程序（如 QQ、IE）捆绑起来，从表面上看是一个正常的文件，当用户运行这些捆绑病毒时，会在表面上运行这些应用程序，然后隐藏运行捆绑在一起的病毒，从而给用户造成危害，如捆绑 QQ（Binder.QQPass.QQBin）、系统杀手（Binder.killsys）等。

3．计算机病毒的防治方法

要使计算机少中毒，必须遵循以下两个原则：一是安装一款好的防毒软件，如 360 杀毒软件，操作简单方便，对系统的病毒防护和修复功能都很好；二是养成良好的使用习惯，下载软件到官方网页，或者到自己熟悉的网站下载，不要浏览不良网站，不要随意打开陌生人的邮件、网址链接等。

（1）防病毒软件。国内市场上主要有 360、瑞星、金山毒霸和 KV 杀毒软件。国外的防病毒软件有诺顿（Norton）、卡巴斯基（Kaspersky）和迈克菲（McAfee）等。国外的杀毒软件，杀毒功能更强，界面简洁。国内的杀毒软件虽然在内核上无法与国外杀毒软件相媲美，但在对付国产病毒、占用资源等方面远远优于国外的杀毒软件。例如，卡巴斯基是国际上著名的老牌杀毒软件，杀毒功能强大，但它占用的系统资源相对多一些，所以硬件配置不高的计算机用户并不适合使用卡巴斯基，使用占用资源很小的金山毒霸，效果反而更好。

（2）查漏补缺。病毒能够轻松地进入用户的计算机，很大程度上是因为用户的计算机上没有任何的安全防御措施，并且该更新的补丁没有及时更新。因为病毒的作者必须等待系统补丁发布以后才能对系统漏洞进行反编译，所以病毒一般在补丁发布以后的一段时间才会出现。这个时候及时为系统打上补丁，成为关键中的关键，因为在病毒肆虐之前为系统打上补丁，可以从根本上消除蠕虫病毒带来的安全隐患。

（3）Windows Update 自动更新。Windows 例行检查可以保护计算机免受最新病毒和其他安全威胁攻击的更新。

（4）防止下载病毒。海量的互联网资源，特别是一些网络游戏的外挂中小网站里的工具和一些号称"免费"的网络资源，经常隐藏有令人意料不到的东西。避免下载病毒要养成良好的下载习惯，尽量不去一些小网站下载，对下载的任何文件和程序都不要直接打开，而是先使用杀毒软件查毒。

 相关链接

首例非法侵入手机 App 获取位置信息刑事案件

如果不是南京警方抓到了犯罪嫌疑人，陈庆（化名）可能到现在也不清楚"自己是如何被找到的"。2018年1月20日，在南京做生意的陈庆在一家饭店吃夜宵时，被几名讨债人团团围住，于是报警。民警到现场之后了解到，陈庆平时喜欢用一款知名手机聊天工具，讨债人就去网上购买了一款针对该聊天工具的定位软件，实时定位了陈庆的聊天账户位置。

果然，民警在讨债人的手机里发现名叫"App 神探"的定位软件，它能对多款主流聊天工具的用户实时定位。该案件引起南京警方网络安全部门的重视，立刻对其开发者、销售者、使用者等展开侦查。随后，警方将开发"App 神探"定位软件的吴强（化名），以及用该软件非法定位的其他9人抓获。

据悉，这是国内被破获的首例非法侵入手机 App，获取用户位置信息，为调查公司、讨债公司乃至涉黑团伙提供人员追踪、技术定位的侵犯公民个人信息的刑事案件。

资料来源：中国青年网（2019年2月）

四、物理安全控制

物理安全面临的风险主要有几方面：因为水灾、火灾、地震等环境因素造成的系统安全风险；设备被盗、毁坏等造成的数据丢失风险；报警、治安等措施不力造成的安全风险。

相应的安全防范策略的主要目的是保护计算机系统、服务器、打印机等硬件实体和通信链路免受自然灾害、人为破坏和搭线攻击，确保计算机系统有一个良好的电磁兼容工作环境，防止非法进入计算机控制室和各种偷窃、破坏活动的发生。因此，建立完备的安全管理制度、具有良好的设备组合是物理安全要求的必要手段和措施。

那么，相应的安全防范策略有哪些呢？

1．机房环境安全

为了使电子商务系统能正常运作，必须提供良好的工作场所，保证计算机机房的制度安全、建筑安全、设备防火和防盗措施等。

2．对硬件的保护

计算机硬件系统是电子商务系统的组成部分之一。硬件防护非常重要，它一般是指在计算机硬件上采取相应措施或通过增加硬件设备来防护。例如，防静电、进行电磁屏蔽、存储器保护和输入、输出通道控制等。

五、移动端安全解决方案

虽然我国移动支付产业属于新兴产业，但发展非常迅速。2019 年，我国第三方移动支付市场总体的交易规模达到了 2048672 亿元人民币，同比增长 20%。从支付额度来看，目前我国的手机支付大多是一些数额较小的支付交易，这类交易的安全级别要求较低，所以发展非常迅速；从业务的推广来看，主要还是依托通信运营商的客户群；目前的支付业务多数以短信验证的方式接入，安全性较低。此外，业务的推出呈现地区割据状态，地区差异较大。采用 NFC 芯片的支付解决方案在各大手机品牌中陆续显现，具有 NFC 功能的手机纷纷上市。在 NFC 支付的便捷性和安全性得到提高的同时，消费者的支付习惯或许会改变。面对如此丰富的移动应用场景，我们更要提高安全意识，防范安全风险。

1. 安全隐患大揭秘

（1）无线通信网络隐患。无线网络由于技术的限制存在安全漏洞。开放的无线接口使移动设备互联变得更加方便，在这样的环境中，任何适当的移动终端设备都能接入网络，甚至可以侦听、窃取无线信道中传输的消息。

（2）信用制度隐患。由于经济和社会发展等原因，我国信用建设的社会基础比发达国家薄弱。而信用体系的不完善会直接影响和限制移动支付的发展，一些信用不良的企业和个人利用移动支付的漏洞进行非法活动，使消费者面临很大的风险。

（3）法律体系隐患。我国目前只有《电子签名法》涉及电子金融行业。随着电子商务模式的发展，一个成熟的保护体系变得越来越重要。从立法主体上看，目前电子商务支付领域的大多数法律文件是由中国人民银行和银保监会等机构制定的，属于部门行政规章及规范性文件，法律效力有限。

（4）移动支付信息传递的复杂性带来安全隐患。支付过程融合了通信、金融、互联网等技术，当支付指令由消费者发起后，支付机构经信息检验来执行支付操作，然后商家对支付结果进行确认，最后反馈交易信息，完成交易。在这一过程中，支付信息需要在不同机构的多个环节进行传递。目前，虽然各参与方在一定程度上已经建立起协作关系，但不同主体采用的技术方案、业务模式、安全控制手段差别很大，消费者对移动支付整个流程的安全防护水平仍缺乏信心。

（5）移动终端的安全隐患。移动终端的不安全因素主要表现为移动设备被攻击和数据破坏，SIM 卡被复制，RFID 被解密，以及用户身份、账户信息和认证密钥丢失等情况。现有的移动支付方式，主要采用银行卡和手机号码绑定来完成，由于移动终端技术的限制，被发送的信息缺少安全保护，普遍缺乏对加密、解密算法的支持，信息的完整性和安全性难以得到保证。因此，信息丢失、密码被攻破、病毒入侵等问题都可能出现，给消费者造成重大损失。

2. 解决安全隐患的建议

（1）建立健全移动支付法律规范。借鉴国外的移动电子商务相关法律规范，完善现有关于移动支付方面的法律规范，以适应移动支付发展的需要。移动支付涉及的参与主体很多，包括政府部门、商业银行、消费者、商家、电信运营商等，相互之间的业务关系比较复杂。首先，应明确相关企业、部门和个人的职责与义务，防止法律管辖和责任界定不明确的问题。其次，加强对相关从业人员、企业及机构的管理，规范经营行为，维护正常商业秩序。另外，对于移动电子商务领域中的虚假交易、网上诈骗等非法经营活动,需严厉打击。

(2)营造完善的信用制度。政府和信用服务部门应注重提高人们的诚信观念和意识,建立成熟的信用评价服务体系,加快信用数据库建设,建立合理的信用评价机制,使信用信息更透明、远程交易更放心、监管指标更明确,营造良好的信用环境。

(3)网络消费注意防范。由于网络环境复杂,各种诈骗信息充斥其中,消费者应具有一定的防范意识和辨别能力,千万不能贪图便宜或者贸然进入没有任何安全认证的网站,要始终保持警惕,坚信天下没有免费的午餐。另外,在交易过程中,消费者要对涉及交易的信息加强保护,如交易密码、支付验证码,防止被他人窃取,并尽量选择具有公信力的支付平台进行操作。政府和相关机构也要有针对性地开展消费者安全教育,加强风险提示,如提醒消费者购买符合安全标准的手机终端产品、安装杀毒软件并及时杀毒等,以保护移动支付使用者合法支付权益不受侵害。NFC 手机的支付功能有一个问题需要注意:NFC 是一种近距离感应技术,NFC 支付设备由 NFC 芯片和读取设备组成。中国银联推出的闪付卡就是 NFC 芯片卡,只要在相应读取设备上近距离感应一下就可以完成支付,不需要物理接触。这种支付方式最大的问题就是不需要支付密码,也就没办法确定支付者是否是合法用户。因此,手机现在一般借助指纹识别、短信识别等来辅助实现安全支付过程。

(4)移动支付产业链参与方多,应建成联盟,支付环节中的银行、电信公司及第三方支付公司等主体在统一的安全架构下设计安全支付流程,提升支付终端设备、加密认证、应用程序等软硬件方面的兼容性,完善应对移动支付安全事件的协同处理机制。

【课程思政】 即将从事电子商务专业工作的大学生,要具有良好的职业道德。职业道德的一个重要内容就是忠于职守,就是要忠于电子商务这个工作岗位,自觉履行电子商务人员的各项职责,要有强烈的事业心和责任感,坚持原则,反对不良思想和作风。既不能从事黑客等违法行为,也要提高自身的安全防范意识。

实践训练

1. 课堂讨论

(1)网络安全规划有何意义?
(2)计算机病毒有哪些种类?
(3)常用的移动端安全防范策略有哪些?

2. 案例分析

利用身份证洗黑钱?猎网平台提醒用户注意保护个人信息

猎网平台是全国首个警民联动的网络诈骗信息举报平台,它接到了陕西省西安市乔女士的举报,称自己被冒充警务人员的诈骗分子骗取了 10 万元。对此,猎网平台提醒广大用户,不要相信通过电话办案的"公职人员"。

环环相扣,从平台客服到公职人员均为骗子

乔女士接到了一个陌生电话,电话中的人称自己是"北京邮 e 贷"的工作人员,对乔女士在该平台贷款 2 万元一事进行核实。乔女士当即否认,对方将电话转接给了公安局的"谢警官"接听。"谢警官"表示,在 QQ 上沟通更加方便。于是,两人便互加了 QQ 好友。为打消戒心,

"谢警官"将警官证以图片的形式发送给乔女士。

乔女士称,"谢警官"在与自己 QQ 语音通话时称,有人利用乔女士的身份证洗黑钱。为洗清嫌疑,乔女士需要先上交给国家 10 万元。一旦查清此事与乔女士无关,钱将自动返还。同时,"谢警官"还称,此事为国家机密,一旦泄露,乔女上就有生命危险。在紧张情绪的左右下,乔女士立即将 10 万元转给对方。在这之后,乔女士试图联系对方,却发现自己已经被拉黑了。这时,她才意识到被骗了,于是立即到猎网平台举报。

猎网平台提醒用户,公职人员不会通过电话办案

根据乔女士的经历,360 安全专家从诈骗原理上对此类案件进行了分析。不法分子冒充贷款平台的客服人员,谎称受害人的信息泄露,之后将电话转接给"公安局",自己继续冒充"公法人员",并以受害者涉嫌洗黑钱为由,要求其向指定账户转钱。等钱财到手后,不法分子便立刻在 QQ 上拉黑受害者。

资料来源:猎网平台

讨论与分析

网络安全威胁不仅是厂商和机构的问题,同时也是个人安全防范意识的问题,请到网络上搜索相关的信息,对自身的网络安全采取一个相应的策略。

3. 实务训练

访问网上银行网站和 App,分析网上银行面临的种种风险,并说明解决策略和理由。

实训说明

(1)对于本实训,教师可在课堂上演示,也可在授课后集中完成。
(2)比较一下各银行网站的安全体系级别,说说各自的优点和缺点。

4. 课后拓展

(1)上网查找电子商务安全技术方面的信息,并思考这些技术的作用分别是什么。
(2)你的计算机或者手机遭遇过病毒攻击吗?你是如何解决此类问题的?

第二单元 加密技术

情景案例

9 月 28 日,记者从杭州电子科技大学(简称"杭电")了解到,该校计算机学院教授李黎成功研发多媒体数字水印技术,为诸多品牌企业"加密关键信息",达到保护品牌目的,引起业界广泛关注。

"比如抗打印扫描数字图像水印技术。我们用水印软件在数字图像中嵌入水印信息,嵌入水印后的图像在质量上丝毫不受影响。检测时,将印刷品中的图像扫描,我们的识别软件可以从扫描件中读出水印信息,从而辨别真伪。"李黎告诉记者。

说起来简单,但把数字信息加到数字图像上,同时满足"不影响数字图像质量"和"隐形"两大条件,做起来并不容易。其中涉及基于信息隐藏、图像数据处理的核心算法,有空域矩阵嵌入算法，也有频域变换信息加载算法等；既要求算法具有透明性、安全性、鲁棒性，还要求水印信号可以盲识别，易提取等，尤其是很好地解决了硬拷贝水印的定位问题，使得手机水印检测具有便利性和可操作性。

李黎团队研发的隐形水印技术，在鲁棒性上处于国内领先水平。"比如，在视频水印技术上，我们能做到抗压缩、抗帧添加和删除操作、抗翻拍、抗屏幕录制。也就是说，视频经过处理后，用我们的专用App还是能读取隐藏的信息，达到保护知识产权的目的。所谓鲁棒性强，就是稳定性很高，但同时不影响数字图像本身的质量。"李黎说。

据了解，李黎团队的技术可以广泛应用于信息安全、区块链数据保真、数字化版权保护、印刷包装防伪、品牌保护、防伪追溯及物流管理等领域，不仅用于纸质包装，还可以用于不同媒介，不影响工艺。比如，在高档瓷砖中，为了保护品牌，瓷砖实体可自我溯源很重要。但是，如果在瓷砖侧面打上二维码，一来会影响美观甚至损害产品质量，二来二维码容易因外形损伤无法识别。而李黎教授的数字水印技术"隐形而不影响美观"，在外界干扰下依然可以用App扫描识别，达到溯源的目的。

多媒体数字水印技术，从起源到现在仅20多年时间。目前，国内有几家公司推出几款初级应用产品，技术水平还相对落后，同时面临鲁棒性不足、定位难度大等市场困境。李黎博士研发的数字水印技术，已经在中央档案馆、岭南出版社，以及烟酒日化、防伪包装、防伪溯源等领域展开市场化推广和应用。

资料来源：中国新闻网（2020年9月）

任务思考

防止计算机系统遭到黑客攻击的数据、信息的加密技术的原理是什么？如何保证信息的安全？光靠技术可行吗？

任务分析

数据加密的基本过程就是对原来是明文的文件或数据按某种算法进行处理，使其成为不可读的一段代码，通常称为"密文"，在输入相应的密钥之后才能显示出本来内容，以此达到保护数据不被非法窃取的目的。该过程的逆过程为解密，即将编码信息转化为原始数据的过程。

在互联网上传输文件、电子邮件商务往来等业务过程中存在许多不安全因素，尤其是一些机密文件在网络上传输时，除加密外别无选择。而且，这种不安全性是互联网联网协议TCP/IP协议固有的，包括一些基于TCP/IP的服务。目前解决上述难题的方案就是加密，加密后的口令是不可读的，加密后的文件没有收件人的私有密钥无法解开，文件成为一大堆无任何实际意义的乱码。加密在网络上的作用就是防止有用或私有化信息在网络上被拦截和窃取，达到保护关键信息的目的。这里需要强调，文件加密不只用于电子邮件或网络上的文件传输，也用于静态的文件保护，如PIP软件就可以对硬盘中的文件或文件夹进行加密，以防他人窃取其中的信息。其与传输安全加密协议一起保护存储中的数据信息。

相关知识

由于非法入侵者的侵入，造成商务信息被篡改、盗窃或丢失；商业机密在传输过程中被第三方获悉，甚至被恶意窃取、篡改和破坏；虚假身份的交易对象及虚假订单、合同；贸易对象的否认；因计算机系统故障对交易过程和商业信息安全造成的破坏。解决信息安全问题，必须依靠信息安全技术。

一、信息加密原理

1. 加密和解密

加密是指将数据进行编码，使它成为一种不可理解的形式，这种不可理解的内容被称为密文。解密是加密的逆过程，即将密文还原成原来的可理解的形式。在加密和解密的过程中，两个元素缺一不可，这就是算法和密钥。简单地说，算法就是一步步地加密或一步步地解密的过程，在这个过程中需要一串数字，这个数字就是密钥，如图6-2所示。

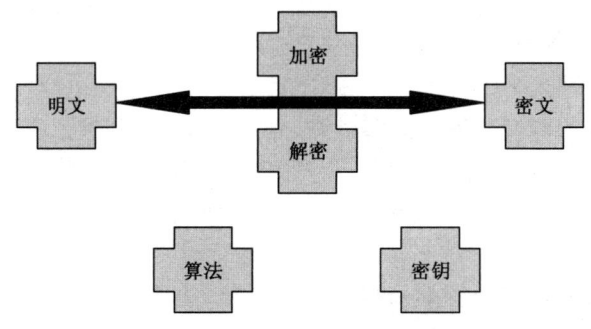

图6-2　加密和解密

2. 密码系统的工作过程

发送方用加密密钥K和加密算法对明文M加密，得到密文M'，然后传输密文M'。

接收方收到密文M'，用解密密钥K（与加密密钥形成配对关系）对密文解密，得到原来的明文M。对于不知道密钥K的第三者，是无法破译密文的。密码系统使用的密码机制，按密钥的形式可以分为两类：私有密钥密码技术和公开密钥密码技术。

【课程思政】　习近平总书记在十八届中央纪委第五次全体会议上的讲话提到"亡羊补牢，犹未为晚"。广大企业和网络消费者，在网络安全上，也要做到常抓常查，查漏补缺，保护个人及组织的信息安全。

相关链接

古希腊人的加密方法

早在4000多年前，古希腊人就用一种名叫"天书"的器械来加密消息。该器械是将一条窄长的草纸缠绕在一个直径确定的圆筒上，将明文逐行横写在纸带上。当取下纸带时，字母的次序就被打乱了，信息得以隐蔽。接收方阅读消息时，要将纸带重新绕在直径与原来的圆筒相

同的圆筒上，才能看到正确的信息。在这里，圆筒就是加密器，起到了密钥的作用。

二、私有密钥密码技术

私有密钥密码技术也称为对称加密技术，在这种机制中，发送方和接收方使用的密钥是相同的，即 $K_1=K_2$。

1. 私有密钥密码的规则

（1）在首次通信前，双方必须通过另外的安全途径传递统一的密钥。

（2）当通信对象增多时，需要相应数量的密钥。

（3）对称加密是建立在共同保守秘密的基础之上的，在管理和分发密钥的过程中，任何一方泄密都会造成密钥的失效，存在潜在的危险和管理难度。

2. 私有密钥密码的代表算法

目前得到广泛应用的私有密钥密码算法的典型代表是 DES（data encryption standard，数据加密标准）算法。DES 算法是由"转置"方式和"换字"方式合成的私有密钥密码算法，其步骤如下所述。

（1）将明文分组，每个分组输入 64 位码的明文。

（2）初始置换，初始置换过程与密钥无关，仅仅对 64 位码进行移位操作。

（3）迭代过程，共 16 轮运算，这是一个与密钥有关的对分组加密的运算。

（4）逆初始置换，它是第二步的逆变换，这个变换也不需要密钥。

（5）输出 64 位码的密文。

DES 算法由美国商业部国家标准局制定，被称为"数据加密标准"，在 1977 年 1 月 15 日正式公布。

三、公开密钥密码技术

公开密钥密码技术也称为非对称加密技术，在这种机制中，加密密钥和解密密钥是不同的，即 $K_1 \neq K_2$，被称为公开密钥和私有密钥，私有密钥是发送者持有的，必须保密，而公开密钥是对外公开的，接收方可以下载并使用。

1. 公开密钥密码的规则

（1）非对称加密技术采用 RSA 算法，加密和解密使用两把密钥，一把称为公开密钥，另一把称为私有密钥。公开密钥对外公开，私有密钥由用户自己保管。

（2）解决密钥系统中的密钥管理问题；可以与任何对象秘密通信；可以确认发送方的身份，具有"数字签名"的功能。

2. 公开密钥密码的代表算法

公开密钥密码最早的代表算法是 1978 年出现的 RSA 算法，通常被称为 RSA 公开密钥加密算法。该加密算法是在 1977 年由 Ron Rivest、Adi Shamir 和 Leonard Adleman（在美国麻省理工学院）开发的，RSA 取名来自三位开发者的名字。

RSA 是目前最有影响力的公开密钥加密算法，它能够抵抗目前已知的所有密码攻击手段，已被国际标准化组织（ISO）推荐为公开密钥数据加密标准。RSA 算法基于一个十分简单的数论事实：将两个大素数相乘十分容易，但对其乘积进行因式分解极其困难，因此可以将乘积公开作为加密密钥。目前，SET 协议要求数字证书采用 2048 位的密钥，其他实体使用 1024 位的密钥。

在公开密钥密码机制中，加密密钥（公开密钥）是公开信息，而解密密钥（秘密密钥）是需要保密的。加密算法和解密算法也都是公开的。虽然解密密钥是由公开密钥决定的，但不能根据公开密钥计算出来。

【课程思政】 电子商务人员要有广博的知识，做一个"通才"和"杂家"。大学生要提升自我，勤奋学习，掌握加密技术，维护信息安全。

实践训练

1. 课堂讨论

（1）数据加密技术的分类是怎样的？
（2）私有密钥密码技术的加密规则是什么？
（3）公开密钥密码技术的加密规则是什么？

2. 案例分析

PGP 软件加密实践

PGP（Pretty Good Privacy）是一种供大众使用的加密软件，是一个基于 RSA 公开密钥加密体系的邮件加密软件。PGP 可以对用户的邮件保密，以防止非授权者阅读，还能对用户的邮件加上数字签名，从而使收信人可以确信邮件是由发送者本人发来的。PGP 可以让用户安全地和从未见过的人通信，而事先并不需要任何保密的渠道用来传递密钥。PGP 采取审慎的密钥管理措施，将 RSA 和传统加密算法杂合，还有良好的人机工程设计。PGP 的源代码是免费的。

讨论与分析

网络的各种应用给我们带来了极大的便利，但同时也使我们的信息暴露在黑客攻击之下，如何加强这方面的保密工作？组织或机构应如何作为，让消费者放心？

3. 实务训练

（1）下载并安装 PGP 软件。
（2）使用 PGP 生成密钥对，完成加密文件及发送、接收加密邮件的操作。

实训说明

（1）本部分要求学生课后完成。
（2）课堂讨论加密技术的优点和缺点。

4. 课后拓展

除 PGP 加密软件外，你还知道哪些加密软件比较适合个人或组织用来加密文件和电子邮件？

第三单元　公开密钥基础设施

情景案例

张丽艳同学想将一份文件通过互联网发给远在国外的亲戚，此文件对双方极其重要，不能有丝毫差错，不能让其他人得知其内容。通过上面的学习，张丽艳同学想用加密的方法发送电子邮件。为了提高通信的安全性，她可利用 PKI 来完成安全发送电子邮件的过程。

任务思考

PKI 是什么？PKI 有什么优势？

任务分析

自 1976 年第一个正式的公开密钥加密算法诞生后，20 世纪 80 年代初期出现了非对称密钥密码机制，即 PKI（公开密钥基础设施）。

PKI 技术采用证书管理公开密钥，通过第三方的可信任机构——认证机构，把用户的公开密钥和用户的其他标识信息（如名称、电子邮箱、身份证号等）捆绑在一起，在互联网上验证用户的身份。通用的办法是将 PKI 与数字证书结合，证书中含有公开密钥和私有密钥信息。PKI 的用户都拥有一对公开密钥和私有密钥，用私有密钥签发信息或者解密接收到的信息，而其他用户利用对应公开密钥发送或接收信息。把数字信息加密，可以保证信息传输的保密性、完整性，而签名可以保证身份的真实性和不可否认性。

本单元涉及的任务主要包括 PKI 的组成、PKI 的原理和功能。

相关知识

一、PKI 的组成

PKI 是一种遵循既定标准的密钥管理平台，它能够为所有网络应用提供加密和数字签名等密码服务及必需的密钥和证书管理体系。简单来说，PKI 就是利用公开密钥理论和技术建立的提供安全服务的基础设施。PKI 技术是信息安全技术的核心，也是电子商务的关键和基础技术。

PKI 是提供公开密钥加密和数字签名服务的系统或平台，目的是管理密钥和证书。一个机构采用 PKI 框架管理密钥和证书，可以建立一个安全的网络环境。PKI 主要包括五部分：X.509 格式的证书（X.509 V3）、证书吊销列表（X.509 V2）、认证机构操作协议、认证机构管理协议、认证机构政策制定。一个完整、有效的 PKI 应用系统至少有以下 5 个部分。

1. 认证机构

认证机构是 PKI 的核心，认证机构负责管理 PKI 结构下的所有用户（包括各种应用程序）

的证书，把用户的公开密钥和其他信息捆绑在一起，在网上验证用户的身份。认证机构还要负责用户证书的黑名单登记和黑名单发布。

2．X.500 目录服务器

X.500 目录服务器用于发布用户证书和黑名单信息。用户可通过标准的 LDAP 协议（轻量目录访问协议）查询自己或其他人的证书并下载黑名单信息。

3．安全套接字层

万维网服务器安全套接字层（SSL）协议最初由 Netscape 公司发布，现已成为网络用来鉴别网站和网页浏览者身份，以及在浏览器使用者及网页服务器之间进行加密通信的全球化标准。

4．万维网（安全通信平台）

万维网有客户机和服务器两部分，采用具有高强度密码算法的 SSL 协议保证数据的机密性、完整性，并进行身份验证。

5．自开发安全应用系统

自开发安全应用系统是指各行业自行开发的各种应用系统，如银行、证券的应用系统等。完整的 PKI 包括认证政策的制定（包括遵循的技术标准、各认证机构之间的上下级或同级关系、安全策略、安全程度、服务对象、管理原则和框架等），认证规则、运作制度的制定，涉及各方法律关系的内容，以及技术的实现，等等。

二、PKI 的原理和功能

1．PKI 的原理

PKI，即公开密钥基础设施，是基于公开密钥密码技术的。普通的对称密钥技术，加密运算与解密运算使用同样的密钥。通常来说，这些技术使用的加密算法简便高效，密钥简短，破译却极其困难。但是，由于系统的保密性主要取决于密钥的安全性，所以，在公开的计算机网络上安全地传送和保管密钥是一个严峻的问题。正是由于对称密钥技术中双方都使用相同的密钥，因此无法实现数据签名和不可否认性等功能。与此不同的是非对称密钥技术，使用两个密钥，一个是公开密钥，另一个是私有密钥。用公开密钥加密的文件只能用私有密钥解密，用私有密钥加密的文件只能用公开密钥解密。公开密钥，顾名思义是公开的，所有人都可以得到；私有密钥是私有的，不应被其他人得到，具有唯一性。这样就可以满足电子商务中的一些安全要求。例如，要证明某个文件是特定人的，特定人就可以用他的私有密钥对文件加密，别人如果能用他的公开密钥解密此文件，说明文件就是这个人的，这就可以说是一种认证的实现。如果只想让某个人看到一个文件，就可以用此人的公开密钥加密文件，然后将文件传给他。这时，只有他自己可以用私有密钥解密，这可以说是保密性的实现。基于这种原理，还可以实现完整性，这就是 PKI 的核心内涵。

在现实生活中，如果我们想给某个人在网上传送机密文件，该文件只想让那个人看到，我们可以用对称密钥将文件加密。在我们把加密后的文件传送给对方后，必须让对方知道解密用的密钥。这样就出现了一个新的问题，就是如何安全地传送密钥。因此，传输对称密钥并不可靠。若改用非对称密钥技术加密，问题就解决了。然而，这样又有一个新的问题产生，就是如何才能确定这个公开密钥就是这个人的。我们可能得到一个虚假的公开密钥。例如，我们要传给 A 一个文件，开始查找 A 的公开密钥，但 B 从中捣乱，用自己的公开密钥替换了 A 的公开密钥，导致我们使用 B 的公开密钥加密文件，结果 A 无法打开文件，而 B 可以打开，这样 B 实现了对保密信息的窃取。因此，就算是采用非对称密钥技术，仍旧无法保证保密性的实现。那么，我们如何才能确定得到自己想要的公开密钥呢？这时，需要一个仲裁机构，或者说是一个权威机构，它能准确无误地为我们提供公开密钥，这就是认证机构。

这实际上也是应用公开密钥技术的关键，即如何确认某个人真正拥有公开密钥（及对应的私有密钥）。在 PKI 中，为了确保用户的身份及其持有的密钥能够正确匹配，公开密钥系统需要一个值得信赖而且独立的第三方机构充当认证机构，来确定公开密钥拥有人的真正身份。就像公安局发放的身份证一样，认证机构发放一个名为"数字证书"的身份证明。这个身份证书包含用户身份的部分信息及用户持有的公开密钥。像公安局对身份证盖章一样，认证机构利用本身的私有密钥为数字证书加上数字签名。任何想发放自己公开密钥的用户，可以去认证机构申请自己的证书。认证机构在鉴定该人的真实身份后，颁发包含用户公开密钥的数字证书。其他用户只要能验证证书是真实的，并且信任颁发证书的认证机构，就可以确认用户的公开密钥。认证机构是 PKI 的核心，有了得到信任的认证机构，用户才能放心地使用公开密钥技术带来的安全服务。

2. PKI 的功能

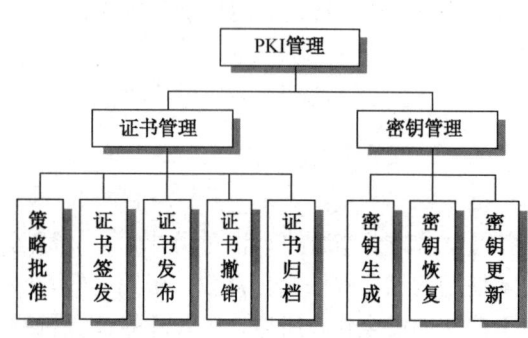

图 6-3　PKI 管理功能模块

一个完整的 PKI 产品应具备的功能如图 6-3 所示。具体功能包括：根据 X.509 标准发放证书，证书与认证机构产生密钥对，密钥备份及恢复，证书、密钥对自动更换，加密密钥和签名密钥分隔，管理密钥和证书，支持数字签名的不可否认性，对密钥历史的管理，为用户提供 PKI 服务，例如，用户安全登录、增加和删除用户、恢复密钥、检验证书等。其他功能包括交叉认证、支持 LDAP 协议、支持用于认证的智能卡等。此外，PKI 的特性融入各种应用（如防火墙、浏览器、电子邮件、群件、网络操作系统）也正在成为趋势。

作为一种安全技术，PKI 已经深入网络的各个层面。这从一个侧面反映了 PKI 强大的生命力和无与伦比的技术优势。PKI 的灵魂来源于公开密钥密码技术，使网络上的数字签名有了理论上的安全保障。而数字证书技术成为 PKI 的核心元素。关于数字认证技术，将在模块七中讲解。

实践训练

1. 课堂讨论

（1）PKI 的组成有哪些部分？

（2）PKI 的原理是什么？

（3）PKI 的功能是什么？有哪些优势？

2. 案例分析

国内 PKI 建设现状

从 1998 年开始，政府对 PKI 产业的发展高度重视。2001 年，PKI 技术被列为"十五""863 计划"信息安全主题重大项目。同年 10 月，国家"863 计划"信息安全基础设施研究中心成立。我国也在制订新的计划来支持 PKI 产业的发展，政府提出在国家电子政务工程中构建 PKI 体系。2004 年 8 月 28 日，第十届全国人民代表大会常务委员会第十一次会议表决通过了《中华人民共和国电子签名法》，规定电子签名与手写签名或盖章具有同等的法律效力。这部法律的诞生极大地推动了我国的 PKI 建设。

自从 1998 年上海数字证书认证中心（简称"上海 CA"）成立以来，PKI 技术在我国的商业银行、政府采购及网上购物中得到了广泛应用。目前，国内的认证机构分为区域型、行业型、商业型和企业型四类；各省市建立了区域认证机构，部分部委建立了行业认证机构。其中全国性的行业认证机构有中国金融认证中心（CFCA）、中国电信认证中心（CTCA）等。区域型认证机构有上海数字证书认证中心、广东电子商务认证中心等。但是，我国的 PKI 建设还处于起步阶段，存在不少亟待解决的问题，主要有以下几方面。

（1）缺乏统一指导，管理问题突出，至今尚未建立权威的管理部门。分散的认证机构规模小，利用率低。建设认证机构的社会责任和经济责任被低估。

（2）亟待研究并建立具有我国自主知识产权的基础技术和标准体系。在尚未确立国家标准的情况下，各方在建立认证机构的过程中对技术标准和管理规范的理解有较大的差距，并且各家认证机构基本处于互相分割的状态，尚未形成完整的国家 PKI 体系。

（3）缺乏有力的法律支持。

我国正在拟订全面发展国内 PKI 建设的规则，其中包括国家电子政务 PKI 体系和国家公共 PKI 体系的建设。我国将组建一个国家 PKI 协调管理委员会来统管国内的 PKI 建设，负责制定国家 PKI 管理政策、国家 PKI 体系发展规划，监督、指导国家电子政务 PKI 体系和国家公共 PKI 体系的建设、运行和应用。

讨论与分析

PKI 在电子政务方面的应用前景如何？我国 PKI 应用在发展过程中面临什么问题？

3. 实务训练

（1）上网搜索关于 PKI 的应用。
（2）探讨 PKI 发展的主要瓶颈。

实训说明

本部分要求学生在课后完成。

4. 课后拓展

上网搜索关于 PKI 的应用，尤其是在个人和企业方面的应用，了解 PKI 对于电子商务的重要意义。

知识小结

本模块主要讲述了网络安全防范及常用技术，尤其对移动端的安全漏洞做了介绍，以及应对这些安全问题的安全技术、加密技术、PKI等。在这些安全技术的作用下，网络交易中的安全风险相应地降低了很多，商家得到了信任，客户得到了保障。

本模块对制定网络安全策略进行阐述，分析病毒、外部攻击、黑客等安全威胁，进而寻求解决办法。

信息加密技术是基础技术，是其他安全信息技术的基础，本模块介绍了信息加密技术的实现过程、应用过程，对相应的加密算法进行了分析。

PKI是一种新的安全技术，它由公开密钥密码技术、数字证书、证书认证机构和关于公开密钥的安全策略等基本成分组成。PKI建立在公开密钥机制的基础上，提供密钥管理和数字签名平台。为了保证其有效性，PKI引入了第三方信任和证书的概念，第三方为通信双方提供信任担保。

练习测试

1. 名词解释

防火墙　病毒　移动支付　NFC手机　信息加密　私有密钥密码技术
公开密钥密码技术　PKI

2. 选择题

（1）防火墙能做什么？（　　）
　　A．实现安全策略　　　　　　　　B．防病毒与特洛伊木马
　　C．创建一个阻塞点　　　　　　　D．记录网络活动
　　E．限制网络暴露

（2）下列属于私有密钥密码机制算法的是（　　）。
　　A．DES加密算法　　　　　　　　B．RSA密码算法
　　C．ElGamal密码机制　　　　　　D．椭圆曲线密码机制

（3）既能用于数据加密，又能用于数字签名的加密算法是（　　）。
　　A．DES加密　　B．IDEA加密　　C．RC-5加密　　D．RSA加密

（4）计算机病毒最重要的特征是（　　）。
　　A．隐蔽性　　　B．传染性　　　C．潜伏性　　　D．破坏性

3. 简答题

（1）计算机病毒有哪些种类？

（2）常用的物理安全防范策略有哪些？
（3）移动端的安全隐患有哪些？
（4）NFC 手机的移动支付安全威胁和解决策略是什么的？
（5）简述如何发送一份加密文件。

4．论述题

（1）试论述如何防御网络黑客对网上支付过程的攻击。
（2）信息加密技术可在哪些方面发挥作用？
（3）简述 PKI 的原理。

模块七

数字认证技术

 学习目标

知识目标
- 了解数字签名的作用
- 掌握数字签名的原理和实现方法
- 应用数字证书完成信息加密和电子邮件安全传输

能力目标
- 能够独立下载、安装和使用数字证书
- 能够识别和应用网络中的身份认证方式

素质目标
- 形成关注网络安全动态和技术的意识和习惯
- 养成严谨的职业道德素养

第一单元 数字签名

情景案例

张丽艳同学发现，SHA-1 签名算法的安全性正在逐年降低，极有可能被破解。国际标准化组织要求全球数字证书认证机构在 2015 年 12 月 31 日之后，停止签发 SHA-1 签名算法的各种证书。微软 Windows 7 及其以上版本的操作系统从 2016 年 1 月 1 日起，不再信任采用 SHA-1 算法签名的软件代码，以此敦促软件开发者尽快向 SHA-2 算法迁移。但是，Windows XP、Windows Vista 等老版本操作系统并不支持 SHA-2 算法的代码签名验证。这给软件开发者出了一个难题：使用 SHA-1 算法意味着要放弃 Windows 7 及以上新版本用户群；使用 SHA-2 算法又意味着要放弃 Windows XP 等老版本用户群；如果分两个版本发布软件，运营推广成本将成倍增长。这对使用者和软件开发者而言都是一个需要思考的难题。

任务思考

在网络数据传输过程中，什么是数字签名技术？数字签名技术的原理是什么？

任务分析

在金融和商业系统中，许多业务要求在单据上进行签名或加盖印章，证实经办人的真实性，以备日后检查。可是，在利用计算机网络来传送报文时，显然不能用传统手签的方法。在计算机系统中，可以采用数字签名的方法，利用公开密钥来实现数字签名，从而代替传统签名。

为使数字签名能代替传统签名，必须满足下面三个条件。
（1）接收者能够核实发送者对报文的签名。
（2）发送者事后不能否认对报文的签名。
（3）接收者无法伪造对报文的签名。

相关知识

一、数字签名技术

1. 数字指纹

在介绍数字签名技术之前，必须先解释一下数字指纹技术。数字指纹又称为数字摘要，该编码法采用单向哈希算法 SHA（secure hash algorithm），将需要加密的明文"摘要"成一串 128 位的密文。它有固定的长度，将不同的明文摘要成密文，结果会不同，而同样的明文的摘要必定一致，使不可修改性得到保证。这样，这串摘要便可成为验证明文真假的武器了。

2. 数字签名的用途和原理

数字签名技术的作用与书面文件签名有相同之处，能确认以下两点：其一，信息是由签名者发送的；其二，信息从签发到被收到未有任何修改。这样，数字签名就可以用来防止电子信息被伪造、冒用他人名义发送信息，或发出信息后又否认等情况的发生。

数字签名的原理如图 7-1 所示。

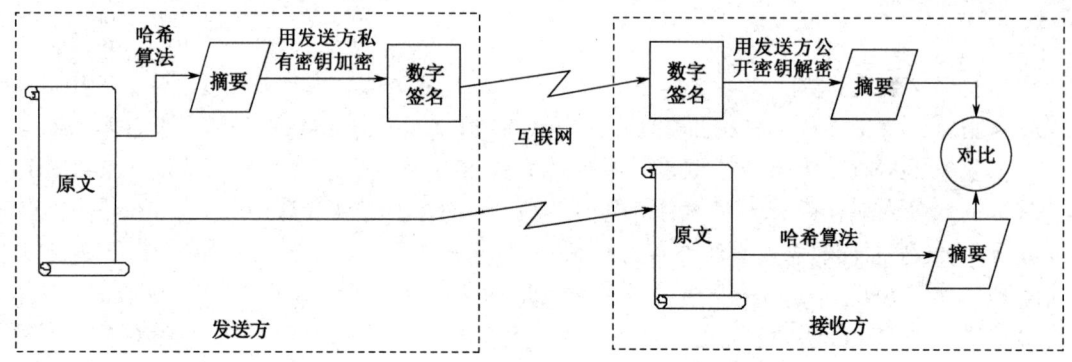

图 7-1　数字签名的原理

3. 数字签名过程

（1）发送方用哈希算法加密，产生 128 位的数字摘要。
（2）发送方用自己的私有密钥将摘要加密，形成数字签名。
（3）将原文和加密的摘要同时传输给接收方。
（4）接收方用发送方的公开密钥将摘要解密，同时将收到的信息用哈希算法加密，又产生一个摘要。
（5）将解密的摘要与收到的信息重新加密后产生的摘要相互对比，若两者一致，则说明传输过程中信息没有被破坏或篡改。

另外，数字签名也可以用公开密钥密码技术实现。

相关链接

数字签名算法

数字签名算法很多，应用最为广泛的三种是哈希（Hash）算法、DES（数据加密标准）算法、RSA 算法。这三种算法可以单独使用，也可以综合在一起使用。数字签名是利用密码算法对数据进行加密、解密变换实现的。常用的哈希算法有 MD2、MD5、SHA-1；用 DES 算法、RSA 算法都可实现数字签名。但或多或少有些缺陷，或者没有成熟的标准。

哈希算法是最主要的数字签名方法，也称为数字摘要法、数字指纹法。该数字签名方法是将数字签名与要发送的信息紧密联系在一起，更适合电子商务活动。将一个商务合同的个体内容与签名结合在一起，相比将合同和签名分开传递，提高了可信度和安全性。下面介绍相关的函数与算法。

单向函数是公开密钥密码技术的核心。其本身并不是一个协议，但对大多数协议来说是一

个基本结构模块。

单向函数的概念是，函数值计算起来相对容易，但求逆非常困难。也就是说，已知 x，我们很容易计算 $f(x)$。但已知 $f(x)$，却难以计算出 x。在这里，"难"定义成：即使世界上所有的计算机都用来计算，从 $f(x)$ 计算出 x 也要花费数百万年的时间。

"打碎盘子"就是一个很好的单向函数的例子。把盘子打碎是很容易的事情，然而，把所有碎片拼成一个完整的盘子，却是非常困难的事情。

这听起来很好，但事实上不能证实单向函数的真实性。如果严格地按照数学定义，我们不能证明单向函数的存在，同时没有实际的证据来构造出单向函数。即使这样，还是有很多函数看起来像单向函数：我们能够有效地计算它们，但不知道有什么办法能轻易地求出它们的逆。例如，在有限域中 x^2 是很容易计算的，但计算 $x^{\frac{1}{2}}$ 却难得多。所以，我们通过假定来构造单向函数。

资料来源：比特网（2009年7月10日）

二、数字时间戳

在电子商务交易中，时间和签名同等重要。数字时间戳（digital time stamp，以下简称"DTS"）是由专门机构提供的电子商务安全服务项目，用于证明信息的发送时间。

用户将需要加上时间戳的文件用哈希算法加密，形成摘要，将摘要发送到 DTS 机构，由 DTS 机构在文件摘要中加上时间信息，再对该文件加上数字签名，即用自己的私有密钥加密，然后发回给用户。获得数字时间戳后，用户就可以将它发送给自己的商业伙伴，以证明信息的发送时间。数字时间戳的获得过程如图 7-2 所示。有关数字时间戳的其他内容，请扫描二维码 7-1。

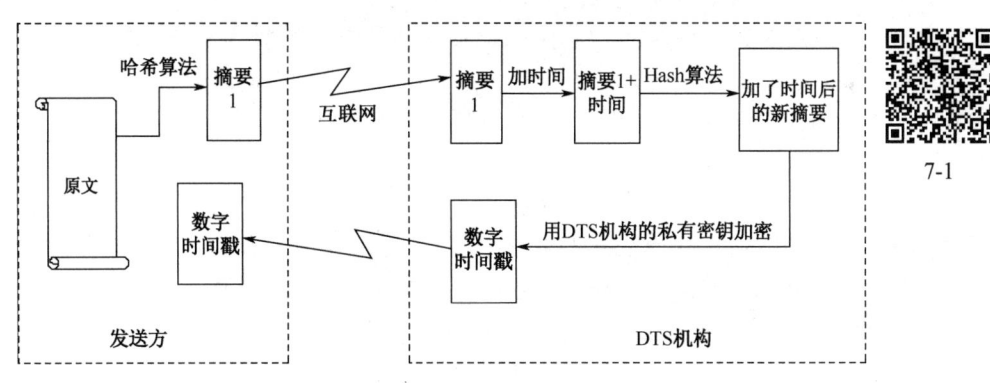

图 7-2 数字时间戳的获得过程

实践训练

1. 课堂讨论

（1）为什么说哈希算法是数字签名的核心技术？
（2）数字签名能确认什么问题？
（3）数字时间戳的作用是什么？

2. 案例分析

手机银行的未来加密技术

韩国媒体 Etnews 报道，三星公司将联手韩国电信运营商"SK 电讯"共同推出"全球首款量子加密智能手机"。据报道，届时将有由 SK 电讯开发的"量子随机数生成芯片"（QRNG）安装在三星最新的 5G 手机上，用以确保对用户敏感信息的可信认证和加密，防止黑客攻击。

根据记者掌握的信息，三星公司与 SK 电讯此次推出的量子加密智能手机不像是借"量子密码"蹭热度，原因有二。其一，SK 电讯多年前就曾布局量子通信领域，并在 2018 年以收购超过 50%股权的方式成为瑞士量子密码通信企业 ID Quantique 的控股方。三星公司的工业积累与 SK 电讯在量子随机数生成芯片上的技术准备，为这款量子加密智能手机的诞生打下了基础。其二，量子随机数技术具有量子特性，其随机性源于"量子不可测量原理"。因此，量子随机数属于"真随机数"。与经典算法产生的"伪随机数"相比，量子随机数生成器产生的"真随机数"具有不可测性，它是一种在理论上无法预测的随机数，因此非常适用于信息加密。

当然，在这里也要强调一下，量子随机数并非万无一失——和经典随机数一样，量子随机数也存在器件的不完美问题，也可能有信息泄露。这与材料工业的发展水平有关，所以现在有很多关于"器件无关"和"半器件无关"量子随机数的研究。

量子加密智能手机的问世，或将开启量子技术应用的一个全新的时代："高冷"的量子信息技术正逐步进入民用领域。

众所周知，量子通信相关技术自开启产业化之路以来，相关应用以面向企业客户和政府客户为主，鲜见直接面向消费者的技术应用落地。而将量子密码技术集成至几乎人手一部的手机上，则意味着有望让量子信息技术实实在在地惠及大众。

早在 2014 年 3 月，中国科学院院士、量子信息重点实验室主任郭光灿在接受采访时表示，"量子密码是量子力学中第一个可用的技术"，并判断"预计在 5 到 10 年内，就会有能够投入市场的量子密码芯片成品"。三星公司推出"量子加密智能手机"，与郭光灿的预测可谓吻合。

今天，量子力学理论仍在进一步发展，各国，尤其是发达国家，在以量子通信、量子计算等为代表的量子技术应用方面从未止步。我国在量子科学领域起步较晚，但在相关量子技术的应用方面几乎与别国处于同一起跑线。因此，我国在量子科技领域的部署更应着眼全局，兼顾技术研究与技术应用，强调交叉合作、协同创新，在平衡发展中完善"研究—应用—开发"的量子技术链条，从而使该领域持续迸发活力。

请扫描二维码 7-2，观看中国电信正在研发量子安全手机的新闻。

资料来源：科学网（2020 年 4 月）

7-2

讨论与分析

移动支付目前应用最广泛的设备就是智能手机，在保证移动支付安全的前提下，如何确保智能手机的安全？

3. 实务训练

（1）数字签名在现代电子商务交易中有什么作用？

（2）数字签名技术对保险服务行业的变革可以起到哪些作用？

实训说明

（1）本部分实训在课后进行。

（2）本实训主要是收集资料，随后可以在课堂上讨论。

4．课后拓展

上网了解各个国家数字签名技术的应用领域和应用水平。

第二单元　身份认证与认证技术

情景案例

张丽艳和同学们都已经习惯了各种生物识别技术，这类技术可以用来保护计算机或手机的安全。目前常见的生物识别技术包括面部识别、视网膜识别和指纹识别，可以解锁计算机和手机，或者用于支付转账。中国生物识别市场起步晚于西方发达国家，但在政府支持、智能终端设备以及移动互联网产业的快速发展下，近年来取得了较快的增长。中国生物识别市场规模从2016年的127亿元增长至2019年的224亿元，年均复合增长率为20.6%，未来前景可期。

随着生物识别技术的发展，非接触式生物识别技术逐渐成熟，能够避免使用者与机器的接触，具有高效、卫生的特性，在全球市场中逐渐兴起。

资料来源：中商情报网（2020年12月）

你了解身份认证技术吗？你在平常生活中接触过吗？和传统的账户密码等身份认证技术相比，你更喜欢这种身份认证技术吗？为什么？

任务分析

身份认证是信息认证技术中十分重要的内容，它一般涉及两方面的内容，一是识别，二是验证。所谓识别，就是要明确用户是谁，要求对每个合法的用户都有识别能力。要保证识别的有效性，就需要保证任意两个不同的用户具有不同的识别符。所谓验证，就是在用户表明自己的身份后，认证方还要对它所称的身份进行验证，以防假冒。一般来说，用户身份认证可通过三种方式来实现。

（1）用户知道的某种秘密信息，如用户的口令。

（2）用户持有的某种秘密信息（硬件），用户必须持有合法的随身携带的物理介质。例如，智能卡中存储用户的个人化参数，访问系统资源时必须有智能卡。

（3）用户具有的某些生物学特征，如指纹、声音、DNA图案、视网膜等。

本单元涉及的任务主要包括身份认证技术的分类、身份认证的具体方法。

相关知识

一、身份认证

身份认证是指在计算机网络中确认操作者身份的过程。身份认证可分为用户与主机间的认证和主机与主机间的认证。用户与主机间的认证可以基于如下一个或几个因素：用户知道的，如口令、密码等；用户拥有的，如印章、智能卡（如信用卡）等；用户具有的生物特征，如指纹、声音、视网膜、签字、笔迹等。在网络交易过程中，身份认证对消费者和商家而言都是避免交易欺骗发生的重要保障。对于消费者来说，商家认证可以确保商品的来源、商品的品质、商品的售后服务等，使其放心进行网上交易。对于商家来说，消费者认证可以确保货款的回收，交易过程顺利进行。

1. 身份认证的重要性

身份认证是证实用户的真实身份与其声称的身份是否符合的过程。在计算机网络这个虚拟的数字世界中，一切信息（包括用户的身份信息）都是由一组特定的数据表示的，计算机只能识别用户的数字身份，给用户的授权也是针对用户的数字身份进行的。如何保证以数字身份进行操作的访问者就是这个数字身份的合法拥有者，即如何保证操作者的物理身份与数字身份相对应，成为一个重要的安全问题。身份认证技术解决了这个问题。

2. 身份认证技术的分类

（1）在信息系统中，身份认证技术一般可以分为以下几类。
① 根据是否使用硬件，可以分为软件认证和硬件认证。
② 根据认证需要验证的条件，可以分为单因子认证和双因子认证。
③ 根据认证信息，可以分为静态认证和动态认证。
身份认证技术的发展，经历了从软件认证到硬件认证，从单因子认证到双因子认证，从静态认证到动态认证的过程。

（2）根据证明身份的认证信息不同，身份认证技术可以分为以下几类。
① 基于秘密信息的身份认证技术。所谓秘密信息，是指用户拥有的秘密知识，如用户ID、口令、密钥等。其中用户名和口令是最常用的方式，也是一种极不安全的方式。口令通常过于简单，易受到攻击，口令传输也具有很大风险。为让信息安全传输，采用加密技术将其加密，包括基于账号和口令的身份认证、基于对称密钥的身份认证、基于密钥分配中心的身份认证、基于公开密钥的身份认证、基于数字证书的身份认证等。

② 基于信物的身份认证技术。主要有基于信用卡、智能卡、令牌的身份认证等。智能卡也称为令牌卡，实质上是IC卡的一种。智能卡与一台"普通"的计算机类似，包括作为智能部件的微处理器、存储器、输入与输出部分和软件资源。为提高性能，通常有一个分离的加密处理器。程序和通用加密算法被存放在只读存储器中。

③ 基于生物特征的身份认证技术。主要有基于生理特征（如指纹、声音、视网膜等）的身份认证和基于行为特征（如步态、笔迹、签名等）的身份认证等。

3. 身份认证技术的发展趋势

网络身份认证技术将朝着高安全性、高速度、高稳定性、易用性、实用性及认证终端小型化等方向发展。其发展趋势可从以下几方面体现。

（1）生物认证技术。目前还没有一种生物认证技术的准确率能达到百分之百。如何通过提高硬件水平和改进识别算法来提高识别的准确率将是未来的研究热点。

（2）多因素认证。有效地结合各种单因素认证技术，可以提高身份认证的安全性。基于万维网的口令认证与手机短信认证已投入应用；多种生物特征的多数据融合与识别技术也将是未来的发展方向。

（3）属性认证技术。属性认证技术主要是把基于属性证书的授权方案和认证技术相结合的认证授权方式，可以解决完全分布式的网络环境中身份认证与细粒度的权限分配问题。

身份认证是整个信息安全体系最基础的环节，身份安全是信息安全的基础。随着计算机技术的不断发展，在不久的将来会出现更多、更安全的身份认证技术。

二、认证技术

身份认证技术具体分为以下几种。

1. 静态密码

用户密码由用户自己设定，在网络登录时输入正确的密码，计算机就认为操作者是合法用户。实际上，许多用户为了防止忘记密码，经常采用生日、电话号码等容易被猜测的字符串作为密码，或者把密码抄在纸上，放在一个自认为安全的地方，这样很容易造成密码泄露。如果密码是静态数据，在验证过程中，计算机内存和传输过程可能被木马程序截获或在网络中被截获。无论是使用还是部署，静态密码机制都非常简单，但这是一种不安全的身份认证方式。

2. 智能卡

智能卡是一种内置集成电路的卡片，卡片中存有与用户身份相关的数据。智能卡由专门的厂商用专门的设备生产，是不可复制的硬件。智能卡由用户随身携带，登录时必须将智能卡插入专用的读卡器，读取其中的信息，以验证用户的身份。

智能卡认证是基于智能卡硬件不可复制来保证用户身份不被仿冒的。然而，由于每次从智能卡中读取的数据是静态的，利用内存扫描或网络监听等技术很容易截取到用户的身份验证信息。因此，这种技术还是存在安全隐患的。

3. 短信密码

身份认证系统以短信形式发送 6 位随机密码到用户的手机上。用户在登录或者交易认证时输入接收到的动态密码，从而确保系统身份认证的安全。通过短信验证具有以下优点。

（1）安全性。由于手机与用户绑定比较紧密，短信密码生成场景与使用场景是物理隔绝的，因此密码在通路上被截取的概率降至最低。

（2）普及性。只要能够接收短信即可使用，大大降低了使用门槛，学习成本几乎为零，在市场接受度上不存在阻力。

（3）易收费。移动用户有付费的习惯，这是和个人计算机用户截然不同的，而且收费通道非常多。网银、第三方支付、电子商务，可将短信密码作为一项增值业务，每月通过电信运营商收费，阻力较小，可增加收益。

（4）易维护。短信网关技术非常成熟，大大降低了短信密码系统上线的复杂度和风险。短信密码业务后期客服成本低，系统稳定，这也是银行大量采纳这项技术的重要原因。

4．动态口令

动态口令是一种动态密码，这是目前最为安全的身份认证方式。动态口令牌是客户用来生成动态密码的终端。主流的动态口令与时间同步，每60秒变换一次，口令一次有效，是6位动态数字。

基于时间同步方式的动态口令牌存在60秒的时间窗口，导致该密码在这60秒内存在风险。不过，现在已有基于事件同步的双向认证动态口令牌。基于事件同步的动态口令，以用户动作触发作为同步原则，真正做到了"一次一密"。由于是双向认证，即服务器验证客户端，客户端也验证服务器，这种技术达到了杜绝木马网站的目的。

由于使用起来非常便捷，85%以上的世界著名企业运用这种技术保护登录安全，其被广泛应用在VPN、网上银行、电子政务、电子商务等领域。

5．USB Key

基于USB Key的身份认证方式是近几年发展起来的一种方便、安全的身份认证技术。它采用软硬件相结合、"一次一密"的强双因子认证模式，很好地解决了安全性与易用性之间的矛盾。USB Key是一种USB接口硬件设备，内置单片机或智能卡芯片，可以存储用户的密钥或数字证书，利用内置的密码算法实现对用户身份的认证。基于USB Key的身份认证系统主要有两种应用模式：一种是基于冲击与响应（挑战与应答）的认证模式；另一种是基于PKI体系的认证模式，可应用于电子政务、网上银行等领域。

6．生物识别

这是运用特定的技术，通过可测量的身体或行为等生物特征进行身份认证的一种技术。生物特征是指唯一的可以测量或可自动识别和验证的生理特征或行为方式。生物特征分为身体特征和行为特征两类。身体特征包括指纹、掌型、视网膜、虹膜、人体气味、脸型、手的血管和DNA等；行为特征包括签名、语音、行走步态等。人们一般将视网膜识别、虹膜识别和指纹识别等归为高级生物识别技术；将掌型识别、脸型识别、语音识别和签名识别等归为次级生物识别技术；将血管纹理识别、人体气味识别、DNA识别等归为"深奥的"生物识别技术。指纹识别技术应用广泛的领域有门禁系统、微型支付系统等。

【课程思政】"青春虚度无所成，白首衔悲亦何及。"（权德舆《放歌行》）人在年轻的时候虚度光阴、无所作为，等到了老年即使再心怀悲戚也于事无补了。青年是苦练本领、增长才干的黄金时期，要抓紧时间学习知识技能，实现人生理想，担当时代重任。青年都要珍惜韶华、不负青春，努力学习掌握科学知识，提高内在素质，锤炼过硬本领，使自己的思维视野、思想观念、认识水平跟上越来越快的时代发展。

相关链接

1. 古代的身份认证

（1）军队。中国古代君王常以虎符作为身份认证的信物，用于调动军队。虎符一般由铜、银等金属制成，背面刻有铭文，以示级别、身份、调用军队的对象和范围等。虎符分为两半，一半放在朝廷，另一半由在外的将帅保管。朝廷派来的使者，需携带虎符验合，才可调兵遣将。

（2）通关。在古代，一些需要流动的特殊群体需要身份证明，比如僧侣。在《西游记》里，唐僧师徒取经途中每到一个新的国家，第一件事就是拿着度牒去通关。度牒就是他们的护照。度牒是政府机构发给僧尼以证明其合法身份的凭证，在唐代也称为祠部牒，上面详载僧尼的本籍、俗名、年龄、所属寺院、师名等。僧尼持度牒，不但有了明确的身份，还可以得到政府的保障，同时可以免除地税徭役。

（3）入宫。在古代，有身份的人才可出入宫门，并且要通过身份认证。鱼符就是官员进出皇宫的凭证。鱼符分为左右两半，官员入宫时取出自身携带的一半与皇宫中的另一半相对，合符后方能入宫。凡亲王和三品以上官员所用鱼符均以黄金铸制，显示其身份地位之高；五品以上官员的鱼符为银质；六品以下官员的鱼符则为铜质。鱼符不仅作为官员身份认证的凭证，也成为其身份地位的象征之物。

（4）签署文书。古人签署文书或契约时，会用笔写下自己的姓名或其他文字符号，以示对该文书或契约内容的认可，或者按下自己的手印、指印，以示真实，并非伪造。这种签字、按指印的行为也是古代身份认证的方式之一，并在民间广为应用。

（5）追捕逃犯。官府将逃犯的画像张贴于各处，并配上姓名、籍贯等基本信息，这是一种简易的"人脸识别"技术。有的犯人脸上或者身上会被刺字，终生不可消除，这是对罪犯的一种人格侮辱，但也具有身份识别的作用。

资料来源：邱建华《生物特征识别：身份认证的革命》

2. USB Key 和动态口令产品

（1）USB Key 的几种认证模式

① 基于冲击/响应的认证模式。实际上就是对基于挑战/应答的动态口令机制的改进，将密钥存储在 USB Key 中，加密过程也在 USB Key 中进行，增加了安全性。

② 基于 PKI 的数字证书的认证模式。USB Key 厂家将 USB Key 与 PKI 技术相结合，开发了符合 PKI 标准的安全中间件，利用 USB Key 来保存数字证书和用户私有密钥，并对应用开发商提供符合 PKI 标准的编程接口，以便开发基于 PKI 的应用程序。作为密钥存储器，USB Key 自身的硬件结构决定用户只能通过厂商编程接口访问数据，这就保证了保存在 USB Key 中的数字证书无法被复制。

③ 基于生物识别的认证模式。将 USB Key 与生物识别技术相结合，例如，指纹 USB Key，用指纹代替用户密钥。用户可将指纹模板存储于 USB Key 或远程服务器端，分别采取 1∶1 或 1∶N 比对模式，也可以同时采用两种认证模式，即先在 USB Key 中完成首次比对，再在服务器端完成二次比对，通过双重指纹认证，进一步提高安全级别。

（2）动态口令产品

动态口令产品采用一种被称为动态令牌的专用硬件，内置电源、密码生成芯片和显示屏，

RSA SecurID 就采用了基于时间同步的动态口令生成技术。中国银行使用的动态口令产品就是 RSA SecurID700。

实践训练

1．课堂讨论

（1）身份认证技术在国内外的发展历史是怎样的？
（2）具体的身份认证工具有哪些？
（3）USB Key 的作用和工作原理是什么？

2．案例分析

声纹识别的创新应用

目前，声纹识别被越来越多地运用于身份识别，虽然声纹是唯一的，但并不绝对安全，面临模拟、录音等隐患。比如，别有用心者可以给你录音，然后根据录音模拟相应的声音来操控你的设备。

不过，声纹识别非常适合与其他识别方法搭配使用，增加一道认证方式来确认声音的拥有者。许多厂商提供虹膜识别、人脸识别等配套措施，以提高安全性。但是，多种验证方式间的关联性不大，可以被各个击破。

密歇根大学的研究人员发明了一种名为 VAuth（vee-auth）的技术，给出了一种解决该问题的新思路。这项技术需要使用者将硬件贴身佩戴，如眼镜、项链、耳塞等。硬件中有专门的设备，检测佩戴者在发出声音时脸部、喉咙或胸部皮肤上的细微振动。

这就将声音与精确振动两种关联性信息搭配起来，形成了每个人独有的信息，而且体表振动产生的信息极难被外界伪造，提高了身份识别的安全性。

在准确性上，研究人员称，在一个使用 18 个用户和 30 个语音命令的实验室测试中，VAuth 的检测准确率达到 97%，在模拟、播放录音等实际攻击面前，它也表现优秀。

这项技术很可能结合其他技术推向市场，应用于门禁、购物、手机解锁等声纹识别广泛应用的领域。因为该技术需要采集使用者的体表振动，应该会以可穿戴设备与目标设备无线联通的形式出现。这值得开发者和厂商借鉴。对于消费者来说，加上这道保险，使用声音来控制身边的设备，就放心多了。

资料来源：凤凰科技（2017 年 10 月 20 日）

讨论与分析

身份识别技术的使用对网上银行的操作有什么意义？

3．实务训练

（1）到银行柜台办理一个使用 USB Key 的网银账户。
（2）登录银行官方网站，使用 USB Key，并对比没有 USB Key 登录的区别。

实训说明

（1）本部分要求学生课后完成。
（2）进行课堂讨论。

4．课后拓展

上网搜索一些身份识别的应用案例，了解身份识别的重要性，了解身份识别的应用领域和技术。

第三单元　数字证书与认证机构

情景案例

在前面的课程学习中，张丽艳同学发现"数字证书"的概念被反复提及。张丽艳课后在网上查询到一些有关数字证书的信息。中国电子认证服务产业联盟发布数据：2018年，有效电子认证证书持有量合计约5.2亿张，2019年约6.55亿张。2018年，机构证书约8500万张。2019年，机构证书约1.1亿张。2018年，个人证书达到4.29亿张。2019年，个人证书达到5.36亿张。2018年，设备证书600万张。2019年，设备证书900万张。这说明我国电子认证服务的范围不断扩大，机构覆盖范围扩大到各省市、自治区、直辖市。数字认证服务领域不断扩展，包括网上报税、报关、土地交易监管等方面都有新的进展。

你用过数字证书吗？数字证书的作用是什么？如何使用？

任务分析

在电子商务网络交易中，数字证书是网络交易双方的身份证，拥有数字证书，就可以在网络中以严谨规范的身份进行信息的传递和商务交易，使对方放心。而提供这种数字证书的机构被称为认证机构。

本单元涉及的任务主要包括数字证书的使用实例、数字证书的类型、认证机构的作用和功能。

一、数字证书的概念

数字证书又称为数字标识，是一个经证书认证机构数字签名的包含用户身份信息及公开密钥信息的电子文件，即用电子手段来证实一个用户的身份和对网络资源访问的权限。它提供了一种在互联网上验证身份的方式，是用来标志和证明网络通信双方身份的数字信息文件。通俗地讲，数字证书就是个人或单位在互联网的身份证。

数字证书由作为第三方的法定数字证书认证机构签发，以数字证书为核心的加密技术可以对网络上传输的信息加密和解密，进行数字签名和验证签名，确保网上传递信息的机密性、完整性，以及交易实体身份的真实性、签名信息的不可否认性，从而保障网络应用的安全性。

数字证书采用公开密钥密码机制，即利用一对互相匹配的密钥进行加密、解密。每个用户自己设定一把特定的仅为本人所知的私有密钥，用它进行解密和签名；同时设定一把公开密钥并由本人公开，为一组用户共享，用于加密和验证签名。当发送一份保密文件时，发送方使用接收方的公开密钥对数据加密，而接收方使用自己的私有密钥解密。这样信息就可以安全无误地到达目的地了。

二、数字证书的内容

在通常情况下，数字证书包括以下内容：

（1）证书的版本信息。

（2）证书的序列号，每个证书都有一个唯一的证书序列号。

（3）证书使用的签名算法。

（4）证书的发行机构名称。

（5）证书的有效期。现在通用的证书一般采用UTC（协调世界时）时间格式，它的计时范围为1950—2049年。

（6）证书主题或使用者。

（7）证书所有人的公开密钥信息。

（8）其他额外的特别扩展信息。

（9）证书发行者对证书的数字签名。

在IE浏览器（Internet Explorer）中，可以查看数字证书的内容。其方法是：进入浏览器窗口，依次选择"工具→Internet→内容→证书"，然后选择一种证书类别，再在证书列表中选择一个证书，单击"详细信息"标签，即可查看所选数字证书的详细信息，如图7-3所示。

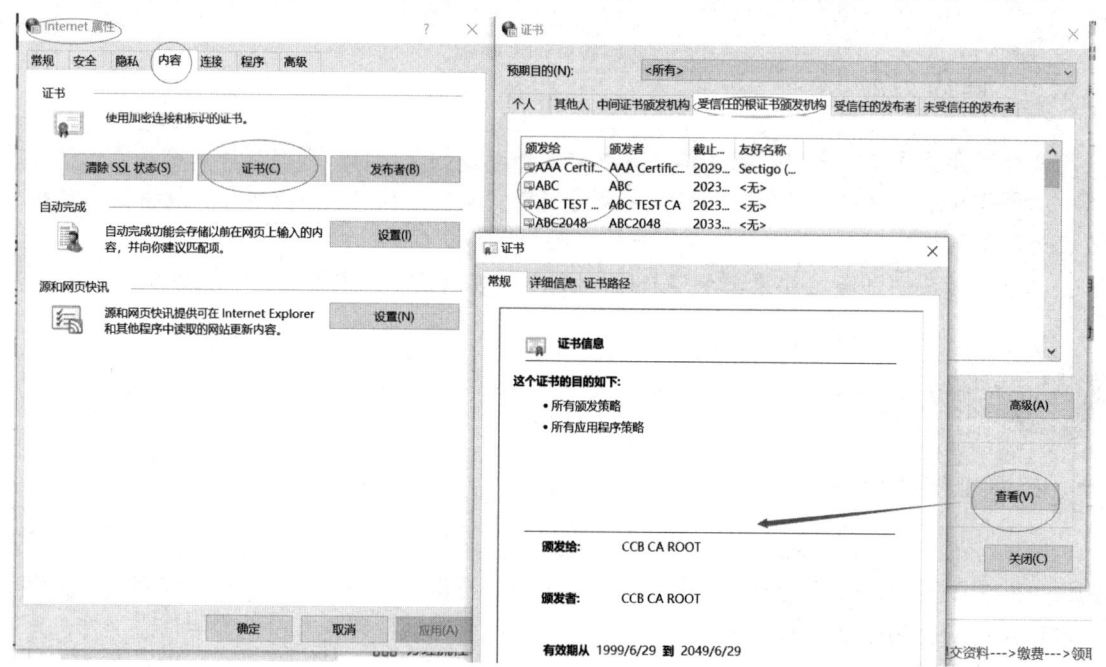

图7-3 查看计算机上的数字证书

三、数字证书的安装和使用

数字证书可以帮助相关行业的业务员和网络消费者在网上轻松办结相关业务，比如电子政务中的公积金数字证书办理，可实现个人账户封存启封、职工账户设立和转移、缴存基数和比例调整，以及大部分的单位信息变更、专办员信息变更和职工信息变更等住房公积金业务，不用排队、不用手工填单，随时随地做到账单自主查询、业务自助办理，方便又快捷。如图7-4所示，访问深圳市电子商务安全证书管理有限公司（简称"深圳CA"）官网，即可进行数字证书业务申请，完成之后即可享受线上办理业务的便利。

图7-4 深圳CA的公积金数字证书申请指南

另外一个典型应用是中国金融认证中心的数字证书认证系统，该系统是为相关企业服务的较为完善的数字证书认证系统，基于PKI关键技术，遵照国密系列和X509系列标准，进行敏感数据的存储、传输和验证。其每日处理交易可达2500万笔；交易平均响应时间不超过0.2秒，交易成功率不低于99.99%。图7-5显示了中国金融认证中心数字证书认证系统的产品部署。

目前，中国金融认证中心的数字证书认证系统服务于300多家银行和第三方金融机构。

四、数字证书的类型

从数字证书使用对象的角度分，目前的数字证书类型主要包括个人身份证书、企业或机构身份证书、支付网关证书、服务器证书、安全电子邮件证书、个人代码签名证书等。这些数字证书各有不同。

从数字证书的技术角度分，认证机构发放的证书分为两类：SSL证书和SET证书。一般来说，SSL 证书（安全套接层）是服务于银行对企业或企业对企业的电子商务活动的；而 SET（安全电子交易）证书则服务于持卡消费、网上购物。虽然它们都是用于识别身份和数字签名的证书，但信任体系完全不同，而且遵循的标准也不一样。简单地说，SSL 数字证书的作用是利用公开密钥证明持证人的身份，而 SET 证书的作用是利用公开密钥证明持证人在指定银行确实拥有该信用卡账户，同时证明持证人的身份。

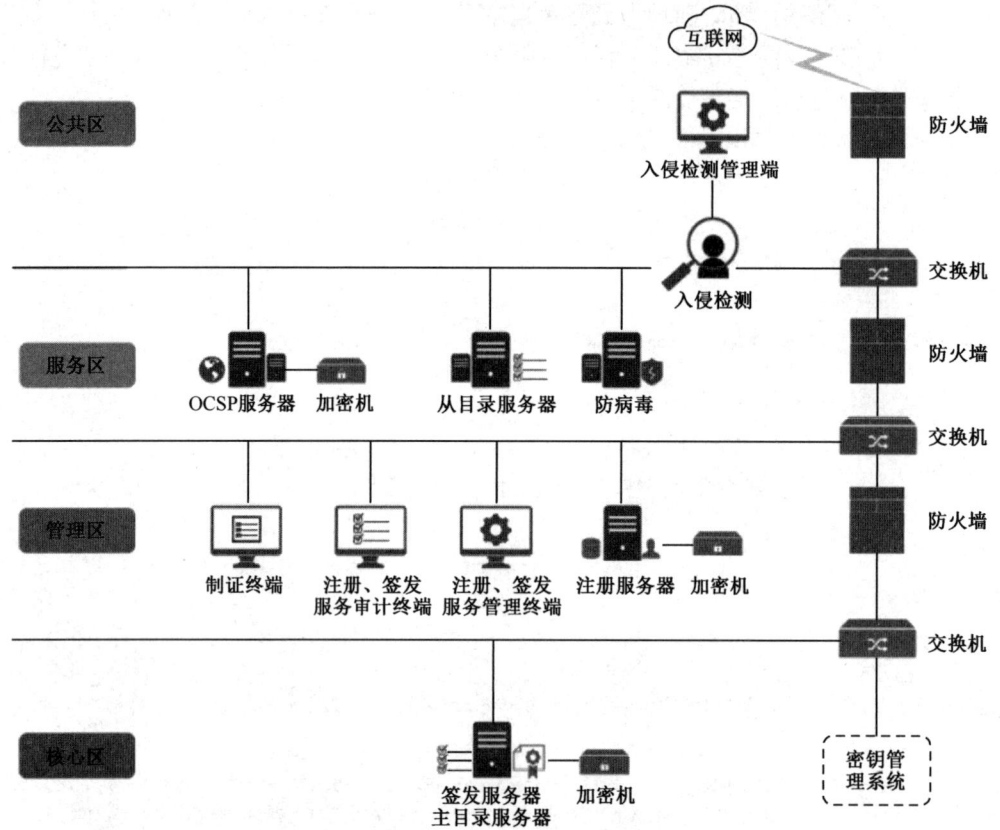

图 7-5 中国金融认证中心数字证书认证系统的产品部署

下面主要从对象角度介绍数字证书。

1. 个人身份证书

个人身份证书是符合 X.509 标准的数字安全证书，证书中包含个人身份信息和个人公开密钥，用于标识证书持有人的个人身份。数字安全证书和对应的私有密钥存储于 E-Key（加密锁）中，用于个人在网上签订合同、下订单等活动中表明身份。

2. 企业或机构身份证书

企业或机构身份证书是符合 X.509 标准的数字安全证书，证书中包含企业信息和企业的公开密钥，用于标识证书持有企业的身份。数字安全证书和对应的私有密钥存储于 E-Key 或 IC 卡中，可以用于企业在电子商务方面的对外活动，如签订合同、网上证券交易等。

3. 支付网关证书

支付网关证书是证书签发中心针对支付网关签发的数字证书，是支付网关实现数据加密、解密的主要工具，用于数字签名和信息加密。支付网关证书仅用于支付网关提供的服务（互联网上各种安全协议与银行现有网络数据格式的转换）。支付网关证书只能在有效的状态下使用，支付网关证书不能被申请者转让。

4. 服务器证书

服务器证书是符合 X.509 标准的数字安全证书，证书中包含服务器信息和服务器的公开密钥，在网络通信中用于标识和验证服务器的身份。数字安全证书和对应的私有密钥存储于 E-Key 中。服务器软件利用证书机制保证与其他服务器或客户端通信时双方身份的真实性、安全性等。

5. 企业或机构代码签名证书

企业或机构代码签名证书是认证机构签发给软件提供商的数字证书，包含软件提供商的身份信息、公开密钥及认证机构的签名。软件提供商使用代码签名证书对软件进行签名，当用户在互联网上下载该软件时，将会得到提示，从而可以确信软件的来源，以及软件从签名到下载前，没有遭到修改或破坏。代码签名证书可以对 32 位的 exe、cab、ocx、class 等类型文件进行签名。

6. 安全电子邮件证书

安全电子邮件证书符合 X.509 标准的数字安全证书，可以通过 IE 浏览器申请。用 IE 浏览器申请的证书存储于 Windows 注册表中。安全电子邮件证书用于发送电子邮件或向需要客户验证的万维网服务器表明身份。

7. 个人代码签名证书

个人代码签名证书是认证机构签发给软件提供者的数字证书，包含软件提供者个人的身份信息、公开密钥及认证机构的签名。软件提供者使用代码签名证书将软件签名后放到互联网上，当用户在互联网上下载该软件时，将会得到提示，从而可以确信软件的来源，以及软件从签名到下载前，没有遭到修改或破坏。

五、认证机构

1. 基本概念

在电子交易中，数字证书的发放不是靠交易双方自己完成的，而是需要由一个具有权威和公正性的第三方机构来完成的。认证机构就是承担网上电子交易认证服务、签发数字证书并能够确认用户身份的服务机构。认证机构通常是企业性的服务机构，主要任务是受理数字证书的申请，签发数字证书及管理数字证书。

2. 认证机构举例

1999 年，中国第一家数字证书认证机构中国电信电子商务安全认证中心成立，此后有

100多家认证机构出现，但大多数不具备合法身份。从2004年《中华人民共和国电子签名法》颁布以后，被工业和信息化部审批的合法认证机构逐渐增多。其中一些行业建成了自己的认证体系，如中国金融认证中心、中国电信电子商务安全认证中心等；还有一些地区建立了区域性的认证体系，如北京数字证书认证中心、上海数字证书认证中心、广东省电子商务认证中心、云南省电子商务认证中心等。国外常见的认证机构有VeriSign、GTE Cyber Trust、Thawte等。

相关链接

知名认证机构介绍

VeriSign是一个提供智能信息基础设施服务的上市公司，总部位于美国加利福尼亚州。

VeriSign提供域名登记、数字认证和网上支付三大核心业务，在全球范围内建立了一个可信的虚拟环境，使任何人在任何地点都能放心地进行数字交易和沟通。数字证书业务是其起家的核心业务，其SSL证书被世界93%的著名企业选用，占有75%的EV SSL市场份额，共有超过50万个网站选用VeriSign的SSL证书来确保网站机密信息安全。VeriSign面向网站、软件开发商和个人提供认证服务，这其中包括签发专门应对网站鉴别和加密的SSL服务器证书。VeriSign通过强大的加密功能和严格的鉴权措施，保护着全世界超过50万台万维网服务器的安全，包括亚马逊、雅虎购物、美国在线在内的全球众多知名企业使用VeriSign的SSL服务器证书，以加强网站安全。

VeriSign是全球最大的数字证书颁发机构，其于2000年1月以5.76亿美元收购Thawte，当时Thawte已经占领了全球约40%的市场分额；又于2006年9月，以1.25亿美元收购GeoTrust，当时GeoTrust约占全球25%的市场分额。VeriSign与中国数字认证服务商天威诚信合作，共同推进数字证书业务，提供服务器证书、代码签名证书、邮件证书等各类安全数字证书。国内众多网上银行、证券金融机构、购物网站均采用先进的数字认证技术，保障网站信息的安全。

3. 认证机构的作用

（1）证书的颁发。认证机构接收、验证用户有关数字证书的申请，将申请的内容备案，并据此确定是否受理该申请。如果认证机构接收该申请，则确定给用户颁发何种类型的证书。

（2）证书的更新。认证机构可以定期或者根据用户的请求更新用户的证书。

（3）证书的查询。证书的查询分为两类：一是对证书申请的查询；二是对用户证书的查询。

（4）证书的作废。当由于用户的私有密钥泄密等原因造成用户证书需要申请作废时，用户需要向认证机构提出证书作废的申请，认证机构根据用户的请求确定是否将该证书作废。另外一种情况是，证书已经过了有效期，认证机构自动将其作废。

（5）证书的归档。证书具有一定的有效期，过了有效期之后就将作废，但不能将作废的证书简单丢弃，因为有时用户可能需要验证以前某个交易过程中产生的数字签名，这就需要查询作废的证书。基于此类考虑，认证机构还应当具备管理作废证书和作废私有密钥的功能。

 实践训练

1. 课堂讨论

（1）数字证书的内容有哪些？
（2）什么是数字证书？
（3）认证机构的作用是什么？

2. 案例分析

数字证书实现免费办理

山东省青岛市"公共资源交易信息平台电子认证服务"政府采购项目在青岛市公共资源交易大厅完成招标，此举意味着来青岛市参加公共资源交易的投标人在办理公共资源交易数字证书时，将不再交纳任何费用，实现了由政府买单，为需要办理数字证书的招标人、投标人免费办理。

青岛市行政审批服务局的有关负责人介绍，2019年以来，青岛市通过对公共资源交易流程的再造，推行远程投标、"不见面开标"等改革举措，以往需要企业承担的招标文件购买费用、投标文件制作费用和参加开标的交通费，现在已经全部免除，实现了让企业少花钱、少跑腿的目标。

该负责人表示，青岛市推行数字证书免费办理后，投标企业在参加投标时，办理数字证书需要交纳的300元办理费以及每年交纳的150元服务费，现在已经全部由政府买单。按照往年新办3000余家、更新7000余家估算，每年将为企业节省资金200余万元。

资料来源：闪电新闻（2020年8月）

讨论与分析

数字证书的应用和其本身的分类有很大的关联，本案例中提到的是企业数字证书，平常我们没有接触过。如果要求你去应用企业数字证书，你觉得应该怎样操作？企业数字证书又有什么作用？

3. 实务训练

（1）访问数字证书颁布机构的网站。
（2）登录其中一个网站，申请个人免费数字证书。
（3）查看该数字证书的功能，并下载安装。
（4）和同学之间进行经过加密签名的电子邮件的发送。

实训说明

（1）本部分要求学生在课后完成。
（2）在课堂上讨论遇到的问题。

4. 课后拓展

上网搜索一些数字证书认证机构的信息，了解数字证书认证机构提供的产品有哪些，有什么作用。

知识小结

本模块主要讲述了网络安全技术中的数字签名技术、身份认证技术、数字证书技术及认证机构。在这些安全技术的作用下,网络交易各方的资源和信息得到了安全保护。

安全认证是维持电子商务活动正常进行的保证,它涉及安全管理、加密处理、PKI认证等重要内容,是解决电子商务交易安全与信任问题的基石。数字证书作为网上交易双方真实身份证明的依据,是一个经认证机构数字签名的、包含证书申请者(公开密钥拥有者)个人信息及公开密钥信息的电子文件,通过采用国际上最先进的安全保密技术对网络上的数据发送方、接收方进行身份、资信确认,保证交易各方信息的安全性、保密性和可靠性。

身份认证技术是对网络电子签名、网络访问权限进行核实的一项技术,在移动商务领域应用广泛,所以对于安全性要求更高。在认证机构的系统管理之下,数字认证体系创造了一个较为安全的活动范围,只要个人或者组织在利用数字认证技术完成网络操作的时候,注意关键事项即可。

练习测试

1. 名词解释

数字指纹 数字签名 哈希算法 生物识别 身份认证 数字证书颁发机构

2. 选择题

(1) 认证机构的作用有哪些?(　　)
  A. 证书颁发　　　　B. 证书更新　　　C. 证书查询
  D. 证书作废　　　　E. 证书归档

(2) 数字证书采用(　　)机制,即利用一对互相匹配的密钥进行加密、解密。
  A. 私有密钥密码　　B. 对称加密算法　C. 公开密钥密码　　D. DES

(3) 身份认证的具体技术有哪些?(　　)
  A. 静态密码和智能卡　　B. 短信密码　　　C. 动态口令
  D. USB Key　　　　　　E. 生物识别

(4) 数字签名技术的作用与书面文件签名有相同之处,能确认以下两点问题:(　　)
  A. 信息是由签名者发送的
  B. 信息是由接收者发送的
  C. 信息从签发到被收到为止未曾做过任何修改
  D. 信息自签发后未曾做过任何修改

3. 简答题

（1）数字签名的应用领域有哪些？
（2）国内外有哪些认证机构？若要申请个人数字证书，应该如何操作？
（3）身份认证的具体工具有哪些？
（4）数字证书的原理是什么？
（5）简述如何发送一份进行数字签名的文件。

4. 论述题

（1）试论述如何防御网络中对身份识别过程的攻击。
（2）简述数字证书的应用领域。

模块八

电子商务支付安全协议

学习目标

知识目标
- 了解 HTTP 协议
- 掌握 SSL 协议流程
- 掌握 SET 协议流程
- 了解其他电子商务安全支付协议

能力目标
- 掌握 SSL 协议的具体应用
- 掌握 SET 协议的具体应用
- 了解 SSL 协议与 SET 协议的优点和缺点

素质目标
- 培养时刻关注互联网欺骗行为的习惯
- 培养并逐步具备管理、使用电子商务支付安全系统的能力
- 养成严格遵守安全协议的工作习惯

第一单元　安全协议概述

情景案例

张丽艳同学在网上购买一本关于电子商务支付与安全的参考书,选择好图书并下了订单后,利用支付宝进行网上实时支付。

张丽艳学习了"模块五　电子商务系统的安全"的内容后,知道了网上交易安全面临很多威胁,便产生了以下疑虑:银行卡资料会不会被支付平台、卖家看到?会不会被黑客通过技术手段盗取?电子商务网站如何保证数据传输的机密性、完整性和支付的安全性呢?

任务思考

在这一电子交易的过程中,如何确保张丽艳付款资料的隐秘性及完整性?对持卡人、特约商店、收单银行怎么认证,如何保证电子交易的安全?

不同厂商开发的应用程序、不同的银行卡在现存各种标准下应构建什么协定,允许在任何软硬件平台上执行,使标准达到相容性与接受性的目标?

本单元介绍的电子商务支付安全协议就可以解决上述问题。

任务分析

安全是电子商务的基石,如何保证电子商务交易活动中信息的机密性、真实性、完整性、不可否认性和存取控制等是电子商务发展中迫切需要解决的问题。为了保障电子商务交易安全,人们开发了各种用于加强电子商务安全的协议。

安全协议可用于保障计算机网络信息系统中秘密信息的安全传递与处理,确保网络用户能够安全、方便、透明地使用系统中的密码资源。安全协议在金融系统、商务系统、政务系统、军事系统和社会生活中的应用日益普遍,而安全协议的安全性分析验证仍是一个悬而未决的问题。在实际社会中,有许多不安全的协议曾经被人们长期使用,如果用于网上支付中,则会直接危害到资金的安全,会造成不可估量的损失。这就需要对安全协议进行充分的分析、验证,判断其是否达到预期的安全目标。

相关知识

一、电子商务安全体系

计算机系统的安全措施从层次和内容上可分为安全立法、安全管理和安全技术三个层次。为了保证电子商务活动的安全性,必须有一套有效的安全机制作为保证,这就要求建立电子商务的安全体系基础结构。电子商务的安全控制体系结构是保证电子商务中数据安全的一个完整的逻辑结构。

1. 电子商务安全体系的构成

电子商务安全体系由五部分组成,分别是网络服务层、加密技术层、安全认证层、安全协议层、应用系统层,其结构如图 8-1 所示。从图中的层次结构可以看出,下层是上层的基础,为上层提供技术支持;上层是下层的扩展与递进。各层次之间相互依赖、相互关联,构成统一的整体。各层通过控制技术的递进,实现电子商务系统的安全。

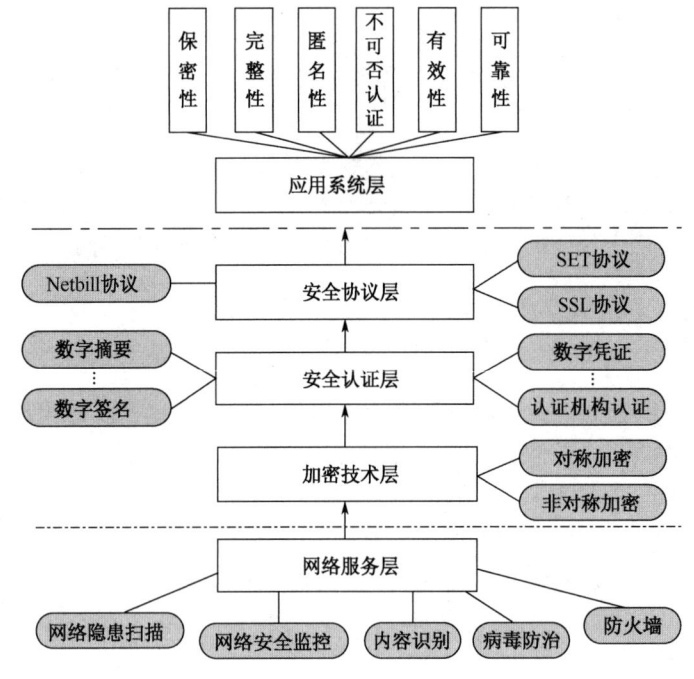

图 8-1　电子商务安全体系结构

为确保电子商务系统安全,必须建立完善的加密技术和认证机制。在图 8-1 所示的电子商务安全体系结构中,加密技术层、安全认证层、安全协议层,即为电子交易数据的安全而构筑。其中,安全协议层是加密技术层和安全认证层的安全控制技术的综合运用和完善。

2. 网络服务层存在的安全隐患

网络层为 TCP/IP 的互联网层或 IP 层。IP 地址是一个 32 位的地址,可以在 TCP/IP 网络中指明一台主机。一个 IP 数据报为 20 字节,其中包含一些信息和控制字段,如 IP 的版本号、长度、服务类型和其他配置。每个 IP 数据报都是单独的信息,从一台主机传递到另一台主机。IP 数据报中有来源、目的地址、装载数据,而 TCP(传输控制协议)只负责将信息切割成封包,若遗失封包,TCP 将重新发送,所以 TCP/IP 根本没有安全性可言,使用一般的数据包嗅探软件工具,即可一目了然地看到这些信息。这种开放式的构造使 IP 层很容易成为黑客攻击的目标。

之所以会有这样的问题,可以说都是 TCP/IP 惹的祸。为了确保在任何 IP 网络上都拥有安全的私密通信,也为了整合不同标准及不同厂商的产品,必须制定一套互联网络层安全协议(IP Security),将密码技术应用在网络层,为传送端、接收端提供数据认证、存取控制等安全服务。高层的应用协议也可以直接或间接地使用这些安全服务。

在早期的电子交易中,曾采用过一些简易的安全措施。例如,"部分告知",即在网上交易中将关键的数据（如信用卡号码及成交数额等）略去，用电话告知，以防泄密；"另行确认"，即在网上传输交易信息之后，用电子邮件对交易进行确认，才属有效。这些方法均有一定的局限性，且操作麻烦，不能真正保证安全。

3. 安全协议

安全协议有时也称作密码协议，是以密码学为基础的消息交换协议，其目的是在网络环境中提供各种安全服务。密码学是网络安全的基础，但网络安全不能单纯依靠安全的密码算法。安全协议是网络安全的一个重要组成部分，用于实体之间的认证、在实体之间安全地分配密钥或其他秘密、确认发送和接收的消息的不可否认性，等等。

安全协议是建立在密码机制基础上的一种交互通信协议，它运用密码算法和协议逻辑来实现认证和密钥分配等目标。

近年来，针对电子交易安全的要求，IT业界与金融行业一起推出了不少有效的安全交易标准，主要有安全超文本传输协议（S-HTTP）、安全套接字层协议（SSL）、3D认证协议（3-D Secure）、安全电子交易协议（SET）等。其中SSL协议和SET协议是两个典型的协议。

二、HTTP协议简介

 相关链接

什么是HTTP？

当我们浏览一个网站的时候，只要在浏览器的地址栏里输入网站的地址就可以了。例如，我们要登录百度网站，只需输入"www.baidu.com"，但在浏览器的地址栏里面出现的却是"http://www.baidu.com/"。你知道为什么会多出一个"http"吗？

1. HTTP

在浏览器的地址栏里输入的网站地址叫作URL（Uniform Resource Locator，统一资源定位符）。就像每家每户都有一个门牌地址一样，每个网页都有一个互联网地址。当在浏览器的地址栏中输入一个URL或单击一个超级链接时，URL就确定了要浏览的地址。浏览器通过超文本传输协议（以下简称"HTTP"），将万维网服务器上站点的网页代码提取出来，并翻译成漂亮的网页。因此，在认识HTTP之前，有必要先弄清楚URL的组成，例如，http://www.microsoft.com/ china/index.htm，它的含义如下。

① http://：超文本传输协议，通知microsoft.com服务器显示万维网页，通常不用输入。
② www：一个万维网服务器。
③ microsoft.com/：这是装有网页的服务器的域名或站点服务器的名称。
④ china/：该服务器上的子目录，就好像文件夹。
⑤ index.htm：文件夹中的一个HTML文件（网页）。

互联网的基本协议是TCP/IP协议，但在TCP/IP模型最上层的是应用层，它包含所有高层协议。高层协议有文件传输协议（FTP）、电子邮件传输协议（SMTP）、域名系统服务（DNS）、网络新闻传输协议（NNTP）和HTTP等。

HTTP是用于从万维网服务器传输超文本到本地浏览器的传送协议。它可以使浏览器更加

高效，使网络传输减少。它不仅保证计算机正确快速地传输超文本文档，还确定传输文档中的哪一部分，以及哪部分内容首先显示（如文本先于图形）等。这就是在浏览器中看到的网页地址都是以"http://"开头的原因。

自万维网诞生以来，一个多姿多彩的资讯和虚拟的世界便出现在我们眼前。可是，怎么能够更加容易地找到我们需要的资讯呢？当决定使用超文本作为万维网文档的标准格式后，科学家们在1990年制定了能够快速查找这些超文本文档的协议，即HTTP。经过几年的使用与发展，HTTP得到不断的完善和扩展，目前在万维网中使用的是HTTP/1.1版。

2. HTTP工作原理

HTTP是基于请求与响应范式的（相当于客户机与服务器），一个客户机与服务器建立连接后，发送一个请求给服务器，请求的格式为URL、协议版本号，后边是MIME信息，包括请求修饰符、客户机信息和可能的内容。服务器接到请求后，给予相应的响应信息，其格式为一个状态行，包括信息的协议版本号、一个成功或错误的代码，后边是MIME信息，包括服务器信息、实体信息和可能的内容。

许多HTTP通信是由一个用户代理初始化的，并且包括一个申请源服务器上的资源的请求。最简单的情况可能是在用户代理和服务器之间通过一个单独的连接来完成的。在互联网上，HTTP通信通常发生在TCP/IP连接之上，默认端口是TCP80，但其他的端口也是可用的。这并不预示着HTTP在其他协议之上才能完成。HTTP只预示着可靠的传输。

这个过程就好像打电话订货一样，我们可以打电话给商家，告诉对方我们需要什么规格的商品，然后商家告诉我们什么商品有货、什么商品缺货。这些是我们通过电话线用电话联系的（HTTP是通过TCP/IP）。当然，我们也可以通过传真机，只要商家那边也有传真机。

3. HTTP工作过程

在万维网中，"客户机"与"服务器"是一个相对的概念，只存在于一个特定的连接期间，即在某个连接中的客户机在另一个连接中可能是服务器。基于HTTP的客户机与服务器模式的信息交换过程分为四个过程：建立连接、发送请求信息、发送响应信息、关闭连接。这就好像上面讲的电话订货的全过程。

其实，简单说，任何服务器，除包括HTML文件以外，还有一个HTTP驻留程序，用于响应用户请求。你的浏览器向服务器发送请求，当浏览器中被输入一个开始文件或有人单击一个超链接时，浏览器就向服务器发送HTTP请求，此请求被送往由IP地址指定的URL。驻留程序接收到请求，在进行必要的操作后，回送被要求的文件。在这一过程中，在网络上发送和接收的数据已经被分成一个或多个数据包，每个数据包包括要传送的数据和控制信息（告诉网络怎样处理数据包）。TCP/IP决定了每个数据包的格式。如果事先不告诉你，你可能不会知道信息被分成用于传输和再重新组合起来的许多小块。

也就是说，商家除拥有商品之外，也有一个职员在接听你的电话。当你打电话的时候，你的声音被转换成各种复杂的数据，通过电话线传输到对方的电话机，对方的电话机又把各种复杂的数据转换成声音，使商家的职员能够明白你的请求。对于这个过程，你不需要明白声音是怎么转换成复杂的数据的。

通过上文的介绍，我们得知使用HTTP传输隐私信息非常不安全，HTTP尤其不适合传输一些敏感信息，如各种账号、密码信息。为了解决HTTP存在的上述问题，HTTPS出现了。HTTPS（超文本传输安全协议）是HTTP的安全版，是使用SSL/TLS加密的HTTP。利用TLS/SSL协议的身份验证、信息加密和完整性校验的功能，避免信息被窃听、篡改和劫持；用HTTPS

部署成功的网站,在浏览器的访问地址栏往往会显示一个带有安全标识的绿色小锁。

如何将网站从HTTP升级到HTTPS呢?主要有以下几个步骤:第一,申请SSL证书(包括CSR文件制作与数字证书申请);第二,在网站的托管账户上安装SSL证书;第三,确保将所有网站链接从HTTP更改为HTTPS;第四,设置从HTTP重定向到HTTPS的301重定向。

当然,网站升级到HTTPS有利,也有弊。其好处主要体现在安全系数的提升,降低了被劫持的风险;坏处主要体现在速度上,由于证书验证、多次握手、CPU消耗等原因,HTTPS页面速度会被拖慢一些。但在实际使用中,绝大部分网站采用了HTTPS。当前,国内的百度和国外的谷歌、火狐等浏览器厂商已扛起HTTPS大旗,HTTPS被银行、医疗、电子商务、社交媒体和政府等使用。这也是未来互联网发展的趋势。

 实践训练

1. 课堂讨论

(1)电子商务安全体系由哪几部分构成?

(2)什么是安全协议?

(3)什么是HTTP?其工作原理是什么?

2. 案例分析

安全超文本传输协议(secure hypertext transfer protocol,S-HTTP)是一种结合HTTP设计的安全通信协议。S-HTTP协议为客户机和服务器提供了多种安全机制,这些安全服务选项是适用于万维网上各类用户的,还为客户机和服务器提供了对称能力(及时处理请求和恢复,以及两者的参数选择),同时维持HTTP的通信模型和实施特征。

S-HTTP不需要客户的公用密钥证明,但支持对称密钥的操作模式。这意味着在没有要求用户个人建立公开密钥的情况下,会自发地发生私人交易。它支持端对端安全传输,客户机可能首先启动安全传输,用来支持加密技术。

在语法上,S-HTTP报文与HTTP相同,由请求行或状态行组成,后面是信息头和主体。请求报文的格式由请求行、通用信息头、请求头、实体头、信息主体组成。响应报文由响应行、通用信息头、响应头、实体头、信息主体组成。

目前有两种方法来建立连接:HTTPS URI方案(RFC 2818)和HTTP 1.1请求头(由RFC2817引入)。由于浏览器对后者几乎没有任何支持,因此HTTPS URI方案仍是实现安全超文本传输的主要手段。安全超文本传输协议使用"https://"代替"http://"。

讨论与分析

HTTP存在哪些不足,需要做哪些改进?S-HTTP有哪些优势?

3. 实务训练

(1)请上网查询HTTP/1.1的特点和8种请求方法。

(2)上网实践,将网络从HTTP升级到HTTPS。

实训说明

（1）本部分实训可在授课后集中或分散进行。

（2）讨论 HTTP 的优点和缺点。

4. 课后拓展

（1）上网查询 HTTP 的详细工作流程，进一步对 HTTP 有所了解。

（2）上网查询并总结 HTTP 与 HTTPS 的不同。

（3）上网了解电子商务安全协议的最新信息，并关注前沿网站。

第二单元　安全套接字层

情景案例

上个单元的案例讨论与分析中提出了一个问题：HTTP 存在哪些不足？张丽艳同学在课后学习发现，HTTP 虽然使用极为广泛，但存在不小的安全缺陷，主要是数据明文传送和消息的完整性检测的缺乏，而这两点恰好是网上支付、网络交易在安全方面最需要关注的。

如何为通信双方提供安全可靠的通信协议服务，在通信双方间建立一个传输层安全通道？安全套接字层弥补了 HTTP 存在的不足，是保证通信安全、支付安全的重要协议。

任务思考

那么，什么是安全套接字层？它的工作流程是什么？它是如何保证通信安全的呢？

任务分析

从互联网诞生开始，万维网服务就是互联网上最重要的、最广泛的应用之一。而 HTTP 作为万维网服务数据的传输通道，也成为互联网上最常见、最重要的应用层协议之一。随着网络交易、网上支付、网上银行等的兴起，以及万维网的发展，万维网服务的安全性问题日益突出。因此，对传输通道 HTTP 的安全性的要求，也达到了前所未有的高度。

对于 HTTP 的明文数据传输，攻击者最常用的手法就是网络嗅探，试图从传输过程中分析出敏感的数据。例如，管理员登录万维网程序后台的过程。即使无法获取后台登录信息，攻击者也可以从网络中获取普通用户的隐私信息，包括手机号码、身份证号码、信用卡卡号等重要资料，导致严重的安全事故。

另外，HTTP 在传输客户机请求和服务器响应信息时，唯一的时间完整性检验就是在数据报头部包含本次传输数据的长度，而对内容是否被篡改不做确认。因此，攻击者可以轻易地发动中间人攻击，修改客户机和服务器传输的数据，甚至在传输数据中插入恶意代码，导致客户机被引导至恶意网站，被植入木马程序。

HTTP先天固有的安全缺陷对万维网服务器的安全性造成重大的影响,有可能导致服务器被入侵、传输信息被截取、客户机被攻击、服务被拒绝等情况。

为了加强万维网服务的安全性,最初Netscape公司提出了HTTPS,用来提供安全可靠的数据传输。针对HTTP的安全缺陷,HTTPS通过在TCP层与IITTP层之间增加一个安全套接字层来加强安全性。在数据传输过程中,加密和解密均由安全套接字层进行,与上层的HTTP无关,对HTTP来说是透明的。HTTPS增强的安全性表现在其双向的身份认证上,确保身份是真实可靠的,其数据传输的机密性提高,对数据完整性的检验更严格,数据报被重放攻击的可能性降低。

相关知识

一、安全套接字层概述

由于万维网上有时要传输重要或敏感的数据,因此Netscape公司在推出万维网浏览器首版的同时,提出了安全套接字层(secure socket layer,以下简称"SSL")协议。SSL协议采用公开密钥技术,其目标是通过在浏览器和万维网服务器间建立一条安全通道,保证两个应用间通信的保密性和可靠性,从而实现在互联网中传输保密文件,该协议可在服务器和客户机两端同时得到支持。目前,利用公开密钥技术的SSL协议已经成为互联网上保密通信的工业标准。现行万维网浏览器普遍将HTTP和SSL相结合,从而实现安全通信。

SSL协议是建立在TCP/IP协议之上的开发协议,它可以为应用层协议(如HTTP、Telnet、FTP)和TCP/IP之间提供数据安全性。SSL协议主要用于提高应用程序之间数据的安全性。该安全协议主要提供对用户和服务器的认证;对传送的数据进行加密和隐藏;确保数据在传送中不被改变。它能使客户机与服务器应用之间的通信不被攻击者窃听。SSL采用TCP作为传输协议,实现数据的可靠传送和接收。SSL工作在安全协议层上,因此独立于更高层应用,可为更高层协议(如Telnet、FTP和THHP)提供安全服务。SSL提供的安全业务和TCP层一样,采用公开密钥和私人密钥两种加密机制,对万维网服务器和客户机的通信提供保密性、数据完整性和认证。

1. SSL协议构成

SSL协议实际上是由共同工作的两层协议组成的,如图8-2所示。从结构图可以看出,SSL安全协议实际是由SSL握手协议、SSL修改密文协议、SSL报警协议和SSL记录协议组成的一个协议族。

SSL 握手协议	SSL 修改密文 协议	SSL 报警协议
SSL记录协议		
TCP		
IP		

图8-2 SSL协议结构

(1)SSL修改密文协议。SSL修改密文协议是使用SSL记录协议服务的SSL高层协议的三个特定协议之一,也是其中最简单的一个。该协议由单个消息组成,只包含一个值为1的单个字节。

该消息的唯一作用就是将未决状态复制到当前状态,更新用于当前连接的密码组。为了保障SSL传输过程的安全性,双方应该每隔一段时间改变加密规范。

(2)SSL报警协议。SSL报警协议是用来为对等实体传递SSL的相关警告。如果某方在通信过程中发现任何异常,就需要给对方发送一条警示消息。警示消息有两种:一种是致命错误,如传递数据过程中发现错误的报文认证码(message authentication code,以下简称"MAC"),双方就立即中断会话,同时消除自己缓冲区相应的会话记录;另一种是警告消息,这种情况,通信双方通常都只是记录日志，而对通信过程不造成任何影响。

（3）SSL 握手协议。SSL 握手协议允许通信实体在交换应用数据之前协商密钥的算法、加密密钥和对客户端进行认证（可选）的协议，为下一步记录协议要使用的密钥信息进行协商，使客户端和服务器建立并保持安全通信的状态。SSL 握手协议是在任何应用程序数据传输之前使用的。SSL 握手协议可以使服务器和客户端能够相互鉴别对方，协商具体的加密算法和 MAC 算法及保密密钥，用来保护在 SSL 记录中发送的数据。

SSL 中的握手协议，是在客户端和服务器之间交换消息的强化安全性的协议。SSL 握手协议包含两个阶段：第一阶段用于建立私密性通信信道，第二阶段用于客户认证。

第一阶段是通信的初始化阶段。首先，SSL 要求服务器向浏览器出示证书。证书包含一个公开密钥，这个公开密钥是由一家可信证书授权机构签发的。通过内置的一些基础公开密钥，客户端的浏览器可以判断服务器证书正确与否。然后，浏览器中的 SSL 软件发给服务器一个随机产生的传输密钥，此密钥由已验证过的公开密钥加密。由于传输密钥只能由对应的私有密钥来解密，这证实了该服务器属于一个认证过的公司。随机产生的传输密钥是核心机密，只有客户端的浏览器和此公司的万维网服务器知道这个数字序列。这个双方共享密钥的密文可以通过浏览器安全抵达万维网服务器，互联网上的其他人无法解开它。

第二阶段的主要任务是对客户端进行认证。此时服务器已经被认证了，服务器向客户端发出认证请求消息。客户端收到服务器的认证请求消息后，发出自己的证书，并且监听对方回送的认证结果。当服务器收到客户端的证书后，给客户端回送认证成功消息，否则返回错误消息。到此为止，握手过程全部结束。

实际上，SSL 协议本身也是一个分层的协议，它由消息子层及承载消息的记录子层组成。SSL 记录协议首先按照一定的原则，如性能最优原则，把消息数据分成一定长度的片段；接着分别对这些片段进行消息摘要和 MAC 计算，得到 MAC 值；然后再对这些片段进行加密计算；最后把加密后的片段和 MAC 值连接起来，计算其长度，并打上记录头后发送到传输层。这是一般的消息数据到达后，记录层所做的工作。但是，有的特殊消息，如握手消息，由于发送时还没有完全建立好加密的通道，所以并不完全按照这个方式进行。而且，有的消息比较短，如警示消息，出于性能考虑，也可能和其他的消息一起被打包成一个记录。消息子层是应用层和 SSL 记录层间的接口，负责标识并在应用层和 SSL 记录层间传输数据，或者对握手信息和警示信息的逻辑进行处理，可以说是整个 SSL 层的核心。其中尤其关键的是对握手信息的处理，它是建立安全通道的关键，握手状态机运行在这一层上。对警示消息的处理也可以作为握手状态机功能的一部分。SSL 协议为描述所有消息，引入了 SSL 规范语言，其语法结构主要仿照 C 语言，而且是无歧义、精简的。

（4）SSL 记录协议。在 SSL 协议中，所有的传输数据都被封装在记录中。记录是由记录头和长度不为零的记录数据组成的。所有的 SSL 通信（包括握手消息、安全空白记录和应用数据）都使用 SSL 记录层。SSL 记录协议包括记录头和记录数据格式的规定。

① SSL 记录头格式。SSL 的记录头可以是 2 字节或 3 字节长的编码。SSL 记录头包含的信息包括记录头的长度、记录数据的长度、记录数据中是否有粘贴数据。其中粘贴数据是在使用块加密算法时填充的实际数据，使其长度恰好是块的整数倍。最高位为 1 时，不含有粘贴数据，记录头的长度为 2B，记录数据的最大长度为 32767B；最高位为 0 时，含有粘贴数据，记录头的长度为 3 个字节，记录数据的最大长度为 16383B。

② SSL 记录数据的格式。SSL 的记录数据包含三部分：MAC 数据、实际数据和粘贴数据。

MAC 数据用于数据完整性检查。计算 MAC 所用的散列函数,由握手协议中的 CIPHER-CHOICE 消息确定。若使用 MD2 和 MD5 算法,则 MAC 数据长度是 16B。

MAC 数据的计算公式:

$$MAC\ 数据 = HASH[密钥,实际数据,粘贴数据,序号]$$

当会话的客户端发送数据时,密钥是客户的写密钥(服务器用读密钥来验证 MAC 数据);而当会话的客户端接收数据时,密钥是客户的读密钥(服务器用写密钥来产生 MAC 数据)。序号是一个可以被发送方和接收方递增的计数器。每个通信方向都会建立一对计数器,分别被发送方和接收方拥有。计数器有 32 位,计数值循环使用,每发送一个记录,计数值递增一次,序号的初始值为 0。

2. SSL 提供的服务

SSL 提供的服务可以归纳为以下三方面。

(1) 用户和服务器的合法性认证。认证用户和服务器的合法性,使它们能够确信数据将被发送到正确的客户端和服务器上。客户端和服务器都有各自的识别号,这些识别号由公开密钥进行编号。为了验证用户是否合法,SSL 协议要求在握手交换数据时进行数字认证,以此确保用户的合法性。

(2) 加密数据以隐藏被传送的数据。SSL 协议采用的加密技术既有对称密钥技术,也有公开密钥技术。在客户端与服务器进行数据交换之前,双方交换 SSL 初始握手信息,SSL 握手信息采用各种加密技术,以保证机密性和数据的完整性,并且用数字证书进行验证。这样就可以防止非法用户进行破译。

(3) 维护数据的完整性。SSL 协议采用哈希算法和机密共享的方法来提供完整性的服务,来建立客户端与服务器之间的安全通道,使所有经过处理的业务在传输过程中都能全部完整、准确无误地到达目的地。

要说明的是,SSL 协议是一个保证计算机通信安全的协议,对通信对话过程进行安全保护。例如,一台客户机与一台主机连接上了,首先要初始化握手协议,然后建立一个安全套接字层。从对话开始,直到对话结束,SSL 协议对整个通信过程加密,并且检查其完整性。这样一个对话时段算一次握手。而 HTTP 中的每次连接就是一次握手。因此,与 HTTP 相比,SSL 协议的通信效率会高一些。

二、SSL 工作流程

1. SSL 的运行步骤

在传统的邮购活动中,客户首先寻找商品信息,然后汇款给商家,商家再把商品寄给客户。在这里,商家是可以信赖的,所以客户需先汇款给商家。在电子商务的开始阶段,商家担心客户购买后不付款,或使用过期作废的信用卡,因而希望银行予以认证,SSL 协议正是在这种背景下应用于电子商务的。

SSL 采用公开密钥和专有密钥两种加密方式。在建立连接过程中采用公开密钥;在会话过程中使用专有密钥。加密类型和强度在两端之间建立连接的过程中决定。它保证了客户端和服务器间事务的安全性。

SSL 的工作流程如图 8-3 所示。

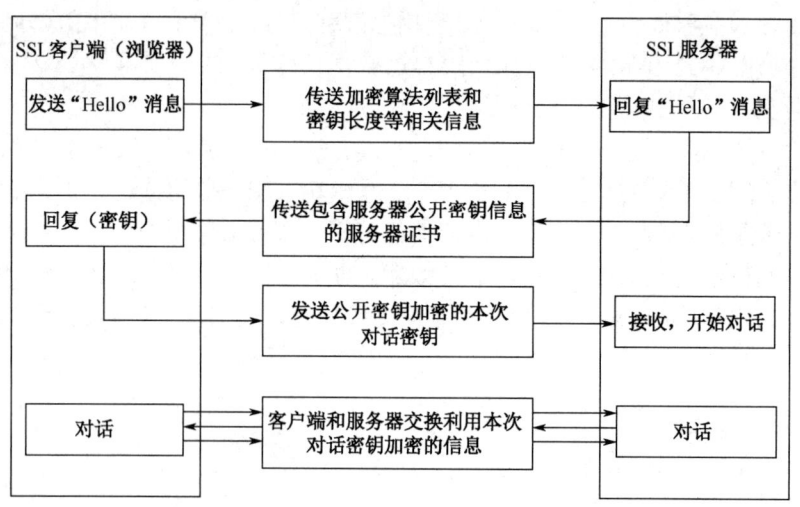

图 8-3 SSL 的工作流程

（1）服务器认证阶段。

① 客户端向服务器发送一个开始信息"Hello"，以便开始一个新的会话连接。

② 服务器根据客户端的信息确定是否生成新的主密钥。

③ 客户端根据收到的服务器响应信息，产生一个主密钥，并用服务器的公开密钥加密后传给服务器。

④ 服务器恢复该主密钥，并返回给客户端一个用主密钥认证的信息，以此让客户端认证服务器。

（2）用户认证阶段。

在此之前，服务器已经通过了客户端认证，这一阶段主要完成对客户端的认证。经认证的服务器发送一个提问给客户端，客户端则返回经过数字签名后的提问及其公开密钥，从而向服务器提供认证。

从 SSL 协议提供的服务及其工作流程可以看出，SSL 协议运行的基础是商家对消费者信息保密的承诺，这就有利于商家，而不利于消费者。在电子商务初级阶段，由于运作电子商务的企业大多是信誉较好的大公司，因此该问题还没有充分暴露出来。随着电子商务的发展，中小型公司也纷纷参与进来，这样在电子商务支付过程中的单一认证问题就越来越突出。在 SSL3.0 中，通过数字签名和数字证书可实现浏览器和万维网服务器双方的身份验证，但 SSL 协议仍存在一些问题。例如，只能提供交易中客户端与服务器间的双方认证，在涉及多方的电子交易中，SSL 协议并不能协调各方之间的安全传输和信任关系。在这种情况下，维萨和万事达卡两大信用卡组织制定了安全电子交易（SET）协议，为网上信用卡支付提供了全球性的标准。

当上述动作完成之后，两者间的资料传送就会加密，另外一端收到资料后，再将加密后的资料还原。即使盗窃者在网络上取得加密的资料，如果没有掌握加密算法，也不能获得可读的有用资料。在电子商务交易过程中，由于有银行参与，按照 SSL 协议，客户购物信息首先被发往商家，商家再将信息转发给银行，银行验证客户信息的合法性后，通知商家付款成功，商家再通知客户购买成功，将商品寄送给客户。

2. SSL 协议的握手过程

为了便于大家更好地认识和理解 SSL 协议，介绍一下 SSL 协议的握手过程。SSL 协议既用到了公开密钥加密技术（非对称加密），又用到了对称加密技术。SSL 对传输内容的加密采用的是对称加密，然后将对称加密的密钥使用公开密钥进行非对称加密。这样做的好处是，对称加密技术比公开密钥加密技术的速度快，可用来加密较大的传输内容，公开密钥加密技术相对较慢，提供了更好的身份认证技术，可用来加密对称加密过程使用的密钥。

SSL 的握手协议非常有效地让客户端和服务器完成相互之间的身份认证，其主要过程如下。

（1）客户端的浏览器向服务器传送客户端 SSL 协议的版本号、加密算法的种类、产生的随机数，以及其他服务器和客户端之间通信需要的各种信息。

（2）服务器向客户端传送 SSL 协议的版本号、加密算法的种类、随机数及其他相关信息，同时向客户端传送自己的证书。

（3）客户端利用服务器传过来的信息验证服务器的合法性。服务器的合法性包括：证书是否过期，发行服务器证书的认证机构是否可靠，发行者证书的公开密钥能否正确解开服务器证书的"发行者的数字签名"，服务器证书上的域名是否和服务器的实际域名相匹配。如果合法性验证没有通过，通信将断开；如果合法性验证通过，将继续进行下一步。

（4）客户端随机产生一个用于后面通信的"对称密钥"，用服务器的公开密钥［服务器的公开密钥从步骤（2）中的服务器的证书中获得］对其加密，然后将加密后的"预主密码"传给服务器。

（5）如果服务器要求客户端对身份进行认证（在握手过程中为可选），客户端可以建立一个随机数，对其进行数据签名，将这个含有签名的随机数和客户端的证书及加密过的"预主密码"一起传给服务器。

（6）如果服务器要求客户端对身份进行认证，必须检验客户端证书和签名随机数的合法性。具体的合法性验证过程包括：客户端的证书使用日期是否有效，为客户端提供证书的认证机构是否可靠，提供证书的认证机构的公开密钥能否正确解开客户端证书的认证机构的数字签名，检查客户端的证书是否在证书废止列表中。如果验证没有通过，通信立刻中断；如果验证通过，服务器将用自己的私有密钥解开加密的"预主密码"，然后执行一系列步骤来产生主通信密码（客户端也将通过同样的方法产生相同的主通信密码）。

（7）服务器和客户端用相同的主密码（即"通话密码"）——一个对称密钥——进行通信。同时，在通信过程中，还要实现数据的完整性，防止任何变化。

（8）客户端向服务器端发出信息，指明后面的数据通信将使用步骤（7）中的主密码为对称密钥，同时通知服务器，客户端的握手过程结束。

（9）服务器向客户端发出信息，指明后面的数据通信将使用步骤（7）中的主密码为对称密钥，同时通知客户端，服务器端的握手过程结束。

（10）SSL 的握手部分结束，SSL 安全通道的数据通信开始，客户端和服务器开始使用相同的对称密钥进行数据通信，同时进行通信完整性的检验。

3．SSL 协议应用情况

SSL 协议是国际上最早应用于电子商务的一种网络安全协议，至今仍然有许多网络商店在使用。在实际使用时，SSL 协议根据邮购的特点进行了改进。SSL 协议运行的基点是商家对客户信息保密的承诺。客户的信息首先被传到商家，商家阅读后再传到银行。这样，客户资料对于商家是完全透明的；商家认证客户是必要的，但整个过程缺少客户对商家的认证。随着电子商务的发展，对厂商的认证问题越来越突出，SSL 协议的缺点完全暴露出来。

除传输过程以外，SSL 协议不能提供任何安全保证，并不能使客户确信商家接受信用卡支付是得到授权的。在互联网上，经常出现一些陌生的店铺，正因如此，网上商店进行欺诈的可能性比街头店铺大得多。进一步说，即使一个诚实的网上商店，在收到客户的信用卡号码后，如果没有采取好的方法保证其安全性，那么客户信用卡号很容易被黑客通过商家服务器窃取。

另外，SSL 位于 TCP 层之上、应用层之下，相对于应用层来说是独立的，应用层是直接建立在 SSL 上的。在实际应用中，SSL 可保证信息的真实性、完整性和保密性，却无法提供交易的不可否认性，这是由于 SSL 不对应用层的消息进行数字签名。为解决这一问题，Netscape 公司在推出万维网浏览器 Communicator 3.0 版本时，在浏览器中引入"表单签名"功能，以弥补这一缺陷。

在国内，开展网上银行业务的银行对安全标准的选择也不一致，中国银行网上支付的安全协议采用的是 SET 标准，而建设银行、招商银行采用的是 SSL 协议。

 **相关链接**

扫描二维码 8-1，了解天威诚信网站可信服务 VeriSign SSL 证书与信任签章。

8-1

 **实践训练**

1. 课堂讨论

（1）什么是 SSL 协议？它由哪几部分构成？

（2）SSL 协议的工作流程是什么？

（3）SSL 协议有哪些优缺点？

2. 案例分析

以往，电子商务的许多应用是不进行客户端认证的。不过，现在许多公司将 SSL 作为一项协议供数据中心里的新应用使用。对于基于 SSL 的 VPN，以及那些需要对终端用户进行额外认证的应用而言，客户端认证正在成为一种趋势。

客户端认证可以使用与服务器认证相同的技术，在协议之内对用户身份进行确认。尽管两者认证的信息流极为不同，但从概念上来看，其过程与服务器认证是相同的。这一过程同样也会在 SSL 握手子协议之内进行。在这种情况下，客户端必须向服务器提供有效的证书。服务器可以使用公开密钥密码技术对终端用户的有效性进行认证。

SSL 具有的灵活性和强劲的生命力使其无所不在。可以预言的是，在 SSL 成为企业应用、无线访问设备、万维网服务及安全访问管理的关键性协议的同时，其应用将继续大幅度增长。

讨论与分析

什么是客户端认证？它对提高电子商务支付的安全性有何作用？

3. 实务训练

（1）目前我国开发的许多电子商务支付系统，如中国银行的长城卡电子商务支付系统，为什么没有采用 SSL 协议？

（2）画出 SSL 协议所处的网络结构。

实训说明

（1）本部分实训在授课后集中或者分散完成。

（2）上网查询相关知识，进行课堂讨论。

4．课后拓展

（1）SSL 还存在哪些不足？需要做哪些改进？

（2）在网上了解 SSL 协议的新动态。

（3）课后关注某个数字认证机构的微信公众号，了解其安全认证服务。

第三单元　安全电子交易协议

情景案例

信用卡是最为常见的网上支付工具，信用卡的泄密、被盗等现象也屡见不鲜。张丽艳同学在上个单元的学习中，对 SSL 协议有了较深的了解，但一些银行的电子商务支付系统为什么没有采用 SSL 协议呢？

通过课后学习，张丽艳了解到一些银行的电子商务支付系统采用的是 SET 协议。这是为什么呢？

任务思考

什么是 SET 协议？它的特点是什么？SET 协议是如何保证通信安全的呢？SET 协议与 SSL 协议有什么不同？

任务分析

在开放的互联网上处理电子商务，保证买卖双方传输数据的安全成为电子商务的重要问题。为了克服 SSL 协议的缺点，满足电子交易持续不断增加的安全要求，达到交易安全及合乎成本效益的市场要求，维萨及其他公司，如万事达卡、微软和 IBM 等共同制定了安全电子交易（secure electronic transaction，SET）协议。

SET 协议是为在线交易而设立的一个开放的以电子货币为基础的电子付款系统规范，它采用公开密钥密码机制和 X.509 数字证书标准，主要用于在 B2C 商务模式中保障支付信息的安全性。SET 协议在保留对客户信用卡认证的前提下，又增加了对商家身份的认证，这对于需要支付货币的交易来讲是至关重要的。由于设计合理，SET 协议得到了许多大公司和消费者的支持，已成为全球网络的工业标准，其交易形态将成为未来电子商务的安全规范。

SET 协议主要使用电子认证技术，其认证过程使用 RSA 和 DES 算法，可以为电子商务提供很强的安全保护。

SET协议是一种基于消息流的协议，该协议主要是为用户、商家和银行之间通过信用卡在线结算而设计的，以保证支付信息的机密、支付过程的完整、持卡人的合法身份及可操作性。SET协议的核心技术主要有公开密钥加密、数字签名、数字信封和数字证书等。

 相关知识

一、SET协议简介

电子商务面临的最大挑战，即交易的安全问题。在网上购物环境中，持卡人希望在交易中保护自己的账户信息，使之不被人盗用；商家则希望客户的订单不可否认。在交易过程中，交易各方都希望验明对方的身份，以防止被欺骗。

1995年10月，包括万事达卡、Netscape和IBM在内的联盟开始着手进行安全电子商务支付协议的开发。随后，维萨和微软组成的联盟开始开发另外一种不同的网上支付规范，叫作安全电子交易（以下简称"SET"）。两大信用卡组织万事达卡和维萨分别支持独立的网上支付解决方案，影响了网上支付的发展。1996年1月，维萨和万事达卡联合发起并推动了SET协议的制定、测试和实施，并于1997年5月发布正式的1.0版本。

SET协议为在互联网上进行安全的电子商务活动提供了一个开放的标准。SET协议主要使用电子认证技术，其认证过程使用RSA和DES算法，可以为电子商务提供很强的安全保护。可以说，SET协议是目前电子商务中最重要的协议，它的推出大大促进了电子商务的繁荣和发展。SET协议将建立一种能在互联网上安全使用银行卡进行购物的标准。SET协议是一种为基于信用卡而进行的电子交易提供安全措施的规则，是一种能广泛应用于互联网的安全电子付款协议，它能够将信用卡使用的起始点从商店扩展到消费者家里，扩展到消费者的个人计算机中。

SET协议采用公开密钥密码机制和X.509数字证书标准，主要应用于B2C商务模式中保障支付信息的安全性。SET协议提供消费者、商家和银行之间的认证，能够确保交易数据的安全性、完整性和交易的不可否认性，特别是能够保证不将消费者银行卡号暴露给商家，因此成为目前被公认的利用信用卡、借记卡进行网上交易的国际安全标准。

由于SET协议是由信用卡发卡公司参与制定的，其认证系统被认为是有效的。当一位供货商在计算机上收到一张SET协议签证的订单时，供货商就可以确认该订单背后有一张合法的信用卡，就能放心地接下这笔生意。同样，由于有SET协议做保障，发出订单的客户也会确认自己是在与一个诚实的供货商做买卖，因为该供货商受到万事达卡和维萨等发卡组织的信赖。

中国银行是国内第一家使用SET协议的金融机构。

二、SET协议的目标和特点

1. SET协议的目标

（1）保证电子商务参与者信息的相互隔离，客户的资料被加密或打包后经过商家到达银行，商家不能看到客户的账户和密码信息。

（2）保证信息在互联网上安全传输，防止数据被第三方窃取。

（3）解决多方认证问题，不仅要对消费者的信用卡认证，而且要对在线商店的信誉程度认

证，同时还有消费者、在线商店与银行间的认证。

（4）保证网上交易的实时性，使所有的支付过程都是在线的。

（5）规范协议和消息格式，促使不同厂家开发的软件具有兼容性和互操作功能，并且可以运行在不同的硬件和操作系统平台上。

2．SET 协议的特点

（1）保证信息在互联网上安全传输，保证网上传输的数据不被黑客窃听。

（2）订单信息和个人账户信息隔离。在将包括持卡人账户信息在内的订单送到商家时，商家只能看到订货信息，看不到持卡人的账户信息，从而保证电子商务参与者信息的相互隔离。

（3）持卡人和商家相互认证，以确定通信双方的身份，一般由第三方机构负责为在线通信双方提供信用担保，从而解决了多方认证问题。

（4）保证网上交易的实时性，使所有的支付过程在网络上进行。

（5）要求软件遵循相同的协议和消息格式，使不同厂家开发的软件具有兼容性和互操作功能，并且可以运行在不同的硬件和操作系统平台上。

三、SET 安全协议涉及的对象和技术范围

1．SET 协议涉及的对象

（1）消费者，包括个人消费者和团体消费者，按照在线商店的要求填写订单，利用由发卡银行发行的信用卡付款。SET 支付系统中的网上消费者或客户必须是银行卡（信用卡或借记卡）的持卡人。持卡人要参与网上交易，首先要向发卡行提出申请，经发卡行认可后，持卡人从发卡行取得一套 SET 交易专用的持卡人软件（电子钱包软件），再由发卡行委托第三方中立机构 SET 认证机构发给数字证书，持卡人才具备上网交易的条件。

（2）在线商店提供商品或服务，具备相应电子货币使用的条件。商户必须在收单银行开设账户，由收单银行负责交易中的清算工作。商户要取得网上交易的资格，首先要由收单银行对其进行信用评估，与收单银行达成协议，保证其可以接受通过银行卡付款。商户的网上商店必须集成 SET 交易商家软件。与持卡人一样，在开始交易之前，商户也必须向 SET 认证机构申请数字证书。

（3）支付网关。SET 支付系统中的支付网关必须由收单银行授权，再由 SET 认证机构发放数字证书，方可参与网上支付活动。支付网关具有确认商户身份、解密持卡人的支付指令、验证持卡人的证书与在购物中使用的账户是否匹配、验证持卡人和商户信息的完整性等功能。由于商户收到持卡人的购物请求后，要将持卡人账户和付款金额等信息传给收单银行，所以支付网关一般由收单银行来担任。但是，支付网关是一个相对独立的系统，只要保证支付网关到银行之间通信的安全即可，银行可以委托第三方担任网上交易的支付网关。

（4）收单银行通过支付网关处理消费者和在线商店之间的交易付款问题。

（5）电子货币发行公司，以及某些发行电子货币的银行，负责处理智能卡的审核和支付工作。

（6）认证机构负责对交易双方的身份进行确认，对厂商的信誉度和消费者的支付手段进行认证。

在基于 SET 的认证中，根据交易角色的不同，认证机构向持卡人颁发持卡人证书，向商户颁发商家证书，向支付网关颁发支付网关证书，利用这些证书可以验证持卡人、商户和支付网关的身份。

2. SET 协议涉及的技术范围

（1）加密算法的应用（如 RSA 和 DES）。
（2）证书信息和对象格式。
（3）购买信息和对象格式。
（4）认可信息和对象格式。
（5）划账信息和对象格式。
（6）对话实体之间消息的传输协议。

四、SET 协议的工作原理

1. SET 协议的工作流程

（1）消费者在互联网上搜索所要购买的商品，通过计算机输入订单。
（2）通过电子商务服务器与有关在线商店联系，在线商店做出应答，以确认订单条款的准确性。
（3）消费者选择付款方式，确认订单，签发付款指令。
（4）消费者对订单和付款指令进行数字签名，同时利用双重签名技术保证商家看不到消费者的账户信息。
（5）在线商店接收订单后，向消费者所在银行请求支付认可。信息通过支付网关到收单银行，再到电子货币发行公司确认，交易被批准后，给在线商店返回确认信息。
（6）在线商店给消费者发送订单确认信息。
（7）在线商店发送货物或提供服务，并通知收单银行进行转账，通知发卡银行，请求支付。

在认证操作和支付操作中间一般会有一个时间间隔，例如，在每天的下班前请求银行结一天的账。前两步与 SET 协议无关，从第三步开始 SET 协议起作用，一直到第七步。在处理过程中，通信协议、请求信息的格式、数据类型的定义等，SET 协议都有明确的规定。在操作的每一步，消费者、在线商店、支付网关都通过认证机构来验证通信主体的身份，以确保通信的对方不是被冒名顶替的。

电子商务的工作流程与实际的购物流程非常接近，电子商务与传统商务易于融合，用户使用起来也没有什么障碍。从顾客通过浏览器进入在线商店开始，一直到订购的物品上门或订购的服务完成，以及账户上的资金转移，所有这些都是通过互联网完成的。如何保证网上传输数据的安全和确认交易双方的身份是电子商务能否得到推广的关键。这正是 SET 协议要解决的最主要的问题。

2. SET 支付流程

如图 8-4 所示为一个完整的 SET 支付流程。

（1）支付初始化请求和响应。当客户决定购买商家的商品并使用 SET 钱包付钱时，商家服务器上的电子付款软件发报文给客户浏览器的 SET 钱包，SET 钱包要求客户输入口令，然后与商家服务器交换"握手"信息，使客户和商家相互确认，即客户确认商家被授权可以接受信用卡，同时商家确认客户是一个合法的持卡人。

（2）支付请求。客户发报文，包括订单和支付命令。在订单和支付命令中必须有客户的数字签名，同时利用双重签名技术，保证商家看不到客户的账户信息。只有位于商家开户银行的被称为支付网关的另外一个服务器才可以处理支付命令中的信息。

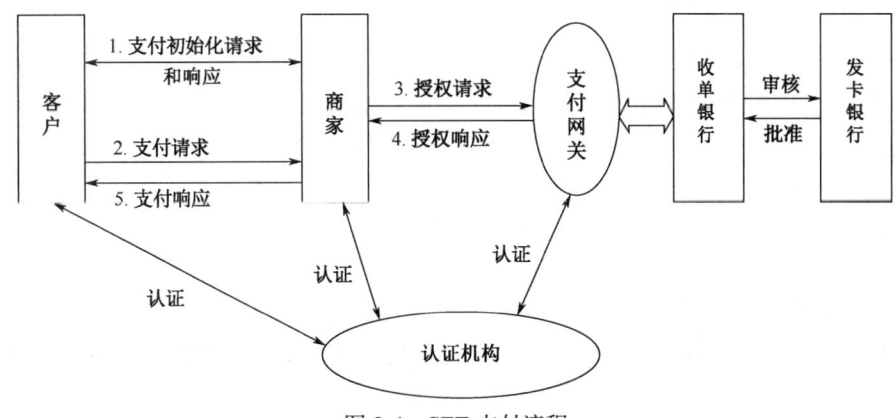

图 8-4　SET 支付流程

（3）授权请求。商家收到订单后，电子付款软件将授权请求报文（其中包括客户的支付命令）发送给支付网关。支付网关是一个互联网服务器，是连接互联网和银行内部网络的接口。授权请求报文通过支付网关到达收单银行后，收单银行再向发卡银行确认。

（4）授权响应。收单银行得到发卡银行的批准后，通过支付网关发给商家授权响应报文。

（5）支付响应。商家给客户发送订单确认信息，客户端软件可记录交易日志，以备将来查询。同时，商家给客户发送货物，或完成订购的服务。到此为止，一个购物过程已经结束。商家可以立即请求银行将钱从客户的账户转移到商家账户，也可以等到某一时间，请求成批划账处理。

在上述的处理过程中，通信协议、请求信息的格式、数据类型的定义等，SET 协议都有明确的规定。在操作的每一步，持卡人、商家和支付网关都通过认证机构来验证通信主体的身份，以确保通信的对方不是被冒名顶替的。

五、SET 协议的不足之处

根据统计，在一个典型的安全电子交易过程中，需验证数字证书 9 次，验证数字签名 6 次；需传送证书 7 次，进行 5 次签名、4 次对称加密和 4 次非对称加密；整个交易过程可能会花费 1.5～2 分钟。SET 协议存在以下不足之处。

（1）没有说明收单银行给在线商店付款前，是否必须收到消费者的货物接收证书，如果在线商店提供的货物不符合质量标准，消费者提出疑义，责任该由谁来承担。

（2）没有担保"非拒绝行为"，这意味着在线商店没有办法证明订购是不是由签署证书的消费者发出的。

（3）没有提及事务处理完成后，如何安全地保存或销毁此类数据，是否应当将数据保存在消费者、在线商店或收单银行的计算机里。这些数据有可能受到潜在的攻击。

（4）协议过于复杂，使用成本高，数据处理时间较长，而且只适用于客户具有电子钱包的场景。

（5）SET 的证书格式比较特殊，虽然遵循 X.509 标准，但主要是由维萨和万事达卡开发并按信用卡支付方式定义的，因此主要支持信用卡支付业务，对其他支付方式存在一定的限制。

（6）在 SET 协议中，虽然用户账号不会被明文传递，通常采用 1024 位 RSA 不对称密钥加密，但实际上大多数商户收到了持卡人的账号，所以用户账号泄露问题仍然存在。

六、SSL 协议和 SET 协议的比较

事实上，SET 协议和 SSL 协议除采用 RSA 公开密钥算法以外，两者在其他方面没有任何相似之处。而 RSA 在两者中也被用来实现不同的安全目标。SET 是一个多方报文协议，它定义了银行、商家、持卡人之间的报文规范，SSL 只是简单地在双方之间建立安全连接。SSL 协议是面向连接的，而 SET 协议允许各方之间的报文交换不是实时的。SET 报文能够在银行内部网或者其他网络上传输，而基于 SSL 协议的卡支付系统只能与万维网浏览器捆绑在一起。

SET 协议与 SSL 协议相比具有以下优点。

（1）SET 协议为商家提供了保护自己的手段，使商家免受欺诈的困扰，使商家的运营成本降低。

（2）对消费者而言，SET 协议保证了商家的合法性，用户的信用卡号不会被窃取，替消费者保守了更多的秘密，使其在线购物更加轻松。

（3）对于银行和发卡机构及各种信用卡组织来说，SET 协议可以帮助它们将业务扩展到互联网广阔的空间，从而使信用卡网上支付被欺骗的概率大大降低，比其他支付方式具有更大的竞争力。

（4）SET 协议定义了参与交易各方的互操作接口，一个系统可以由不同厂商的产品构筑。

综上所述，在电子商务中，采用何种安全电子交易的协议是非常重要的，既要考虑安全性问题，也要考虑实现过程的复杂程度和建设网站的成本。

 **相关链接**

扫描二维码 8-2，了解中国银行 SET 交易模式。

8-2

 **实践训练**

1. 课堂讨论

（1）什么是 SET 协议？它有什么特点？
（2）SET 协议的工作流程是什么？
（3）SSL 协议有哪些优点和缺点？

2. 案例分析

SET 协议的扩展

（1）商家初始授权扩展（the merchant initiated authorization extension）版本。标准的 SET 协议，其授权是从持卡人采用 SET 协议开始的。而商家初始授权扩展允许一个商家为非遵循 SET 协议的订购进行授权和请款。这些订购是由持卡人采用非 SET 协议的传输方式完成的，如采用电话、传真、SSL 协议等方式通知商家支付信息，由商家采用 SET 协议向银行发出授权请求。该扩展拓宽了 SET 协议的应用场合，实现了现有电子商务的支付方式向 SET 模式的平滑过渡。

（2）在线个人识别号扩展（online PIN extension to SET 1.0）版本。个人识别号简称"PIN"，是用户为支付卡设定的个人密码。SET 协议在线个人识别号扩展版本定义了两种使用 PIN 的扩展方式：一是持卡人通过任何方式（包括键盘）来输入 PIN；二是通过安全设备来输入 PIN。在实际应用中，根据支付卡发卡机构的规定决定使用方式。该扩展版本增强了信用卡的认证信息，为借记卡采用 SET 协议提供了新的用户信息识别方式。

（3）芯片卡扩展（common chip extension）版本。芯片卡（如 IC 卡）与磁条卡相比，具有存储信息容量大、安全性高、使用方便等优点。SET 1.0 标准出台时没有考虑对芯片卡的支持。1999 年 9 月，SET 协议标准组织（SETCo）批准公布了欧陆卡（Europe International）、万事达卡、维萨提交的"common chip extension SET 1.0"，支持芯片卡采用 SET 协议进行电子交易，并使 SET 协议具有处理芯片卡数据的通用扩展性能。

讨论与分析

SET 协议的扩展对提高电子商务支付的安全性有何作用？

3．实务训练

（1）上网和查阅其他参考书，查找哪些银行使用 SSL 协议，哪些使用 SET 协议，比较两个协议的优点和缺点，说明两种协议并存的原因。
（2）访问某个银行网站，安装电子钱包，申请数字证书并进行网上购物。

实训说明

本部分实训在授课后分散完成。

4．课后拓展

（1）SET 协议还存在哪些不足？需要做哪些改进？
（2）总结 SET 协议的关键技术。
（3）了解某个第三方支付机构，弄明白其业务开展情况。

第四单元　其他电子商务支付协议简介

情景案例

张丽艳同学上网查找发现，中国工商银行网上银行采用的是 SSL 协议，而中国银行网上银行采用的是 SET 协议，是否还有其他电子商务支付协议呢？

任务思考

除我们学习过的 SSL 协议和 SET 协议以外，其他的电子商务支付协议有哪些？它们有什么特点？

 任务分析

SSL 协议和 SET 协议是应用最为广泛的电子商务支付安全协议，除此之外，像 Digicash 协议、First Virtual 协议、Netbill 协议和 iKP 协议等也是应用比较多的安全支付协议。它们在交易方式、交易对象和交易额度方面有不同的优点和缺点。

 相关知识

除 SSL 协议和 SET 协议外，在电子商务安全协议发展过程中，还先后出现了其他几个电子商务支付安全协议，主要包括以下几种。

一、Digicash 协议

Digicash（数字现金）协议是位于荷兰的 Digicash 公司的产品，是一个数字现金系统，工作方式类似普通的电话卡和地铁卡。在这种系统中，用户向支持 Digicash 系统的银行购买数字现金，可以远程利用信用卡购买或在线购买。这些数字现金实际上是一些特殊编码的序列号，可以像真实现金一样使用：用来偿付购买的实体货物，交换非实物信息，或者在个人之间完成贸易过程。人们可以将数字现金存入银行，换成真实的现金。

支持 Digicash 的软件禁止数字现金被处理或使用一次以上。像真实现金一样，数字现金能被匿名使用。在使用或收到数字现金前不必进行验证，对它的使用也不会留下任何可视的痕迹。这与基于信用卡的系统不同。

Digicash 是一个匿名的数字现金协议。所谓匿名，是指消费者在消费中不会暴露身份，如现金交易（虽然钞票有号码，但交易中一般不会加以记录）。该协议的工作过程如下。

（1）消费者从银行取款，收到一个加密的数字现金，可以当钱用。

（2）消费者对该数字现金做加密变换，使之仍可被商家检验有效性，但不能追踪消费者的身份。

（3）消费者在商家消费，使用数字现金购物或购买服务，消费者进一步对数字现金密码变换，以纳入商家的身份。

（4）商家检验数字现金，以确认以前未收到过此数字现金。

（5）商家给消费者发货。

（6）商家将收到的数字现金送银行。

（7）银行检验该数字现金的唯一性。消费者的身份仍然保密，除非银行查出该数字现金被重复使用，则消费者的身份将会被暴露，消费者的欺诈行为也就暴露了。

在以上的第三步中，若发生通信故障，则消费者无法判断商家是否收到数字现金。此时消费者有两种选择。

一种做法是，将数字现金返回给银行或到另一个商家消费。如果消费者这样做了，而商家事实上已收到了该数字现金，则当商家去银行将该数字现金兑现时会发现其被重复使用。

另一种做法是，消费者不采取行动，既不另行消费，也不将数字现金退还给银行，如果消费者这样做了，而商家在第三步未收到数字现金，则自然不会发货。这样一来，消费者既未收到所购之物，也未花费该电子货币，购物行为失败。

二、First Virtual 协议

First Virtual 协议是为中低价软件销售、服务费信息购买和其他类型的可通过互联网发送的"无形"货物设计的。它不是为计算机硬件或图书这样的实体货物设计的。

在用 First Virtual 系统购物之前，客户先要填写联机申请表，取得一个 First Virtual 账户。然后，客户用电话完成整个过程。在申请时，客户提供信用卡号码和联系信息，并获得一个 First Virtual 个人识别码。此后，客户向某个在线厂商下订单的时候，就提供他的 First Virtual 个人识别码来代替信用卡号码信息。之后，First Virtual 会用电子邮件与他联系，在信用卡划账前给他一个同意或反悔的机会。客户只要一次性付 2 美元就可以开一个 First Virtual 账户，没有附加费用，在用户端也不需要特殊软件。

想使用 First Virtual 收费的销售商要在 First Virtual 公司开一个账户，一次性付操作费 10 美元。First Virtual 公司会向销售商提供简单的软件，用来验证用户的个人识别码和在购买结束后通知 First Virtual 公司。这些软件可以直接集成到"购物车"型的 CGI Script（公共网关接口脚本）中。除一次性费用外，First Virtual 公司向销售商收取每次 0.29 美元的流通费，外加流通价格的 3%。

First Virtual 允许客户自由购买商品，First Virtual 公司使用电子邮件同客户证实每笔交易。First Virtual 对通信安全持怀疑态度，并采取某种加密形式，将每个电子商务交易转换为信用卡交易。

三、Netbill 协议

卡内基·梅隆大学的 J. D. Tygar 教授的研究组开发了 Netbill 协议。

Netbill 协议涉及三方：客户、商家及 Netbill 服务器。客户持有的 Netbill 账户等同于一个虚拟电子信用卡账户。该协议按以下步骤实现。

（1）客户向商家查询某商品价格。

（2）商家向客户报价。

（3）客户告知商家是否接受报价，如果接受则进行下一步。

（4）商家将所请求的信息商品用密钥加密后发送给客户。

（5）客户准备一份电子采购订单，订单含价格、加密商品的密码单据和超时值，客户将经过数字签名的电子采购订单发送给商家。

（6）商家会签该电子采购订单，同时签上密钥值，然后将两者发给 Netbill 服务器。

（7）Netbill 服务器验证电子采购订单签名和会签，然后检查客户的账户，保证有足够的资金，以便批准该交易，同时检查电子采购订单上的超时值，以验证其是否过期。确认没有问题后，Netbill 服务器即从客户的账户上将相当于商品价格的资金划往商家的账户，并存储密钥和加密商品的密码单据；然后准备一份包含密钥值的签好的收据，将该收据发给商家。

（8）商家记下该收据单，将其传给客户，然后客户将第四步收到的加密信息商品解密。

Netbill 协议就这样传送加密复制的信息商品，并在 Netbill 服务器的契据中记下解密密钥。

1. 课堂讨论

其他的电子商务支付协议有哪些？

2. 案例分析

通过对安全协议的学习,张丽艳的同学小王认为,有了上面的这些安全协议保驾护航,电子商务支付的安全性就高枕无忧了。你同意小王的看法吗?为什么?

每种网络安全协议都有各自的优点和缺点,在实际应用中,要根据不同情况选择恰当的协议,并注意加强协议间的互通与互补,以进一步提高网络的安全性。另外,现在的网络安全协议虽已实现了安全服务,但无论哪种安全系统都不可能抵抗所有的攻击,要充分利用密码技术的新成果,在现有安全协议的基础上不断探索新的安全协议的应用模式和领域。

讨论与分析

你对小王有什么建议?

3. 实务训练

上网查询了解 iKP 协议的相关内容。

实训说明

本部分实训在授课后分散完成。

4. 课后拓展

(1) 说明为什么没有一个被统一使用的安全协议。
(2) 通过网络了解支付宝使用了哪些安全协议。
(3) 通过网络了解 S-HTTP、iKP 和 PGP。

知识小结

HTTP 是超文本传输协议,是用于从万维网服务器传输超文本到本地浏览器的传送协议。

SSL 协议与 SET 协议是保证电子商务交易安全的有效标准,SSL 协议层包括两个协议子层——SSL 记录协议子层与 SSL 握手协议子层。它主要用于提高应用程序之间数据的安全性。

SSL 协议提供的服务可以归纳为:对用户和服务器的合法性进行认证,加密数据和维护数据的完整性。SSL 协议的工作步骤包括六步:连接阶段、密码交换阶段、会谈密码阶段、检验阶段、客户认证阶段和结束阶段。

SET 协议是一个被万事达卡、维萨等众多知名公司采用的安全电子交易协议,SET 协议比 SSL 协议有了很大的改进。SET 协议用于支持使用信用卡进行交易的在线电子商务支付。一个完整的 SET 支付流程可分为五部分:支付初始化请求和响应阶段、支付请求阶段、授权请求阶段、授权响应阶段和支付响应阶段。电子商务协议还有 Digicash、First Virtual 和 Netbill 协议等。

练习测试

1. 名词解释

HTTP SSL SET

2. 选择题

（1）SET 是 "secure electronic transaction"，即 "安全电子交易" 的英文缩写。它是一个在互联网上实现安全电子交易的协议标准，它是（　　）。

　　A．会话层的网络标准协议
　　B．规定了交易各方进行交易结算时的具体流程和安全控制策略
　　C．使用公开密钥和对称密钥加密，保证了数据的保密性
　　D．使用数字签名来确定数据是否被篡改，保证数据的一致性和完整性，并可以完成交易防否认

（2）SET 使用（　　）方式加密，保证数据的保密性。
　　A．对称密钥　　　　B．公开密钥　　　　C．哈希算法　　　　D．数字签名技术

（3）SET 协议涉及的对象包括（　　）。
　　A．消费者和在线商店　　　　　　B．收单银行
　　C．电子货币发行机构　　　　　　D．认证机构

（4）SET 协议运行的目标主要有（　　）。
　　A．保证信息在互联网上安全传输
　　B．保证电子商务参与者信息的相互隔离
　　C．提供商品或服务
　　D．通过支付网关处理消费者和在线商店之间的交易付款问题

（5）SSL 记录协议的基本特点（　　）。
　　A．连接是专用的　　　　　　　　B．协商是可靠的
　　C．进行协商的双方是秘密的、安全的　　D．连接是可靠的

（6）SSL 协议可用来对以下哪些协议进行加密？（　　）
　　A．FTP　　　　B．Telnet　　　　C．HTTP　　　　D．IP

（7）当浏览器连接到一个安全网站时，URL 地址栏最可能出现的显示内容为（　　）。
　　A．http://www.somewhere.com　　　　B．telnet://www.somewhere.com
　　C．ftp://www.somewhere.com　　　　D．https://www.somewhere.com

3. 简答题

（1）简述 HTTP 的工作原理。
（2）SSL 协议可以提供哪些服务？
（3）简述 SSL 协议的流程。
（4）SET 协议有哪些特点？
（5）简述 SET 协议支付流程。

4. 论述题

（1）试比较 SSL 协议和 SET 协议的优点和缺点。
（2）描述 SET 协议的工作原理。

模块九

电子商务支付与安全的法律保障

学习目标

知识目标
- 了解联合国《电子商务示范法》
- 了解我国《电子签名法》《非金融机构支付服务管理办法》
- 掌握电子商务相关的法律知识

能力目标
- 运用相关法律有效防范电子商务支付过程中的各类风险
- 运用相关法律解决电子商务交易中的纠纷

素质目标
- 用法律武装头脑,做知法、守法公民
- 运用法律手段维护自身合法权益

第一单元　电子商务参与各方的法律关系

 **情景案例**

张丽艳通过某购物网站购买了一款低价促销的手机，经使用后发现这款手机通话音质很差，有时候根本听不清楚对方讲话。于是，她要求商家退货。商家负责人回复："网站交易条款有明确规定，售出的产品只换不退。"张丽艳很发愁，对自己能否要求商家赔偿损失没有把握。

 任务思考

张丽艳能否运用相关法律知识维护自身合法权益？与电子商务有关的法律有哪些？

 **任务分析**

作为互联网发展的产物，网络购物具有快捷、方便的优势，已经被越来越多的人接受。但虚拟性、开放性和流动性的特点，使网络购物在迅速发展的同时产生了大量的法律问题，甚至使消费者产生了恐惧和警惕心理。张丽艳面临的问题即为其一。

张丽艳的损失能否得到赔偿呢？有网购经历的同学都清楚，网购是要遵守一定流程的。当前大多数购物网站一般都要求网购消费者必须经过注册并同意交易协议，否则不具备交易资格。所以一些商家便以电子格式合同方式做出一些对消费者不公平、不合理的规定，以此来减轻、免除其义务或者排除、限制消费者权利，达到规避法律责任的目的。

《合同违法行为监督处理办法》第九条规定，经营者不得在格式条款中免除自己因违约依法应当承担的违约责任。例如，"只换不退""单方任意解除合同"等霸王条款。因为商家此举对消费者而言，显失公平。商家提供的格式条款应该醒目，并应尽合理提示及说明义务，否则该条款不能作为合同条款。网购消费者在网购之前，应仔细认真阅读有关合同条款，消费者因"霸王条款"而使自身权利遭受侵害的，可要求法院确认该条款无效，并请求损害赔偿。

《中华人民共和国消费者权益保护法》第二十五条增加了"经营者采用网络、电视、电话、邮购等方式销售商品，消费者有权自收到商品之日起七日内退货，且无须说明理由"；第四十四条规定："消费者通过网络交易平台购买商品或者接受服务，其合法权益受到损害的，可以向销售者或者服务者要求赔偿。"

除此之外，当前网络购物在法律方面还存在一些问题。例如，在网络交易环境下，消费者对销售商的基本信息缺乏了解，一旦产生买卖纠纷，责任主体难以确认；消费者对网络产品仅享有有限的知情权，易引发产品质量纠纷；对网络购物纠纷案件来讲，确认诉讼管辖法院也存在一定的困难，这会影响立案及案件审判进度和效率；诉讼成本高，司法资源浪费严重；在证据调取上，消费者往往处弱势地位，对网络欺诈适用法律问题界定不明，网络购物易引发隐私权纠纷等。为使消费者有一个放心、安全的网络购物环境，我们要不断地完善电子商务法律规范、投诉处理机制和社会信用体系。

# 相关知识

电子商务作为一种新兴的商务运作方式，它的成长不仅取决于计算机和网络技术的发展情况，也在很大程度上取决于政府如何为电子商务的发展营造一个良好的环境。联合国国际贸易法委员会（以下简称"贸法会"）在1996年推出的《电子商务示范法》，为各国电子商务立法提供了一个范本。其目的是向各国提供一套国际公认的法律规则，以供各国法律部门在制定本国电子商务法律规范时作为参考。2001年，联合国还通过了贸法会起草的《电子签字示范法》，该法已成为国际上关于电子签章的最重要的立法文件。

面对电子商务快速发展趋势，我国已很务实地着手对现行有关法律的调整，以使传统的商务法律能与新型的电子商务活动协调。例如，1999年10月1日起施行的《中华人民共和国合同法》（现为《中华人民共和国民法典》合同编中部分内容），根据现实生活中出现的新情况，增添了一部分新的内容。其中第十一条明确规定："书面形式是指合同书、信件和数据电文（包括电报、电传、传真、电子数据交换和电子邮件）等可以有形地表现所载内容的形式。"此外，其还对数据电文发出、收到的时间与地点及确认收讫等问题，都做出了相应的规定。2005年4月1日实施的《中华人民共和国电子签名法》，赋予电子签章和数据电文法律效力，并设立电子认证服务市场的准入制度，明确由政府对认证机构实行资质管理。这些规定从法律上认定了以电子媒介为载体的交易合同的有效性和约束力，从而有力地保障了在网络上实施民事行为的安全可靠性，促进了信息社会经济秩序的稳定及可持续发展。

一、电子商务带来的法律问题

电子商务存在两种基本的交易流转形式，即网络商品直销的流转形式和网络商品中介交易的流转形式。在这些交易过程中，买卖双方、客户与交易中心、客户与银行、客户、交易中心、银行与认证机构都将彼此发生业务关系，从而产生相应的法律关系。

在法律世界里，不存在虚拟主体，而电子商务恰恰偏离了法律的要求，出现虚拟主体。电子商务法要确保网上交易的主体是真实存在的，且能够使当事人确认其真实身份。这要依赖必要的工商管理和网上商务主体公示制度加以解决。而对主体的管制，实质上也是一个市场准入和网上商业的政府管制问题。

在现行法律体制下，任何长期固定从事营利性事业的人（主体）必须进行登记。而网络具有开放性，电子商务因此也具有开放性，任何人均可以设立网站（主页）或设立在线商店或专卖店销售其生产或经销的商品。这样，哪些主体可以从事在线商务活动，如何规范在线商事行为等便成为电子商务法研究的问题。

1. 电子商务安全系统存在缺陷

按照现行法律的规定，重要商务文件（包括重要的合同、商业票据等）都须采用书面形式，否则不具有法律效力。但是，无纸化的电子商务以数据电文代替纸质媒介为信息载体，不采用传统的书面形式。以数据电文形式记载的交易信息是否真实、具有法律效力，需要予以明确。

电子商务必须依赖互联网，作为开展电子商务基础的网络必须安全、可靠，网络传输的错误及网络连接的故障率应尽可能低。在电子商务全过程中，要保证数据信息的完整性和一致性，不管经由什么环节，采用什么技术，是否经过加密和解密都要确保。但是，目前一些电子商务网站在安全体系上没有设防，很容易受到计算机病毒和网络黑客的攻击，为电子商务的开展带

来安全隐患。一旦由于非人为的因素造成交易失败或者出现问题，双方就会发生法律纠纷。

2. 电子商务支付问题

在电子商务交易形式下，支付可以采用邮局汇款、货到付款方式等，但应用更多的是在网上完成支付。网上支付是通过虚拟银行的电子资金划拨来完成的，而实现这一过程涉及网上银行与网络交易客户之间的协议、网上银行与网站之间的合作协议法律关系及安全保障问题。因此，国家需要制定相应的法律，明确电子商务支付的当事人（包括付款人、收款人）和银行之间的法律关系，制定相关的电子商务支付制度，认可电子签名的合法性；同时还应出台对于电子商务支付数据的伪造、变造、更改、涂销问题的处理办法。

电子商务在线支付在国外成熟的金融法律制度下得到了一定的发展，而我国的金融法律还有待完善，信用卡制度还有待发展。

3. 电子合同问题

在传统商业模式下，通常大宗货物交易都要签订书面合同，以在对方失信不履约时作为凭证。而在在线交易的情况下，合同中所有的要约与承诺都要借助网络传输来完成，即所有当事人的意思表示均以电子化的形式存储于计算机硬盘或其他电子介质中。这种手段的变化导致电子合同与传统合同在合同法律行为要件的确定上有所区别，主要表现在以下几个方面：意思的表达方式、当事人身份的确认、合同行为事实要素确定的方式，等等。这一系列的问题都是传统合同法难以解决与回答的。针对电子合同的特点，我们必须研究制定新的合同法规则或完善电子商务法，以规避电子合同应用中的风险。

4. 隐私权问题

计算机和网络技术的开放性、互动性，为人们获取、传递、复制信息提供了方便。由于网络中的信息源头和流向很难掌握、复制和窃取个人信息非常容易，而且不留痕迹，这就给了不法分子可乘之机，产生各种侵害公民、法人及其他民事主体隐私权益的行为。

凡是进行在线消费（购物或接受信息服务）均须将个人资料留给商家，而对这些信息的再利用成为网络时代普遍的现象。一项有关电子商务隐私权方面的调查结果显示，大多数人担心个人隐私外泄，而且很多人把拒绝电子商务归咎于个人隐私权的无法保障上。如何规范商家的行为，保护消费者隐私权，就成为一个新问题。

 **相关链接**

9-1

扫描二维码9-1，观看视频《消费预警：免费Wi-Fi很危险》，增强安全防范意识）

5. 电子商务的税收问题

作为一种商业活动，电子商务是应当纳税的。从网络交易的客观实际来看，电子商务逐步发展为全球范围内的交易，因此管理十分困难，税务管理部门缺乏相应的征管对策，更缺乏系统的法律规范来规范和约束企业的电子商务行为，由此出现了税收管理的漏洞，导致应征的税款白白流失。每天通过互联网传递的资料数据相当多，其中某些信息就是商品，如果要监管所有的交易,就必须对所有的信息进行过滤,事实上这是不可能的。因此,从法律的角度出发,制定相应的法律规范,构建完善而系统的法律机制势在必行。

二、买卖双方当事人的权利和义务

电子商务交易中买卖双方之间的法律关系,实质上表现为双方当事人的权利和义务。买卖双方的权利与义务是对等的。卖方的义务就是买方的权利,反之亦然。

1. 卖方的义务

在电子商务条件下,卖方应当承担三项义务。

(1) 按照合同的规定提交标的物及单据。提交标的物和单据是电子商务中卖方的一项主要义务。为划清双方的责任,合同对标的物交付的时间、地点和方法应当明确规定。如果合同中对标的物的交付时间、地点和方法未做明确规定,应按照有关合同法或国际公约的规定办理。

(2) 对标的物的权利承担担保义务。与传统的买卖交易相同,卖方仍然应当是标的物的所有人或经营管理人,以保证将标的物的所有权或经营管理权转移给买方。卖方应保障对其所出售的标的物享有合法的权利,承担保障标的物的权利不被第三人追索的义务,以保护买方的权益。如果第三人提出对标的物的权利,并向买方提出收回该标的物时,卖方有义务证明第三人无权追索,必要时应当参加诉讼,出庭作证。

(3) 对标的物的质量承担担保义务。卖方应保证标的物的质量符合规定。卖方交付的标的物的质量应符合国家规定的质量标准或双方约定的质量标准,不应存在不符合质量标准的瑕疵,也不应出现与网络广告相悖的情况。卖方在网络上出售有瑕疵的物品,应当向买方说明。卖方隐瞒标的物的瑕疵,应当承担责任。买方明知标的物有瑕疵而购买的,卖方对瑕疵不负责任。

2. 买方的义务

在电子商务条件下,买方同样应当承担三项义务。

(1) 买方应承担按照网络交易规定方式支付价款的义务。由于电子商务的特殊性,网络购物通常没有时间、地点的限制,支付价款通常采用信用卡、智能卡、电子钱包或其他电子商务支付方式,这与传统的支付方式有所区别。但是,在电子交易合同中,采用哪种支付方式应当明确规定。

(2) 买方应承担按照合同规定的时间、地点和方式接收标的物的义务。由买方自提标的物的,买方应在卖方通知的时间内到预定的地点提取。由卖方代为托运的,买方应按照承运人通知的期限提取。由卖方运送的,买方应做好接收标的物的准备,及时接收标的物。买方迟延接收时,应负迟延责任。

(3) 买方应当承担对标的物验收的义务。买方接收标的物后,应及时进行验收。合同规定有验收期限的,对表面瑕疵应在规定的期限内提出。发现标的物的表面瑕疵时,应立即通知卖方,瑕疵由卖方负责。买方不及时进行验收,事后再提出表面瑕疵,卖方不负责任。对隐蔽瑕疵和卖方故意隐瞒的瑕疵,买方发现后,应立即通知卖方,追究卖方的责任。

3. 买卖双方不履行合同义务的解决办法

卖方不履行合同义务主要指卖方不交付标的物、单据或交付迟延;交付的标的物不符合合同规定及第三者对交付的标的物存在权利或权利主张等。

（1）当发生上述违约行为时，买方可以选择以下解决方法。
① 要求卖方实际履行合同义务，交付替代物或对标的物进行修理。
② 减少支付价款。
③ 对卖方迟延或不履行合同要求赔偿损失。
④ 解除合同，并要求损害赔偿。
（2）买方不履行合同义务，包括买方不按合同规定支付价款和不按规定收取货物。在这种情况下，卖方可以选择以下解决方法。
① 要求买方支付价款、收取货物或履行其他义务，并为此可以规定一段合理额外的延长期限，以便买方履行义务。
② 损害赔偿，要求买方支付合同价格与转售价格之间的差额。
③ 解除合同。

三、网络交易中心的法律地位

网络交易中心在电子商务中介交易中扮演着介绍者、促成者和组织者的角色。这一角色决定了交易中心既不是卖方，也不是买方，而是交易的中间人。它是按照法律的规定、买卖双方委托业务的范围和具体要求进行业务活动的。

根据《中华人民共和国计算机信息网络国际联网管理暂行规定》第九条，网络交易中心必须具备以下条件：
（1）是依法设立的企业法人或者事业法人；
（2）具有相应的计算机信息网络、装备及相应的技术人员和管理人员；
（3）具有健全的安全保密管理制度和技术保护措施；
（4）符合法律和国务院规定的其他条件。

网络交易中心应当认真负责地执行买卖双方委托的任务，并积极协助双方当事人成交。网络中心在进行介绍、联系活动时要诚实、公正、守信用，不得弄虚作假、招摇撞骗，否则须承担赔偿损失等法律责任。

网络交易中心必须在法律许可的范围内进行活动。网络交易中心经营的业务范围、物品的价格、收费标准等都应严格遵守国家的规定。法律规定禁止的流通物不得作为合同标的物。对显然无支付能力的当事人或尚不确知具有合法地位的法人，不得为其进行居间活动。

在互联网上从事居间活动的网络交易中心还有一个对口管理的问题。按照《中华人民共和国计算机信息系统安全保护条例》规定，进行国际联网的计算机信息系统，由计算机信息系统的使用单位报省级以上的人民政府公安机关备案。拟建立接入网络的单位，应当报经互联单位的主管单位审批；办理审批手续时，应当提供其计算机网络的性质、应用范围和所需主机地址等资料。联网机构必须申请并经过国务院批准的互联网络的接入许可证，并且持有邮电部门核发的开放电信许可证，才可以面向社会提供网络接入服务。由于网络交易中心提供的服务性质属于电信增值网络业，其提供的服务不是单纯的交易撮合，而是同时在网络上提供许多经过特殊处理的信息，增加了单纯网络传输的价值。所以，在业务上，网络交易中心还应接受各级网络管理中心的归口管理。

买卖双方各自因违约而产生的违约责任风险应由违约方承担，而不应由网络交易中心承担。因买卖双方的责任而产生的对社会第三人（包括广大消费者）的产品质量责任和其他经济（民事）、行政、刑事责任也不应由网络交易中心承担。

四、关于网站经营者侵权的法律责任

相关链接

手机电子书侵权案

在电子书及数字阅读普及的同时，电子书侵权现象屡见不鲜。迈奔灵动科技（北京）有限公司（以下简称"迈奔灵动"）因擅自传播著名作家余秋雨及二月河作品供手机阅读被判侵权的案例曾经轰动一时。

迈奔灵动经营的"机锋论坛"网开辟安卓手机电子书频道，专供用户上传电子书。该频道招募、组织成立的"机锋电子书资源组"因擅自传播"余秋雨作品集"电子书（含《文化苦旅》《山居笔记》等作品）及"二月河作品集"电子书（含《康熙大帝》《雍正皇帝》等作品）而被该作品数字版权专有使用人北京中文在线数字出版股份有限公司（以下简称"中文在线"）诉至法院。北京市海淀区人民法院对两个案件分别做出一审判决，认定中文在线依法享有涉案作品的网络信息传播权，认定迈奔灵动在擅自传播余秋雨的作品案件中构成直接侵权，且存在教唆和帮助侵权行为，认定迈奔灵动在擅自传播二月河的作品案件中构成帮助侵权。

当前，电子商务已是无所不包，经营及交易方式也各具特色，所以网站经营者，无论是互联网内容提供者（ICP）、互联网接入提供者（IAP）还是互联网服务提供者（ISP），其可能承担的法律责任的范围相当广泛，从民事责任到刑事责任，从民事责任中的违约责任、侵权责任、连带责任到产品质量责任，从连带责任中为雇员承担的代替侵权责任到因内容提供者带来的继续侵权责任，可能都会涉及。正是因为电子商务与互联网的发展一直是在缺乏相关管制的状态下进行的，而其发展迅猛以致难以用一纸规定进行约束，所以网站经营者承担责任的风险是非常大的。

仅就网站经营者可能承担的侵权责任（如版权，商标权、名誉权等）而言，主要涉及的责任有两种：直接侵权责任与间接侵权责任。所谓直接侵权责任，是指由于直接从事了侵权行为所应承担的责任，并且这种责任的承担是不以行为人主观上是否有过错为前提的。而间接侵权责任，主要是由于侵权人的行为是其他侵权行为的继续或为其他侵权行为提供了条件等，是否承担责任以行为人是否有主观上的故意或过失为前提。在网站经营者中，如果是网络论坛、新闻组的主持人或互联网服务提供者，更多地适用这种责任；如果是由他人提供部分内容的互联网内容提供者，就这一部分内容，在一定的情况下，也可以适用这种责任。

五、网络交易客户与网上银行间的法律关系

在完善的电子商务中，银行是网上银行。除少数邮局汇款或其他形式付款外，大多数交易都要通过网上银行的电子资金划拨来完成。电子资金的划拨是以网上银行与网络交易客户所订立的协议为依据的。这种协议属于标准格式合同，通常是由网上银行起草并作为开立账户的条件递交给网络交易客户的，并在网络交易客户接受合同条款后生效。所以，网络交易客户与网上银行之间的关系仍然是以合同为基础的。

在电子商务中，网上银行同时扮演发送银行和接收银行的角色。其基本义务是依照客户的指示，准确、及时地完成电子资金划拨。作为发送银行，在整个资金划拨的传送链中，承担着如约执行资金划拨指示的责任。一旦资金划拨失误或失败，发送银行应对客户进行赔偿，除非在免责范围内。如果能够查出是哪个环节的过失，则由过失单位对发送银行进行赔偿；如果不

能查出差错的来源,则整个划拨系统分担损失。作为接收银行,其法律地位似乎较为模糊。一方面,接收银行与客户的合同要求它妥当地接收划拨来的资金,也就是说,它一接到发送银行传送来的资金划拨指示便应立即履行义务;若有延误或失误,则应依照与客户签订的合同处理。另一方面,资金划拨中发送银行与接收银行一般都是某一电子资金划拨系统的成员,相互具有合同义务,如果接收银行未能妥当地执行资金划拨指示,则应同时对发送银行和受让人负责。

在实践中,电子资金划拨中常常出现因过失或欺诈而致使资金划拨失误或延迟的现象。若为过失所致,自然适用于过错归责原则;若为欺诈所致,且网上银行安全程序在电子商务中是合理可靠的,则名义发送人需对支付命令承担责任。

银行承担责任的形式通常有三种。

(1)返还资金,支付利息。如果资金划拨未能及时完成,或者到位资金未能及时通知网络交易客户,网上银行有义务返还客户资金,并支付从原定支付日到返还当日的利息。

(2)补足差额,偿还余额。如果接收银行到位的资金金额小于支付指示所载数量,则接收银行有义务补足差额;如果接收银行到位的资金金额大于支付指示所载数量,则接收银行有权依照法律提供的其他方式从收益人处得到偿还。

(3)偿还汇率波动导致的损失。对于在国际贸易中,由于网上银行的失误造成的汇率损失,网络交易客户有权就此向网上银行提出索赔,而且可以在本应进行汇兑之日和实际汇兑之日之间选择对自己有利的汇率。

六、认证机构在电子商务中的法律地位

随着互联网的广泛应用,认证机构及其所提供的信用服务越来越重要,与此同时,调整认证法律关系将成为电子商务法律制度规范的范畴。

1. 认证机构

认证机构是在电子商务中,对用户的电子签名颁发数字证书的机构,现已成为开放性电子商务活动中不可缺少的信用服务机构,扮演着一个买卖双方签约、履约的监督管理的角色。买卖双方有义务接受认证机构的监督管理。它不仅要对进行网络交易的买卖双方负责,还要对整个电子商务的交易秩序负责。因此,在整个电子商务交易过程中,包括电子商务支付过程中,认证机构都有着不可替代的地位和作用,其主要任务是受理数字凭证的申请、签发数字证书,以及对数字证书进行有效的管理。

2. 认证机制

在采用公开密钥的电子商务系统中,对文件进行加密传输的过程包括 6 个步骤。

(1)买方从虚拟市场上找到欲购商品,确定需要联系的卖方,并从认证机构获得卖方的公开密钥。

(2)买方生成一个自己的私有密钥,并用从认证机构得到的卖方公开密钥对自己的私有密钥加密,然后通过网络传输给卖方。

(3)卖方用自己的公开密钥解密,得到买方的私有密钥。

(4)买方对需要传输的文件用自己的私有密钥加密,然后通过网络把加密后的文件传输给卖方。

(5)卖方用买方的私有密钥对文件解密,得到文件的明文形式。

（6）卖方重复上述步骤，向买方传输文件，实现相互沟通。

在上述过程中，只有卖方和认证机构才拥有卖方的公开密钥，或者说，只有买方和认证机构才拥有买方的公开密钥。所以，即使其他人得到了经过加密的买卖双方的私有密钥，也因为无法进行解密而保证了私有密钥的安全性，从而保证了传输文件的安全性。

公开密钥系统在电子商务文件的传输中实现了两次加密和解密的过程：私有密钥的加密和解密与文件本身的加密和解密，买卖双方的相互认证是通过认证机构提供的公开密钥来实现的。在实际交易时，认证机构需要向咨询方提交一个由其签发的包括个人身份证书、持卡人证书、商家证书、账户认证、支付网关证书、发卡机构证书等多项内容的电子证明文件，使交易双方彼此相信对方的身份。顾客向认证机构申请证书时，可提交自己的驾驶执照、身份证或护照，经认证机构验证后，颁发相应的证书，证书包含顾客的名字和公开密钥，以此作为在网上证明自己身份的依据。

这种认证过程同样可以运用在电子商务支付过程中。在电子商务支付过程中，持卡人要付款给商家，但持卡人无法确定商家是有信誉的而不是被冒充的，为此可以向认证机构提出对商家身份进行认证的请求。CA 根据持卡人的请求，对商家进行调查、验证和鉴别后，将包含商家公开密钥的证书传给持卡人。同样，商家也可对持卡人进行验证。证书一般包含拥有者的标识名称和公开密钥，并且由认证机构进行过数字签名。

3. 认证机构的设立与管理

认证机构在电子商务活动中发挥了积极的作用。目前许多国家都建立了相应的认证机构，甚至许多部门和一些有实力的企业都想设立这样一个机构，毕竟这样的机构对于电子商务交易中的买卖双方来说都是至关重要的，而且有利可图。我国对认证中心有着严格的要求。2009年3月实施的《电子认证服务管理办法》（以下简称《办法》）明确规定了电子认证服务的准入条件、运营规范、权利义务、法律责任等。《办法》第二条指出：电子认证服务，是指为电子签名相关各方提供真实性、可靠性验证的活动。《办法》强调，电子认证服务提供者，是指为需要第三方认证的电子签名提供认证服务的机构，向社会公众提供服务的电子认证服务机构应当依法设立。所谓依法设立，即机构必须获得国家认可，在经营场所、安全标准、技术、设备、人员、资本、管理等方面符合国家的安全要求，接受定期、不定期检查，且要承担相应的义务责任。

电子商务认证机构的功能主要有：接受个人或法人的登记请求，审查、批准或拒绝请求，保存登记者登记档案信息和公开密钥，颁发电子证书等。

（1）电子商务认证机构对登记者履行下列监督管理职责。

① 监督登记者按照规定办理登记、变更、注销手续。

② 监督登记者按照电子商务的有关法律规范合法从事经营活动。

③ 制止和查处登记人的违法交易活动，保护交易人的合法权益。

（2）登记者有下列情况之一的，认证机构可以根据情况分别给予警告、报告上级主管部门、撤销登记的处罚。

① 登记中隐瞒真实情况，弄虚作假的。

② 登记后非法侵入机构的计算机系统，擅自改变主要登记事项的。

③ 不按照规定办理注销登记或不按照规定报送年检报告书、办理年检的。

④ 利用认证机构提供的电子证书从事非法经营活动的。

实践训练

1. 课堂讨论

（1）电子商务带来的法律问题有哪些？
（2）在电子商务交易中，买卖双方的权利与义务是怎样的？
（3）网络交易客户与网上银行存在怎样的法律关系？

2. 案例分析

一分钱订单设下的陷阱

张先生在网上购书时，卖家要求其进入一个"新世纪购物网站"，下载一个金额为一分钱的订单。张先生按照订单的要求将银行卡号和密码输了进去。但是，过了很长一段时间，张先生还是没看到书，随即到银行查账，发现卡上的1万多元钱没了。之后，上海警方陆续接到许多网民类似的举报。国内一些银行也向上海警方报案，同时告知网民"新世纪购物网"和其没有任何网上合作关系，让网民提高警惕。上海市公安局侦查员说："好多网民觉得一分钱很少，比较疏忽，未曾识别网站张贴的银行支付页面的真假，便把自己的银行卡账号和密码输进去了。这个时候，银行卡的账号和密码也就被犯罪嫌疑人窃取了。"

经过侦查，警方将以李波为首的3名犯罪嫌疑人全部抓获。李波供认，他们以"一分钱网上订单"为诱饵，诱骗网民将银行卡号和密码输入虚假的支付页面，盗取卡号和密码后，迅速提走现金。

讨论与分析

网络交易存在哪些风险？如何有效规避这些风险？

3. 实务训练

从网上查找有关电子商务安全的法律规范。

实训说明

（1）课后收集整理。
（2）课堂交流讨论。

4. 课后拓展

（1）上网查找特殊形态（网络广告、网上拍卖、网上证券交易等）的电子商务规范问题。
（2）上网了解在线交易风险有哪些。
（3）上网了解网络著作权与网络隐私权。
（4）扫描二维码9-2，观看视频《中国工商银行防电信诈骗宣传片2015》，提高安全意识。

9-2

第二单元　电子商务交易安全保护法

情景案例

张丽艳利用暑期实习的收入，利用银行信用卡从某网站一家公司订购了一台数码相机，价格为2500元。一个多月过去了，张丽艳仍然没有收到数码相机，上网查询，却查不到该公司的地址。她联系网站，该网站拒绝赔偿损失。感觉上当受骗的张丽艳，想向法院提起诉讼，却不知道谁是责任承担主体。

任务思考

张丽艳的损失该由谁来承担？她如何进行维权，涉及哪些方面的法律规范？

任务分析

网上购物省时省力，足不出户就能搜索到全国各地的好货、便宜货，但世上没有完美的事物，网上购物的安全性成为广大买家最担心、最关心的问题。网络世界是个虚拟的世界，所有行为都可以虚拟身份掩盖，所以容易滋生欺诈等现象。近几年，我国网上支付业务发展迅速，因网上购物而被诈骗的事情逐渐增多，从政府到电子商务企业都开始重视这一问题，并陆续推出了一系列举措。例如，各认证机构推出的数字证书，可通过数字证书的有效信息，查找到具体的犯罪嫌疑人；电子商务公司（如易趣）的实名注册，阿里巴巴的"诚信通"，以及一些网站实施的先行赔偿制度等，都在电子商务信用方面取得了一定成效；在银行方面，如招商银行推出的"VISA验证"服务等，都在力求加强网上交易与支付的安全性，最大限度地降低网上犯罪发生的可能性。

关于本案，《中华人民共和国电子商务法》第三十八条规定："电子商务平台经营者知道或者应当知道平台内经营者销售的商品或者提供的服务不符合保障人身、财产安全的要求，或者有其他侵害消费者合法权益行为，未采取必要措施的，依法与该平台内经营者承担连带责任。"同时，为了避免纠纷，消费者在购物前应充分了解网络经销商的相关信息：网络经销商的名称、住所地和公司注册地，实际联系地址及联系电话，网络经销商的资质及资信能力，尽量选择具有相应网络经营资质、资产规模较大、信誉记录良好的网络经销商。如果消费者发现网络经销商涉嫌欺诈的，可以向公安部门举报或者向消费者协会投诉；如果发现网络经销商涉嫌诈骗犯罪的，可立即向公安部门报案。如果网络交易平台监管不力或网络经销商提供虚假信息而侵犯消费者的知情权，甚至造成消费者人身损害或财产损失，消费者可提起诉讼，要求网络交易平台与网络经销商承担连带赔偿责任。

相关知识

电子商务交易安全的法律保护问题，涉及两个基本方面：第一，电子商务交易首先是一种

商品交易，其安全问题应当通过民商法加以保护；第二，电子商务交易是通过计算机及其网络实现的，其安全与否依赖计算机及其网络自身的安全程度。从20世纪80年代起，我国相关部门就已经开始着手制定涉及计算机安全和维护经济秩序的相关法律规范，但截至今天，上述两方面的法律制度仍不完善。所以，如何充分利用已经公布的计算机安全和有关交易安全的法律规范，保护电子商务交易的正常进行，并在不断的探索中逐步建立适合中国国情的电子商务法律制度，就成为当前非常迫切的重要工作之一。

一、联合国对电子商务交易安全的法律保护

1. 联合国电子商务法的沿革及发展

在各种国际组织中，对电子商务进行立法的主要有联合国、世界贸易组织、国际商会、经济合作与发展组织和欧盟等。国际组织中最早关注和研究电子商务立法的是联合国。

联合国国际贸易法委员会在1984年向联合国秘书长递交了名为《自动数据处理的法律问题》的报告，建议审视有关计算机记录和系统的法律要求，从此揭开了电子商务国际立法的序幕。

1996年，《联合国国际贸易法委员会电子商务示范法》（以下简称《电子商务示范法》）获得通过。该法是第一个世界范围内的电子商务的统一法规，其对数据电文的法律承认、数据电文的可接受性和证据力、利用数据电文订立合同的有效性等重要问题都做了明确的规定。该法旨在为各国制定本国电子商务法规提供框架和示范文本。截至2018年年底，已有72个国家在151个法域以《电子商务示范法》为基础或在其影响下形成本国立法。

2001年，《联合国国际贸易法委员会电子签字示范法》（以下简称《电子签字示范法》）获得通过。该法试图通过规范电子商务活动中的签字行为，为电子签名和手写签名之间的等同性，规定技术可靠性标准，以促进电子签名在世界贸易活动中的全面推广。截至2018年年底，已有33个国家以《电子签字示范法》为基础，建立了本国新的法律。

2005年，《联合国国际合同使用电子通信公约》获得通过。该公约针对国际合同使用电子通信提出了一定要求，目的是消除国际合同使用电子通信的障碍，加强国际贸易合同的法律确定性和商业上的可预见性，促进国际贸易的稳定发展。截至2018年年底，全球共有20个国家签署了该公约。

2016年，《联合国国际贸易法委员会关于网上争议解决的技术指引》（以下简称《技术指引》）获得通过。《技术指引》对网上争议解决的基本流程、争议解决平台、相关管理人、中立人等提出了指引性要求，目的是为跨境商业交易的买卖双方寻求解决争议的办法。这一提案从开始提出到大会通过历经6年时间。中国代表团全程参与了整个文件的起草工作。会议期间，针对欧盟和美国两大利益集团有关网上争议解决的不同声音，中国代表团提出了自己的起草框架，并在导言、网上争议解决第一阶段和第二阶段的表述、网上争议解决第三阶段的性质、安全与保密、文件名称等关键问题上给出了具体建议，并得到支持。此举成功推动了联合国国际贸易法委员会形成以中国方案为基础的关于跨境电子商务网上争议解决的法律文件。这是我国在国际经贸领域引领规则制定的一次有益尝试，也是我国在联合国国际经贸规则制定中第一次实质性的突破。

2017年，《联合国国际贸易法委员会电子可转让记录示范法》（以下简称《电子可转让记录示范法》）获得通过。该法适用于可转让单证和票据功能等同的电子可转让记录，旨在从法律上支持电子可转让记录的国内使用和跨境使用。

自 1996 年联合国颁布《电子商务示范法》之后，一些国际组织与国家纷纷合作，制定各种法律规范，促进了国际电子商务立法的高速发展。其成果主要体现在以下四个方面：世界贸易组织的三大突破性协议；国际性组织加快制定电子商务指导性交易规则；地区性组织积极制定各种电子商务政策；世界各国积极制定电子商务法律规范。

2.《电子商务示范法》概述

（1）《电子商务示范法》的制定。电子商务引发的法律问题主要是指传统的法律体制如何接纳、调整这种新型的贸易方式，从而使其合法化。从世界发展现状来看，电子商务从体系、组织、模式、法律、管理、技术各方面均未完全成熟，各国也都处于摸索阶段。尽管电子商务是全球性的活动，但调整它的法律属于国家范围内的，公司和企业面临的是不同国家法律体系的制约，而不同国家的法律体系并不完全兼容，甚至有的相互矛盾。而各国法律均具有规制电子商务的可能性，这将会使电子商务的发展受到严重的阻碍。因此，联合国及各国政府均采取了相应的措施来规范电子商务活动，并逐步取得各国的认同，使其成为全球电子商务的法律规范。

为此，1996 年，联合国通过了《电子商务示范法》，其目的是促进协调和统一国际贸易法，消除因贸易法不充分和差异而对国际贸易造成不必要的阻碍，为各国在制定相关法律时提供可以参考的示范法规。

作为示范法，该法的内容对各国不具有直接的法律效力，只有各国在立法过程中将这些内容明确规定于法律规范中时，才对各国当事人具有约束力。该法对于各国的电子商务立法具有很强的建议和指导作用，在电子商务法律领域具有不可忽视的重要作用。

《电子商务示范法》在规定数据电文的法律效力时，其基本原则是"对数据电文不加歧视"，不能仅仅以某项信息采用数据电文的形式为理由而否认其法律效力，但该法也没有承认任何数据电文都一律具有法律效力，而是采用了"功能等同方法"，即当数据电文能够满足一些最低要求并能达到书面形式的基本功能时，就能与相应的书面文件一样，享受同等程度的法律认可。

（2）《电子商务示范法》的主要内容。该法的内容包括两大部分。第一部分是电子商务总则，它是该法的核心。总则将纸面文件的基本功能提炼出来，对电子商务交易文件可视为或等同于书面文件签字效力等情况做了明确规定，保证交易双方通过电子手段传递信息、签订合同的合法性。第二部分是电子商务在特定领域中的应用，主要是货物运输方面的法律规定，明确指出只要交易双方确保电子提单的唯一性，就可以通过计算机网络通信转让货物的控制权和所有权。

《电子商务示范法》主要解决了以下几方面的问题。

① 数据电文适用法律要求。《电子商务示范法》第五条规定：不得仅仅以某项信息采用数据电文形式为理由而否定其法律效力、有效性或可执行性。

② 书面形式。《电子商务示范法》第六条规定：如法律要求须采用书面形式，则假若一项数据电文所含信息可以调取以备日后查用，即满足了该项要求。第六条的目的不是确立这样一项要求：在任何情况下，数据电文都应起到书面形式的全部功能。第六条并不注重于"书面形式"的某些特定功能，而是注重于信息可以复制和阅读这一基本概念。

③ 签字。为了确保须经过核证的电文不会仅仅由于未按照纸面文件特有的方式加以核证而否认其法律价值，《电子商务示范法》第七条规定：如法律要求要有一个人签字，则对于一项数据电文而言，倘若情况如下，即满足了该项要求：

- 使用了一种方法，鉴定了该人的身份，并且表明该人认可了数据电文内含的信息；
- 从所有各种情况看来，包括根据任何相关协议，所用方法是可靠的，对生成或传递数据电文的目的来说也是适当的。

《电子商务示范法》第七条侧重于签字的两种基本功能：一是确定一份文件的作者；二是证实该作者同意了该文件的内容。其确立的原则是，在电子环境中，只要使用一种方法来鉴别数据电文的发件人并证实该发件人认可了该数据电文的内容，即可达到签字的基本法律功能。

在决定根据第一款所采用的方法是否适宜时，可予以考虑的各种法律、技术及商业因素包括以下几方面：

- 每一当事方使用设备的先进程度。
- 他们从事的贸易活动的性质。
- 当事方之间进行商业交易的频度。
- 交易的种类和数额。
- 在特定的法规环境下签字要求的功能。
- 通信系统的能力。
- 是否遵循由中间人提出的核证程序。
- 可由中间人提供的各种核证程序。
- 是否遵循贸易惯例和做法。
- 有无防范未经授权而发出电文的保险机制。
- 数据电文所含信息的重要性和价值。
- 利用其他鉴别方法的可能性和实施费用。
- 有关行业或领域在商定该鉴别方法时及在数据电文被传递时，对于该鉴别方法的接受或不接受程度。
- 任何其他有关因素。

联合国国际贸易法委员会电子商务工作组第 35 次会议通过的《电子商务统一规则草案》第二条，根据《电子商务示范法》第七条提出：电子签名系指在数据电文中，以电子形式所含、所附或在逻辑上与数据电文有联系的数据，和与数据电文有关的任何方法，它可用于数据电文有关的签字持有人和表明此人认可数据电文所含信息。

④ 数据电文的可接受性和证据力。《电子商务示范法》第九条规定：在任何法律诉讼中，证据规则的适用在任何方面均不得以下述任何理由否定一项数据电文作为证据的可接受性：

- 仅仅以它是一项数据电文为由。
- 如果它是举证人按合理预期所能得到的最佳证据，以它并不是原样为由。

对于以数据电文为形式的信息，应给予应有的证据力。在评估一项数据电文的证据力时，应考虑到生成、储存或传递该数据电文的办法的可靠性，保持信息完整性的办法的可靠性，用以鉴别发件人的办法，以及任何其他相关因素。

⑤ 合同的订立和有效性。《电子商务示范法》第十一条规定：就合同的订立而言，除非当事各方另有协议，一项要约以及对要约的承诺均可通过数据电文的手段表示。如使用了一项数据电文来订立合同，则不得仅仅以使用了数据电文为理由而否定该合同的有效性或可执行性。第十二条同时规定：就一项数据电文的发件人和收件人之间而言，不得仅仅以意旨的声明或其他陈述采用数据电文形式为理由而否定其法律效力、有效性或可执行性。

⑥ 数据电文的确认收讫。"收讫"这一概念，在电子商务贸易过程中，具有相当重要的法

律意义。《电子商务示范法》第十五条详细规定了收到和发出数据电文的时间和地点。

◆ 除非发件人与收件人另有协议，一项数据电文的发出时间以它进入发件人或代表发件人发送数据电文的人控制范围之外的某一信息系统的时间为准。

◆ 除非发件人与收件人另有协议，数据电文的收到时间按下述办法确定：如收件人为接收数据电文而指定了某一信息系统，则以数据电文进入该指定信息系统的时间为收到时间；如数据电文发给了收件人的一个信息系统但不是指定的信息系统，则以收件人检索到该数据电文的时间为收到时间。如收件人并未指定某一信息系统，则以数据电文进入收件人的任一信息系统的时间为收到时间。

◆ 即使设置信息系统的地点不同于根据第四款规定所视为的收到数据电文的地点，第二款的规定仍然适用。

◆ 除非发件人与收件人另有协议，数据电文应以发件人设有营业地的地点为其发出地点，而以收件人设有营业地的地点为其收到地点。具体操作中，如果发件人或收件人有一个以上的营业地，应以与基础交易具有最密切关系的营业地为准，如果并无任何基础交易，则以其主要的营业地为准；如发件人或收件人没有营业地，则以其惯常居住地为准。

除《电子商务示范法》本身外，联合国国际贸易法委员会还颁布了《电子商务示范法指南》，内容包括守法背景和条文说明，有助于各国考虑是否根据本国的特殊情况对《电子商务示范法》的某些条款做出修改。

3.《电子签字示范法》概述

随着电子商务的大规模推广，交易安全问题日益突出。电子签字作为保障电子商务交易安全的重要手段，受到国际社会和各国政府的高度重视。2001 年，联合国国际贸易法委员会通过了《电子签字示范法》，这是联合国国际贸易法委员会继《电子商务示范法》之后，又一部专门针对电子商务的示范法。该法将电子商务活动中的数字签字、电子签字等具有相同内容的不同表述统一起来，提出了一套完整的法律制度，为电子签字在电子商务中的广泛应用奠定了坚实的法律基础。

（1）电子签字的概念。1999 年 9 月，联合国国际贸易法委员会电子商务工作组第 35 次会议曾经在《电子签字统一规则草案》中对电子签字的概念给出了一个表述，但在第 36 次会议上，关于"电子商务概念"的条款没有通过，因为"强化电子签字"这一概念引起的问题有待澄清。2001 年 3 月 23 日，联合国国际贸易法委员会电子商务工作组第 38 次会议通过的《电子签字示范法》重新给出了电子签字的定义：电子签字是指在数据电文中，以电子形式所含、所附或在逻辑上与数据电文有联系的数据，它可用于鉴别与数据电文相关的签字人和表明签字人认可数据电文所含信息。

《电子签字示范法》提出的电子签字概念，将电子商务活动中的数字签字、电子签字等具有相同内容的不同表述统一起来，充分体现了不偏重任何技术的原则。在促进电子签字发展的同时，该法也考虑到公开密钥加密技术的替代问题，考虑到其他电子签字方式的发展问题。

（2）电子签字的功能。以纸张为基础的传统签字主要是为了实现下述目的：

① 确定一个人的身份；
② 肯定是该人自己的签字；
③ 使该人与文件内容发生关系。

由此可见,"签字"的目的是使签字人的身份、签字人的意向及签发的文件内容成为一个不可分割的整体,以确保该文件内容是签字人真实意向的表达。

电子商务活动为了正常进行,需要具有书面签字功能的电子签字。电子签字具有与传统手写签字同样的功能,不同的是,它是通过电子技术来实现的,同时具有比手写签字更为广泛的功能。

(3) 电子签字中当事各方的基本行为规范。按照《电子签字示范法》,参与电子签字活动的当事人,包括签字人、验证服务提供商和依赖方。签字人是指持有电子生成数据并以本人身份或以其所代表的人的名义行事的人;验证服务提供商是指签发证书或可以提供与电子签字相关的其他服务的人;依赖方是指可以根据证书或电子签字行事的人。

《电子签字示范法》制定了签字当事方,即签字人、依赖方和验证服务提供商的行为评定标准。

① 签字人的行为。《电子签字示范法》第八条规定了签字人的行为。如果签字生成数据可用来生成具有法律效力的签字,则各签字人应当做到如下内容。

◆ 采取合理的防范措施,避免他人擅自使用其签字生成数据。
◆ 在发生下列情况时,毫无任何不应有的迟延,向按签字人合理预计可能依赖电子签字或提供电子签字服务的任何人员发出通知:签字人知悉签字生成数据已经失密;或签字人知悉签字生成数据很有可能已经失密的情况。
◆ 在使用证书支持电子签字时,采取合理的谨慎措施,确保签字人做出的关于证书整个周期的或需要列入证书内的所有重大表述均准确无误和完整无缺。

若签字人未能满足上述要求,应承担责任。

② 依赖方的行为。《电子签字示范法》第十一条规定了依赖方的行为。如果依赖方未能做到如下条款规定内容,应当负法律后果:

◆ 采取合理的步骤核查电子签字的可靠性。
◆ 在电子签字有证书支持时,采取合理的步骤:核查证书的有效性,或证书的吊销和撤销;遵守对证书的任何限制。

③ 验证服务提供商的行为。《电子签字示范法》第九条规定了验证服务提供商的行为。如果验证服务提供商为证明一个作为签字使用可具有法律效力的电子签字而提供服务,则该验证服务提供商应当做到以下条款规定内容:

◆ 按其所做出的关于其政策和做法的表述行事。
◆ 采取合理的谨慎措施,确保其做出的有关证书整个周期的或需要列入证书内的所有重大表述均准确无误和完整无缺。
◆ 提供合理可行的手段,使依赖方得以证实下列内容:其一,验证服务提供商的身份;其二,证书中所指明的签字人在签发证书时拥有对签字生成数据的控制;其三,在证书签发之时或之前签字生成数据有效。
◆ 提供合理可行的手段,使依赖方能在适当情况下从证书或其他方面证实下列内容:其一,用以鉴别签字人的方法;其二,对签字生成数据或证书的可能用途或使用金额上的任何限制;其三,签字生成数据有效,且未失密;其四,验证服务提供商规定的责任范围或程度的任何限制;其五,是否存在签字人依照规定发出通知的途径;其六,是否提供了及时的撤销服务。
◆ 验证服务提供商应提供签字人依照规定发出通知的途径,应确保提供及时的撤销服务。

- 使用可信赖的系统、程序和人力资源提供服务。

（4）符合电子签字的要求。《电子签字示范法》第六条阐述了符合电子签字的要求。

- 凡法律规定要求有某人的签字时，如果根据各种情况，包括根据任何有关协议，使用电子签字既适合生成或传送数据电文所要达到的目的，而且同样可靠，则对于该数据电文而言，满足了该项签字要求。
- 无论第一款提及的要求是否作为一项义务，或者法律只规定了没有签字的后果，第一款均适用。
- 就满足第一款所述要求而言，符合下列条件的电子签字视作可靠的电子签字：其一，签字生成数据在其使用的范围内与签字人而不是还与其他任何人相关联；其二，签字生成数据在签字时处于签字人而不是还处于其他任何人的控制之中；其三，凡在签字后对电子签字的任何篡改均可被觉察；其四，如签字的法律要求目的是对签字涉及的信息的完整性提供保证，凡在签字后对该信息的任何篡改均可被觉察。
- 第三款并不限制任何人在下列任何方面的能力：其一，为满足第一款所述要求的目的，以任何其他方式确立某一电子签字的可靠性；其二，举出某一电子签字不可靠的证据。

第六条是《电子签字示范法》的核心条款，该条款的目的是确保任何真实的电子签字具有与手写签字同样的法律效果。

（5）电子签字的法律地位。为了促进电子商务的发展，商务当事方在使用电子签字技术而不是将争端提交法院时，需要有确定性和可预见性。如果某项签字技术可满足高度可靠性和安全性的要求，就应该有对可靠性和安全性的技术特性进行评估的方法，这种签字技术也应相应地获得某种形式的承认。国家可以建立任何实体，如认证机构，承认电子签字，确立其效力或以其他方式验证其质量。

若法律确定实行电子签字，则在确定某一证书或某一电子签字是否具有法律效力或在多大程度上具有法律效力时，不得考虑签发证书或生成、使用电子签字的地理地点，以及签发人或签字人的营业机构所在地。

相关链接

WTO 的三大突破性协议

1986 年开始的关贸总协定乌拉圭回合谈判，最终通过了《服务贸易总协定》。关于《服务贸易总协定》的谈判产生了一个《电信业附录》。这一附录的制定开始了全球范围内电信市场的开放。WTO（世界贸易组织）建立后，各成员立即开展了关于信息技术的谈判，并先后达成了如下的三大协议。

（1）《全球基础电信协议》。该协议于 1997 年 2 月 15 日达成，主要内容是要求各成员方向外国公司开放其电信市场并结束垄断行为。

（2）《信息技术协议》。该协议于 1997 年 3 月 26 日达成，要求所有参加方自 1997 年 7 月 1 日起至 2000 年 1 月 1 日将主要的信息技术产品的关税降为零。

（3）《开放全球金融服务市场协议》。该协议于 1997 年 12 月 31 日达成，要求成员方对外开放银行、保险、证券和金融信息市场。在 WTO 历史上，一年内制定三项重要协议是史无前例的，这三项协议为电子商务和信息技术的稳步有序发展奠定了新的法律基础。

二、我国对电子商务交易安全的法律保护

1. 我国涉及计算机与网络安全的法律规范

（1）我国涉及计算机安全的主要法律规范。

我国的计算机立法工作始于20世纪80年代。1981年，公安部成立计算机安全监察机构，并着手制定有关计算机安全方面的法律规范，1986年4月开始草拟《中华人民共和国计算机信息系统安全保护条例》征求意见稿。1988年9月5日，第七届全国人民代表大会常务委员会第三次会议通过的《中华人民共和国保守国家秘密法》，在第三章第十七条中第一次提出：采用电子信息等技术存取、处理、传递国家秘密的办法，由国家保密工作部门会同中央有关机关规定。1989年，我国首次在重庆西南铝厂发现计算机病毒后，引起有关部门的高度重视，公安部发布了《计算机病毒控制规定（草案）》，开始推行"计算机病毒研究和销售许可证"制度。

1991年5月24日，国务院第八十三次常务委员会议通过了《计算机软件保护条例》。这一条例是依照《中华人民共和国著作权法》的规定而制定的，目的是保护计算机软件设计人的权益，调整计算机软件在开发、传播和使用中发生的利益关系，鼓励计算机软件的开发与流通，促进计算机应用事业的发展。该条例是我国颁布的第一个有关计算机的法律。1991年12月23日，国防科学技术工业委员会发布了《军队通用计算机系统使用安全要求》，对计算机实体（场地、设备、人身、媒体）的安全、病毒的预防及防止信息泄露提出了具体措施。1992年4月6日，原机械电子工业部发布了《计算机软件著作权登记办法》，规定了计算机软件著作权管理的相关细则。

1994年2月18日，国务院发布了《中华人民共和国计算机信息系统安全保护条例》，为保护计算机信息系统的安全，促进计算机的应用和发展，保障经济建设的顺利进行提供了法律保障。该条例经过近四年的试行才出台，其最大特点是既有安全管理，又有安全监察，用管理与监察相结合的办法保护计算机资产。

针对互联网的迅速普及，为保障国际计算机信息交流的健康发展，国务院在1996年2月1日发布了《中华人民共和国计算机信息网络国际联网管理暂行规定》，提出了对国际联网实行统筹规划、统一标准、分级管理、促进发展的基本原则。1997年5月20日，国务院对这一规定进行修改，设立了国际联网的主管部门，增加了经营许可证制度，并重新发布。1997年6月3日，国务院信息化工作领导小组在北京主持召开了中国互联网络信息中心成立暨《中国互联网络域名注册暂行管理办法》发布大会，宣布中国互联网络信息中心（CNNIC）成立，并发布了《中国互联网络域名注册暂行管理办法》和《中国互联网络域名注册实施细则》。中国互联网络信息中心负责我国境内的互联网域名注册、IP地址分配、自治系统号分配、反向域名登记等注册服务；协助国务院信息化工作领导小组制定我国互联网的发展方针、政策，实施对中国互联网的管理。1997年12月8日，国务院信息化工作领导小组根据《中华人民共和国计算机信息网国际联网管理暂行规定》，制定了《中华人民共和国计算机信息网络国际联网管理暂行规定实施办法》，详细规定国际互联网管理的具体办法。与此同时，公安部颁布了《计算机信息网络国际联网安全保护管理办法》，原邮电部也出台了《国际互联网出入信道管理办法》，旨在通过明确安全责任、严把信息出入关口、设立监测点等方式，加强对国际互联网使用的监督和管理。

1997年10月，在我国新修订的刑法中，第一次增加了计算机犯罪的罪名，包括非法侵入计算机系统罪，破坏计算机系统功能罪，破坏计算机系统数据程序罪，制作、传播计算机破坏

程序罪等。这表明我国对计算机领域的法制管理步入了一个新的阶段。

（2）我国涉及网络安全的主要法律规范。

2017年6月1日，《中华人民共和国网络安全法》（以下简称《网络安全法》）正式实施。该法是我国第一部全面规范网络空间安全管理的基础性法律，皆在保障网络安全，维护网络空间主权和国家安全、社会公共利益，保护公民、法人和其他组织的合法权益，促进经济社会信息化健康发展。

《网络安全法》由总则、网络安全支持与促进、网络运行安全、网络信息安全、监测预警与应急处置、法律责任以及附则组成，共七章七十九条。该法针对的是我国境内的一切网络设施，即在中国境内建设、运营、维护和使用网络，以及对网络安全的监督管理。该法的出台有助于解决长期困扰网络安全的一些基础性问题，对于确立国家网络安全管理制度具有重大意义。

《网络安全法》第一次提出了维护网络空间主权的基本原则。网络空间主权是一个国家主权在网络空间中的自然延伸和表现，各国自主选择网络发展道路、网络管理模式、互联网公共政策，平等参与国际网络空间治理的权利应当得到尊重。这是我国网络空间主权对内最高管辖权的具体体现。

《网络安全法》全面设定了网络运营者的安全保护义务。《网络安全法》第二十一条规定：国家实行网络安全等级保护制度。网络运营者应按照网络安全等级保护制度的要求，履行安全保护义务，保障网络免受干扰、破坏或者未经授权的访问，防止网络数据泄露或者被窃取、篡改等。第二十五条、五十五条规定：网络运营者应当制定网络安全事件应急预案，及时处置系统漏洞、计算机病毒、网络攻击、网络侵入等安全风险；在发生危害网络安全的事件时，应立即启动应急预案，采取相应的补救措施，按照规定向有关主管部门报告，并及时向社会发布与公众有关的警示信息。

同时，《网络安全法》引入了"关键信息基础设施"概念。"关键信息基础设施"作为关乎国家安全和利益的战略性资源，尤其重要，必须在法律和制度层面进行重点保护。《网络安全法》在第二十三条中明确指出"网络关键设备和网络安全专用产品应当按照相关国家标准的强制性要求，由具备资格的机构安全认证合格或者安全检测符合要求后，方可销售或者提供"。这意味着法律对"关键信息基础设施"提出了更高的责任要求。除了严格内部人员培训、制度架构设计等，还要求在采购时，对可能影响国家安全的网络产品和服务，及时向有关部门申报，进行安全审查。

此外，《网络安全法》还针对负责关键信息基础设施安全保护工作的部门提出了制定本行业、本领域的网络安全事件应急预案的要求。

《网络安全法》遵循网络安全与信息化发展并重原则，第三条明确规定：国家坚持网络安全与信息化并重，遵循积极利用、科学发展、依法管理、确保安全的方针，推进网络基础设施建设和互联互通，鼓励网络技术创新和应用，支持培养网络安全人才，建立健全网络安全保障体系，提高网络安全保护能力。

《网络安全法》的出台，为各方参与互联网业务提供了重要准则，使所有网络行为有法可依，有法必依，不仅对国内网络空间治理具有重要的作用，同时也是国际社会应对网络安全威胁的重要组成部分。

（3）我国涉及网络信息保护的主要法律规范。

随着网络发展应用的普及，网络信息安全问题日益突出。为保护网络信息安全，保障公民、法人和其他组织的合法权益,维护国家安全和社会公共利益,2012年12月28日,《全国人民代表大会常务委员会关于加强网络信息保护的决定》(以下简称《决定》)发布。

《决定》重点明确了以下问题。

① 加强身份管理,实行"实名制"。《决定》规定,网络服务提供者为用户办理网站接入或提供信息发布等服务时,应当要求用户提供真实身份信息。也就是说,用户在使用微博、博客、网络论坛等互联网服务发布信息时,必须实名注册。

② 未经用户同意,禁止发送商业性邮件、短信等。《决定》规定,任何组织和个人未经电子信息接收者同意、请求,或者电子信息接收者明确表示拒绝的,不得向其固定电话、手机或者个人电子邮箱发送商业性电子信息等。

③ 加大对个人电子信息的保护力度。《决定》明确了国家保护能够识别公民个人身份和涉及公民个人隐私的电子信息。同时规定,任何组织和个人不得窃取或者以非法方式获取公民个人电子信息,不得出售或者非法向他人提供公民个人电子信息。任何网络服务提供者和其他企事业单位在业务活动中收集、使用公民个人电子信息,应当遵循合法、正当、必要的原则,并向其明示收集、使用信息的目的、方式和范围,并经被收集者同意;不得违反法律、法规的规定和双方收集、使用信息的约定。同时,对其电子信息必须严格保密,不得泄露、篡改、毁损等。此外,《决定》也赋予了公民必要的监督权,当公民发现个人信息受到侵害时,有权要求网络服务提供者删除或者采取必要措施予以制止。

相关链接

9-3

扫描二维码9-3,阅读《电子面单将破解信息安全难题?》,增强安全防范意识。

④ 主管部门履职,网络服务提供者应给予配合。《决定》规定,相关主管部门应依法履行职责,采取技术措施和其他必要措施,防范、制止和查处窃取或者以其他非法方式获取、出售或者非法向他人提供公民个人电子信息的违法犯罪行为。网络服务提供者应当予以积极配合,并提供技术支持。

⑤ 明确违法者应承担的法律责任。《决定》规定:对有违反本决定行为的,依法给予警告、罚款、没收违法所得、吊销许可证或者取消备案、关闭网站、禁止有关责任人员从事网络服务业务等处罚,记入社会信用档案并予以公布;构成违反治安管理行为的,依法给予治安管理处罚。构成犯罪的,依法追究刑事责任。侵害他人民事权益的,依法承担民事责任。

此外,《网络安全法》也规定了对个人信息及隐私的保护。《网络安全法》第四十一、四十二、四十三条都有涉及。第四十一条规定:网络运营者收集、使用个人信息,应当遵循合法、正当、必要的原则,公开收集、使用规则,明示收集、使用信息的目的、方式和范围,并经被收集者同意。网络运营者不得收集与其提供的服务无关的个人信息,不得违反法律、行政法规的规定和双方的约定收集、使用个人信息,并应当依照法律、行政法规的规定和与用户的约定,处理其保存的个人信息。第四十二条规定:网络运营者不得泄露、篡改、毁损其收集的个人信息;未经被收集者同意,不得向他人提供个人信息。但是,经过处理无法识别特定个人且不能复原的除外。网络运营者应当采取技术措施和其他必要措施,确保其收集的个人信息安全,防止信息泄露、毁损、丢失。在发生或者可能发生个人信息泄露、毁损、丢失的情况时,应当立即采取补救措施,按照规定及时告知用户并向有关主管部门报告。第四十三条规定：个人发现网络运营者违反法律、行政法规的规定或者双方的约定收集、使用其个人信息的，有权要求网络运营者删除其个人信息；发现网络运营者收集、存储的其个人信息有错误的，有权要求网络运营者予以更正。网络运营者应当采取措施予以删除或者更正。

《决定》和《网络安全法》都聚焦个人信息泄露问题，明确网络产品服务提供者、运营者的责任；严厉打击出售贩卖个人信息的行为，对保护公众个人信息安全起到了积极的作用。

【课程思政】 电子商务人员必须恪守原则，维护企业的商业信用，维护自己的个人信用。要遵守诺言；言必信，行必果。严守机密是电子商务人员的重要素质。

2. 我国涉及电子商务交易安全的法律规范

电子商务交易安全的法律保护涉及两个基本方面。第一，电子商务交易首先是一种商品交易，其安全问题应当通过民商法加以保护；第二，电子商务交易是通过计算机及其网络实现的，其安全与否取决于计算机及其网络自身的安全程度。

目前，我国还没有出台专门的针对电子商务交易安全的法律规范，现行的涉及交易安全的法律规范主要有四类：一是综合性法律，主要是民法通则和刑法中有关保护交易安全的条文；二是规范交易主体的有关法律，如公司法、国有企业法、集体企业法、合伙企业法、私营企业法、外资企业法等；三是规范交易行为的有关法律，包括经济合同法、产品质量法、财产保险法、价格法、消费者权益保护法、广告法、反不正当竞争法等；四是监督交易行为的有关法律，如会计法、审计法、票据法、银行法等。

上述法律制度虽然体现了交易安全的思想，但在许多方面缺乏涉及交易安全的相关规定，为了适应迅速发展的电子商务交易形式，保护当事人的合法权益，维护社会经济秩序，我国借鉴了联合国国际贸易法委员会在1996年发布的《电子商务示范法》的相关规定，于1999年出台了《中华人民共和国合同法》（现为《中华人民共和国民法典》合同编中部分内容）。该法对原有的订立合同的形式进行了必要的补充，将数据电文（包括电报、电传、传真、电子数据交换和电子邮件）作为书面形式之一。之后，2017年发布的《中华人民共和国民法总则》（现为《中华人民共和国民法典》总则编中的部分内容）中的部分条款也对交易安全进行了补充与说明，第八十三条规定"营利法人的出资人不得滥用出资人权利损害法人或者其他出资人的利益。滥用出资人权利给法人或者其他出资人造成损失的，应当依法承担民事责任"；第一百一十一条规定"自然人的个人信息受法律保护。任何组织和个人获取他人个人信息，应当依法取得并确保信息安全，不得非法收集、使用、加工、传输他人个人信息，不得非法买卖、提供或者公开他人个人信息"；第一百二十七条规定"法律对数据、网络虚拟财产的保护有规定的，依照其规定"。上述相关法律规范的补充与跟进，反映了我国对电子商务交易安全的高度重视。

2005年4月1日，《中华人民共和国电子签名法》（以下简称《电子签名法》）正式实施。《电子签名法》首次赋予可靠电子签名与手写签名或盖章同等的法律效力，并明确了电子签名、数字认证的使用范围。2019年4月，全国人民代表大会常务委员会对《电子签名法》做出修改，删除了原第三条第三款规定的电子文书不适用于"涉及土地、房屋等不动产权益转让的"限制。本次修改进一步扩大了电子签名的应用范围，让电子签名服务越来越多的领域，成为越来越多的企业的选择。

2013年10月25日，全国人民代表大会常务委员会修订了《中华人民共和国消费者权益保护法》(以下简称"新消法"),该法进一步规范了网络购物等新型消费方式。"新消法"第二十五条增加了"经营者采用网络、电视、电话、邮购等方式销售商品,消费者有权自收到商品之日起七日内退货,且无须说明理由"。此条款皆在解决消费者和经营者之间信息不对称的问题,保护消费者的权益。"新消法"第四十四条规定:消费者通过网络交易平台购买商品或者接受服务,其合法权益受到损害的,可以向销售者或者服务者要求赔偿。本条明确了网络交易平台提供者作为第三方,须承担有限责任。另外,"新消法"对于使用格式条款、消费者个人信息保护等也做出了明确的规定。"新消法"的实施无疑对于维护网络消费者的合法权益具有重要作用。

相关链接

扫描二维码9-4,了解《中华人民共和国消费者权益保护法》。

9-4

③ 2021年4月,新修订的《中华人民共和国广告法》(以下简称《广告法》)颁布。《广告法》规范了电子信息及互联网广告的发布,进一步明确了法律责任。第四十三条强调了电子信息广告发布需经过接收者同意,同时示明发送者的真实身份和联系方式。第四十四条规定:利用互联网发布、发送广告,不得影响用户正常使用网络。在互联网页面以弹出等形式发布的广告,应当显著标明关闭标志,确保一键关闭。修订后的《广告法》,进一步细化了广告内容准则、广告活动规范,为加强广告监督管理、促进广告业及电子交易持续、健康发展提供了重要的法律保障。

④ 2010年6月14日,中国人民银行颁布了《非金融机构支付服务管理办法》(以下简称《办法》)。《办法》明确了非金融机构支付服务是指非金融机构在收付款人之间作为中介机构提供的货币资金转移服务,包括网上支付、预付卡的发行与受理、银行卡收单等。《办法》规定,对非金融机构支付服务实行支付业务许可制度,未经中国人民银行批准,任何金融机构和个人不得从事或变相从事支付业务。《办法》还规定了申请许可证的流程及最低门槛等。《办法》的指导思想是规范非金融机构支付服务行为,防范支付风险,保护当事人的合法权益。

⑤ 2018年8月31日,全国人民代表大会常务委员会第五次会议通过了《中华人民共和国电子商务法》(以下简称《电子商务法》)。这是我国电子商务领域的首部综合性法律。该法将电子商务的主要模式和业态纳入调整范围,明确了电子商务经营者特别是平台经营者的权利、责任与义务;对完善电子商务交易与服务、强化电子商务交易保障、促进和规范跨境电子商务发展、加强监督管理等若干重大问题进行了规定,以促进电子商务持续健康发展。

⑥ 2018年12月21日,国家市场监督管理总局颁布了《市场监督管理行政处罚程序暂行规定》(以下简称《程序规定》)。《程序规定》第九条明确规定:电子商务平台经营者和通过自建网站、其他网络服务销售商品或者提供服务的电子商务经营者的违法行为由其住所地县级以上市场监督管理部门管辖。此规定对电子商务违法行为管辖做出了科学合理的设置。该条款中的监管对象与《电子商务法》第九条列举的全部电子商务经营者类型吻合。两法的实施对平台内经营者的违法行为进行双重管辖,更符合执法实践的要求。

⑦ 2020年5月28日,第十三届全国人民代表大会第三次会议表决通过了《中华人民共和国民法典》(以下简称《民法典》),于2021年1月1日起施行。《民法典》共7编、1260条,它是在原《婚姻法》《继承法》《民法通则》《收养法》《担保法》《合同法》《物权法》《侵权责

任法》《民法总则》的基础上编纂而成的，至此我国依法保护民事权利进入全新的"民法典时代"。

 **相关链接**

9-5

扫描二维码 9-5，了解《中华人民共和国民法典》。

我国自 20 世纪 50 年代中期开始《民法典》的编纂工作，但因条件不成熟而暂缓。2014 年，第五次编纂《民法典》的工作再次启动，并采取"两步走"的策略：第一步，编纂总则编；第二步，编纂各分编，再与《民法总则》合并为《民法典》草案。

《民法典》具有浓厚的信息时代气息，针对电子商务交易过程中个人信息、网络虚拟财产和数据保护、网络侵权责任等都做出了明确规定。

《民法典》的颁布完善了我国民商事领域的基本规则、民事法律秩序，为优化营商环境、确保商事活动健康开展发挥了积极的作用。

 **相关链接**

个人信息受法律保护

张丽艳在校园超市购买学习用具、生活用品，她使用支付宝结账，事后发现支付宝客户端默认勾选了"授权淘宝获取你线下交易信息并展示"，其交易详细信息（包括商品信息、店铺信息、交易价格等）显示在淘宝客户端的订单中。张丽艳认为，支付宝在未获得自己同意的情况下就将非法收集的上述信息提供给淘宝，侵犯了个人信息被收集、利用的知情权。

"互联网+"日渐融入生活，个人信息安全面临前所未有的巨大威胁。一些企业、机构甚至个人，从商业利益出发，随意收集、违法获取、过度使用、非法买卖个人信息，严重危害了人们的生命健康和财产安全。国家出台个人信息保护法将有利于平衡国家安全和公共利益、企业和组织发展需求、个人权益保护等多方主体利益，完善我国网络空间法治建设，提升网络法律环境。

《全国人民代表大会常务委员会关于加强网络信息保护的决定》第三条、《网络安全法》第四十二条、《民法典》第一千零三十五条等都对个人信息保护进行了规定。个人信息受法律保护，任何组织和个人不得窃取或者以非法方式获取公民个人电子信息，不得出售或者非法向他人提供公民个人电子信息。网络服务提供者和其他企事业单位在业务活动中收集、使用公民个人电子信息，应当遵循合法、正当、必要的原则，并向被收集者明示收集、使用信息的目的、方式和范围，并经被收集者同意；不得违反法律、法规的规定和双方收集、使用信息的约定。

在这个案例中，支付宝作为网上支付平台，在向张丽艳提供支付服务的同时，非法收集其商品交易的详细信息和行踪，违背了网络服务经营者收集、使用个人信息应当遵循的"合法、正当、必要"的原则，且在未获得其明示同意的前提下，还将非法收集的信息提供给淘宝。淘宝作为网络经营者，同样违背了前述原则，也将受到法律的惩罚。

（3）我国涉及电子合同的主要法律规范。

随着电子技术的快速发展，越来越多的交易在网上进行，使电子合同在商务活动中被广泛应用。电子合同又称"电子商务合同"。根据联合国国际贸易法委员会《电子商务示范法》以及世界各国颁布的电子交易法，同时结合我国《民法典》的有关规定，我们将电子合同界定为：双方或多方当事人之间通过电子信息网络以电子的形式达成的设立、变更、终止财产性民事权利义务关系的协议，即双方通过数据电文、电子邮件等形式签订的明确双方权利、义务关系的一种电子协议。

电子合同的标的可以为交付商品，也可以为提供服务。电子合同通常具有以下特征：第一，电子合同的订立以网络为基础，整个过程采用的是电子形式且符合易保全的特性，通过电子邮件、电子数据交换等方式进行电子合同的谈判、签订及履行等；第二，电子合同是通过计算机网络进行的，有别于传统的合同订立方式，整个交易过程需要一系列的国际、国内技术标准予以规范，如电子签名、电子认证等；第三，《民法典》规定合同的订立需要有要约和承诺两个过程，电子合同同样需要具备这些要件，电子合同中的要约和承诺可以用电子形式完成，即输入相关的信息符合预先设定的程序，计算机就可以自动做出相应的意思表示；第四，"意思"表示的电子化，是指在合同订立的过程中以相关的电子方式表达自己的意愿的一种行为，这种行为的表现方式是通过电子形式实现的。《电子商务示范法》中将电子化的意思表示称为"数据电文"。

由于电子合同是现代商法领域中出现的新兴事物，我国法学界一直试图为其拟定一个准确、规范、合理的科学定义，但电子合同与传统合同有诸多不同，所以至今还没有形成统一规范的电子合同立法概念。然而，对于电子合同中具体必备的电子签名、身份认证、电子记录等内容，我国法律已有明文规定。其具体依据如下：

①《民法典》第四百六十九条规定：当事人订立合同，可以采用书面形式、口头形式或者其他形式。书面形式是合同书、信件、电报、电传、传真等可以有形地表现所载内容的形式。以电子数据交换、电子邮件等方式能够有形地表现所载内容，并可以随时调取查用的数据电文，视为书面形式。第四百九十一条规定：当事人采用信件、数据电文等形式订立合同要求签订确认书的，签订确认书时合同成立。当事人一方通过互联网等信息网络发布的商品或者服务信息符合要约条件的，对方选择该商品或者服务并提交订单成功时合同成立，但是当事人另有约定的除外。第四百九十二条规定：承诺生效的地点为合同成立的地点。采用数据电文形式订立合同的，收件人的主营业地为合同成立的地点；没有主营业地的，其住所地为合同成立的地点。当事人另有约定的，按照其约定。第五百一十二条规定：通过互联网等信息网络订立的电子合同的标的为交付商品并采用快递物流方式交付的，收货人的签收时间为交付时间。电子合同的标的为提供服务的，生成的电子凭证或者实物凭证中载明的时间为提供服务时间；前述凭证没有载明时间或者载明时间与实际提供服务时间不一致的，以实际提供服务的时间为准。电子合同的标的物为采用在线传输方式交付的，合同标的物进入对方当事人指定的特定系统且能够检索识别的时间为交付时间。电子合同当事人对交付商品或者提供服务的方式、时间另有约定的，按照其约定。

《民法典》针对电子合同的形式、成立规则、交付时间做出的新规定，为解决电子商务合同纠纷提供了法律依据。

②《电子签名法》第四条规定：能够有形地表现所载内容，并可以随时调取查用的数据电文，视为符合法律、法规要求的书面形式。第十四条规定：可靠的电子签名与手写签名或盖章具有同等的法律效力。

③《网络交易平台合同格式条款规范指引》由国家工商行政管理总局（现国家市场监督管理总局）于2014年7月发布，其中第二章、第三章分别对合同格式条款的基本要求、合同格

式条款的履行与救济进行了说明，其目的是规范网络交易平台的合同格式条款，引导网络交易平台经营者依法履行合同义务，保护消费者和经营者合法权益，促进网络经济持续健康发展。

④《电子商务法》第三章"电子商务合同的订立与履行"中，明确了电子合同在互联网行业的法律效力。第四十七条规定：电子商务当事人订立和履行合同，适用本章和《中华人民共和国民法总则》《中华人民共和国合同法》（以上为《中华人民共和国民法典》中部分内容）、《中华人民共和国电子签名法》等法律的规定。第四十八条规定：电子商务当事人使用自动信息系统订立或者履行合同的行为对使用该系统的当事人具有法律效力。第四十九条规定：电子商务经营者发布的商品或者服务信息符合要约条件的，用户选择该商品或者服务并提交订单成功，合同成立。当事人另有约定的，从其约定。第五十条规定：电子商务经营者应当清晰、全面、明确地告知用户订立合同的步骤、注意事项、下载方法等事项，并保证用户能够便利、完整地阅览和下载。电子商务经营者应当保证用户在提交订单前可以更正输入错误。第五十一条规定：合同标的为交付商品并采用快递物流方式交付的，收货人签收时间为交付时间。合同标的为提供服务的，生成的电子凭证或者实物凭证中载明的时间为交付时间；前述凭证没有载明时间或者载明时间与实际提供服务时间不一致的，实际提供服务的时间为交付时间。合同标的为采用在线传输方式交付的，合同标的进入对方当事人指定的特定系统并且能够检索识别的时间为交付时间。合同当事人对交付方式、交付时间另有约定的，从其约定。

⑤《最高人民法院关于审理买卖合同纠纷案件适用法律问题的解释》第四条规定：人民法院在按照合同法的规定认定电子交易合同的成立及效力的同时，还应当适用电子签名法的相关规定。

（4）我国涉及第三方平台支付服务的主要法律规范。

随着网络信息、通信技术的快速发展和支付服务的不断分工细化，第三方支付在我国蓬勃发展。越来越多的非金融机构借助互联网、手机等信息技术广泛参与支付业务。实践证明，非金融机构利用信息技术、以电子化手段提供的多样化、个性化的服务，较好地满足了电子商务企业和个人的支付需求，促进了电子商务和互联网金融的快速发展。

相关链接

9-6

扫描二维码9-6，观看视频《快捷支付到底安全吗？》，了解第三方支付中的快捷支付，增强安全防范意识。

第三方支付是指一些和各大银行签约，具备一定实力和信誉保障的第三方独立机构，在银行监管下提供交易支持平台，在商家和银行之间建立连接，从而解决买家、卖家、银行之间的货币支付、资金清算和统计查询等问题。第三方支付机构相当于买卖双方交易过程中的"中间人"，对交易双方进行约束与监督。它是信用缺位条件下的补位产物，其目的是防范电子交易中的欺诈行为。第三方支付的主要业务种类有网上支付、预付卡的发行预受理、银行卡收单及中国人民银行确定的其他支付服务等。

随着第三方支付服务业务范围、规模的不断扩大，这一领域的固有问题逐渐暴露，新的风险隐患也相继产生，如客户备付金的权益保障问题、预付卡发行和受理业务中的违规问题、反洗钱义务的履行问题、支付服务中的信息系统安全问题等，这些问题必须通过必要的法规及监管措施加以预防和纠正。于是，中国人民银行作为我国支付体系的法定监督管理者，陆续颁布了《关于促进互联网金融健康发展的指导意见》《电子支付指引（第一号）》《非金融机构支付服务管理办法》《非银行支付机构网上支付业务管理办法》《条码支付业务规范（试行）》等法律规范。

①《关于促进互联网金融健康发展的指导意见》。互联网金融是传统金融机构与互联网企业利用互联网技术和信息通信技术实现资金融通、支付、投资和信息中介服务的新型金融业务模式。互联网金融的主要业态包括互联网支付、网络借贷、股权众筹融资、互联网基金销售、互联网保险、互联网信托和互联网消费金融等。

为规范互联网金融市场秩序、完善金融监管，促进互联网金融创新发展，中国人民银行等十部委在2015年7月联合发布了《关于促进互联网金融健康发展的指导意见》（以下简称《指导意见》）。《指导意见》共二十条，内容包括鼓励创新，支持互联网金融发展，分类监管与规范互联网金融市场秩序三个方面，其中涉及第三方支付机构开展业务的要求及规范主要如下。

《指导意见》第七条明确了第三方支付机构开展业务的基本要求：互联网支付应坚持服务电子商务发展和为社会提供小额、快捷、便民小微支付服务的宗旨。银行业金融机构和第三方支付机构从事互联网支付，应遵守现行法律法规和监管规定。第三方支付机构与其他机构开展合作的，应清晰界定各方的权利义务关系，建立有效的风险隔离机制和客户权益保障机制，要向客户充分披露服务信息，并清晰地提示业务风险，不得夸大支付服务中介的性质和职能。互联网支付业务由中国人民银行负责监管。

《指导意见》第二条涉及第三方支付机构资金存管、支付清算等配套服务问题：支持各类金融机构与互联网企业开展合作，鼓励银行业金融机构开展业务创新，为第三方支付机构和网络贷款平台等提供资金存管、支付清算等配套服务。支持小微金融服务机构与互联网企业开展业务合作，实现商业模式创新。

《指导意见》第十条明确了第三方支付机构开展互联网基金销售问题：第三方支付机构在开展互联网基金销售支付服务过程中，应当遵守中国人民银行、证监会关于客户备付金及基金销售结算资金的相关监管要求。第三方支付机构的客户备付金只能用于办理客户委托的支付业务，不得用于垫付基金和其他理财产品的资金赎回。互联网基金销售业务由证监会负责监管。

②《电子商务支付指引（第一号）》。为了规范电子商务支付业务，防范支付风险，确保银行和客户在电子商务支付活动中的合法权益，促进电子银行业务和电子商务的健康有序发展，2005年10月26日，中国人民银行发布了《电子商务支付指引（第一号）》（以下简称《指引》）。

《指引》所称的电子商务支付，是指单位、个人直接或授权他人通过电子终端发出支付指令，实现货币支付与资金转移的行为。电子商务支付的类型按电子商务支付指令发起方式分为网上支付、电话支付、移动支付、销售点终端交易、自动柜员机交易和其他电子商务支付。《指引》共六章四十九条，规范主体主要是银行及接受其电子商务支付服务的客户，重点调整银行及其客户在电子商务支付活动中的权利义务关系。《指引》主要包括以下五个方面的内容。

第一，明确电子商务支付活动中客户与银行的权利和义务。《指引》明确要求，客户申请电子商务支付业务，必须与银行签订相关协议，并对协议的必要事项进行列举。银行有权要求客户提供身份证明资料，有义务向客户披露有关电子商务支付业务的初始信息并妥善保管客户资料。

第二，建立信息披露制度。为维护客户权益，《指引》第八条要求办理电子商务支付的银行必须公开、充分披露其电子商务支付业务活动中的基本信息，尤其强调对电子商务支付业务风险的披露，并明示特定电子商务支付交易品种可能存在的全部风险，建立电子商务支付业务运作重大事项报告制度；提醒客户妥善保管、妥善使用、妥善授权他人使用电子商务支付交易存取工具。

第三，健全电子商务支付安全制度。《指引》要求银行采用符合有关规定的信息安全标准、技术标准、业务标准，建立针对电子商务支付业务的管理制度；采取适当的内部制约机制，保证电子商务支付业务处理系统的安全性，以及数据信息资料的完整性、可靠性、安全性、不可否认性；《指引》对于应用电子签名、签署书面协议、交易限额、日志记录、指令确认、回单确认、信息披露及及时通知都做出了明确规定，并要求银行针对不同客户，在电子商务支付类型、单笔支付金额和每日累计支付金额等方面做出合理限制。

第四，确认电子证据的合法性。《指引》以《电子签名法》为法律依据，进一步确认了电子商务支付中电子证据的法律效力和实际可采纳性。《指引》规定，电子商务支付指令与纸质支付凭证可以相互转换，二者具有同等法律效力。《指引》要求银行妥善保存客户的申请资料，保存期限至该客户撤销电子商务支付业务后五年，从制度上保证了诉讼期间相关证据的可采纳性。

第五，明确差错处理的原则与要求。《指引》考虑了用户资料被泄露或篡改，非资金所有人盗取他人存取工具发出电子商务支付指令，客户自身未按规定操作，或由于自身其他原因造成电子商务支付指令未执行、未适当执行、延迟执行，接收行由于自身系统或内控制度等原因对电子商务支付指令未执行、未适当执行、延迟执行致使客户款项未准确入账，因银行自身系统、内控制度或为其提供服务的第三方服务机构的原因，造成电子商务支付指令无法按约定时间传递、传递不完整或被篡改等多种实际情况，明确了处理差错的原则和相应的补救措施。

③《非金融机构支付服务管理办法》。2010年6月，中国人民银行颁布了《非金融机构支付服务管理办法》（以下简称《办法》）。《办法》对非金融机构支付服务进行了规范，为企业、个人用户的资金安全提供了制度保障。《办法》的出台标志着中国第三方服务商从此拥有了法定的地位，其业务开展将受到法律的支持与规范。

《办法》明确非金融机构支付服务是指非金融机构在收付款人之间作为中介机构提供的货币资金转移服务，包括网上支付、预付卡的发行与受理以及银行卡收单等；规定非金融机构提供支付服务应具备相应的资质条件，以建立统一规范的市场准入秩序，强化其持续发展能力。

《办法》共五章五十条，主要内容如下。

第一，规定了支付业务申请与许可、中国人民银行的监管职责，以及支付机构支付业务的总体经营原则等。

第二，申请与许可。明确了非金融机构支付服务市场准入条件和中国人民银行关于"支付业务许可证"的两级审批程序。市场准入条件尤其强调了申请人的机构性质、注册资本、反洗钱措施、支付业务设施、资信状况及主要出资人等应符合的资质要求等。此外，还明确了支付机构变更等事项的审批要求。

第三，监督与管理。主要规定支付机构在规范经营、资金安全、系统运行等方面应承担的责任与义务，以确保其在运营中的安全。规范经营主要强调支付机构应按核准范围从事支付业务、报备与披露业务收费情况、制定并披露服务协议、核对客户身份信息、保守客户商业秘密、保管业务及会计档案等资料、规范开具发票等。资金安全主要强调支付机构应在同一商业银行专户存放接收的客户备付金，且只能按照客户的要求使用。系统运行主要强调支付机构应具备必要的技术手段及灾难恢复处理能力和应急处理能力等。此外，支付机构还需配合中国人民银行的依法监督检查等。

第四，罚则。主要明确中国人民银行工作人员、商业银行、支付机构等各责任主体相应承担的法律责任等。

第五，附则。主要明确《办法》的过渡期要求、施行日期等。

 相关链接

网联支付清算服务惠及电子商务产业链

网联清算有限公司（以下简称"网联"）是经中国人民银行批准成立的非银行支付机构网上支付清算平台的运营机构。它是在中国人民银行指导下，由中国支付清算协会按照市场化方式组织非银行支付机构以"共建、共有、共享"原则共同出资筹建的，于2017年8月注册成立。共有45家机构和公司签署了网联清算有限公司设立协议书，其中包括支付宝、财付通等在内的29家第三方支付机构。网联平台上线运行，为支付机构提供了统一、公共的支付清算服务。

在网联诞生之前，第三方支付机构都是采用直连模式与银行对接的。该模式绕开了中国人民银行的清算系统，使中国人民银行无法掌握具体的交易信息和准确的资金流向，给监管机构和金融机构带来了金融监管、货币政策实施及金融数据分析等方面的难题。2018年6月30日，第三方支付机构接入网联之后，不再和各银行直联，而是由网联和各银行对接。这样银行便可获取具体的交易信息和资金流向，从而有效防范洗钱和挪用备付金等行为及第三方支付行业的风险。

实践证明，非金融机构进行的一系列支付服务创新，拓展了银行支付服务的广度和深度，填补了银行支付服务可能存在的空白。同时，非金融机构的支付服务创新打破了银行支付服务同质化的倾向，带动和促进了整个支付服务市场的创新，提高了支付服务效率，增加了消费者福利。此外，非金融机构支付服务的多样化、差异化、个性化等特点较好地满足了电子商务企业和居民个人的支付需求，促进了电子商务和信息经济的发展，在刺激消费、扩大内需、促进经济增长方式转变等方面发挥了积极的作用。

④《非银行支付机构网上支付业务管理办法》。为规范非银行支付机构网上支付业务，防范支付风险，保护客户合法权益，促进支付服务创新和支付市场健康发展，中国人民银行根据《中华人民共和国中国人民银行法》《非金融机构支付服务管理办法》等规定，制定了《非银行支付机构网上支付业务管理办法》（以下简称《办法》），于2016年7月1日起施行。

《办法》将非银行支付机构网上支付业务发展及管理现状有机结合，确立了坚持支付账户实名制、平衡支付业务安全与效率、保护消费者权益和推动支付创新等监管思路。其主要措施包括以下几个方面。

第一，清晰界定支付机构定位。《办法》强调支付机构应当遵循主要服务电子商务发展和为社会提供小额、快捷、便民小微支付服务的宗旨，明确其监管标准和规则，以维护市场公平竞争及金融稳定。

第二，坚持支付账户实名制。针对网上支付非面对面开户的特征，要求支付机构多渠道多层交叉验证识别客户身份信息，建立健全客户身份识别机制，切实履行反洗钱、反恐怖融资，以及遏制其他违法犯罪活动的义务。

第三，兼顾支付安全与效率。本着小额支付偏重便捷、大额支付偏重安全的管理思路，实现便捷与安全的平衡。《办法》将个人支付账户分为三类：一类账户交易额相对低，实现快捷；

二类和三类客户实名验证强度较高,需要经过多层交叉验证,验证强度越高,转账限额越高,既满足客户常用小额转账的便捷性,又为信息和资金安全加了防护墙。

第四,强调对个人消费者合法权益的保护。《办法》引导支付机构建立完善的风险控制机制,健全客户损失赔付、差错争议处理等客户权益保障机制,有效降低网上支付业务风险,保护消费者的合法权益。

第五,实施分类监管,推动创新。建立支付机构分类监管工作机制,对支付机构及其相关业务实施差别化管理,以扶优限劣的激励和制约措施发挥分类监管对支付机构经营管理的引导和推动作用。同时鼓励支付机构开展技术创新、流程创新和服务创新等。

鉴于客户在网上支付业务中面临资金被盗、信息泄露、维权困难等问题,《办法》明确了相关监管要求,内容如下。

一是保护客户知情权。要求支付机构以显著方式提示客户注意服务协议中与其有重大利害关系的事项,并清晰理解相关权利、义务和责任;要求支付机构增加信息透明度,定期公开披露风险事件、客户投诉等信息,加强客户和舆论监督。

二是尊重客户的交易选择权。支付机构要充分尊重客户的真实意愿,不得以诱导、强迫等方式要求客户选择网上支付服务的机构、资金收付方式等。《办法》规定,支付机构变更协议条款、提高收费标准或新设收费项目,应以客户知悉并自愿接受为前提。

三是保障客户信息安全。要求支付机构制定客户信息保护措施和风险控制机制,确保客户信息安全,并依法承担因信息泄露造成的损失和责任。

四是保障客户资金安全。要求支付机构及时处理客户的投诉及争议,对安全性较低的支付账户余额付款交易设置单日累计限额,并建立健全风险准备金和客户损失赔付机制等。

⑤《条码支付业务规范(试行)》

近年来,条码支付业务发展迅速,人们拿起手机对着二维码"扫一扫"即可轻松完成支付。但是,由于条码支付业务准入门槛低,导致安全隐患频发。为此,中国人民银行发布了《条码支付业务规范(试行)》(以下简称《规范》),以规范条码支付业务,保护消费者合法权益,促进移动支付业务健康可持续发展。《规范》分总则、条码生成和受理、特约商户管理、风险管理、附则,共五章五十条,于2018年4月1日起实施。

《规范》明确了支付机构向客户提供基于条码付款服务时的相关要求与规定。

第一,明确业务资质要求。强调支付机构向客户提供基于条码的付款服务时,应取得网上支付业务许可;支付机构为实体特约商户和网络特约商户提供条码支付收单服务的,应当分别取得银行卡收单业务许可和网上支付业务许可。

第二,重申清算管理要求。针对部分支付机构与多家银行业金融机构或支付机构直连进行商户拓展的现象,明确要求银行业金融机构、非银行支付机构开展条码支付业务涉及跨行交易时,必须通过中国人民银行清算系统或者具备合法资质的清算机构处理。

第三,要求维护市场公平竞争秩序。市场机构之间不得相互诋毁,不得采用不正当竞争手段损害其他市场主体利益,不得破坏市场公平竞争秩序。

第四,规范条码生成和受理。提出交易验证方式、交易限额管理、信息管理和安全防护、静态条码应用管理、综合应用支付标记化技术等措施,保障条码支付业务的安全性。

第五,加强商户管理和风险管理。在特约商户资质审核、受理协议签订、商户风险评级、商户检查,以及交易风险监测、客户安全教育等方面提出要求并进行规范,强化业务风险管理。

为保证条码支付业务顺利实施,《规范》对报文管理还提出了一定要求:一是采用数字签名、加密传输等措施,加强支付指令真实性;二是在交易报文中准确记录发起方、接收方、网络路由、唯一交易流水号等关键信息,保障交易可追溯性和一致性;三是完善商户、渠道、订单等交易信息,精准记录交易过程,确保支付指令完整性。

针对静态条码易被篡改、易携带木马或病毒,真伪难辨,导致支付风险较高等问题,《规范》还提出了一系列防范静态条码风险的措施:一是要求静态条码应由后台服务器加密生成,宜采用防伪纸张展示条码,防伪纸张应具备一定防伪特征;二是要求展示静态条码的介质应放置在商户收银员视线范围内,商户应定期对介质进行检查;三是要求静态条码采用防护罩等物理防护手段避免被覆盖或替换,宜使用防伪标签对防护罩进行标记;四是要求在静态条码介质显著位置明显展示收款方信息,便于用户核对;五是通过风险防范能力分级管理,进一步规范使用静态条码,并鼓励使用风险防范能力较高的收款扫码方式。

总之,该规范旨在遵循"鼓励创新、防范风险、趋利避害、健康发展"的总体要求,指导产业各方正确处理安全与发展的关系,在严守金融安全底线和业务规范的基础上开展支付创新,提供安全、高效的条码支付服务。

相关链接

第三方支付"烘焙"万亿市场

"交水电费还用去银行排队?用你们年轻人流行的话说,太落伍啦!我们现在都直接用电话缴费。"隔壁的大妈跟记者聊天时冒出的"时尚"感觉让人刮目相看。的确,在我们不经意间,生活方式逐渐发生着改变,其中的影响因素,包括手机、网络、电子商务,甚至包括我们的支付手段。

用电子邮件来进行网上支付;打个电话报上信用卡号就能预订机票;用手机上网交水费、电费、游戏费……当中国人还没有完全适应从纸制货币进化到"塑料货币"(信用卡)的今天,网上银行、手机钱包等第三方支付工具已经在悄然改变着我们的生活,同时蕴含着巨大的商机。

国内的第三方支付始自2001年,当时最早的模式是网关模式,这种模式最大的问题是门槛低,价值有限。那时很多商家只是简单地做个网关软件。到2005年,新支付企业逐渐发展起来,出现一些新的模式,包括易宝模式、支付宝模式、财付通模式等。如今中国人民银行已先后批准了280多张第三方支付牌照,意味着已有280多家支付企业先后获得支付许可证。第三方支付迎来了包括互联网支付企业、预付卡企业、银行卡收单企业在内的更多的运营主体,中国第三方支付行业迎来了快速发展的黄金时代。

据统计,2018年,中国第三方支付市场的交易规模约230万亿元,而在2013年,这一数字仅约17万亿元,增长了约13.5倍。同时,支付宝占据了50%的第三方支付市场,而财付通占据约40%。与互联网支付和银行卡支付相比,以手机为载体的移动支付占据约60%的总支付份额,并仍在逐年扩张。在第三方支付市场的应用领域,网络购物占25%,互联网投资占20%,火车票、飞机票付款占10%,其余应用于支付电话费、网络游戏等部分。网购和投资是第三方支付的主要用途,常年占据总使用份额的半壁江山。

未来,还会有越来越多的商业巨头将支付纳入商业生态之中,和电商、线下商业、物流、云服务等一起构成一个没有天花板的生态网络。不论从哪个角度看,第三方支付未来的发展空间都是巨大的。

 实践训练

1. 课堂讨论

（1）第三方支付方式有哪些？
（2）如何保障第三方支付的交易安全？
（3）防范静态条码风险的措施有哪些？

2. 案例分析

消费者网购"后悔权"得到支持

《中华人民共和国消费者权益保护法》（以下简称《消法》）实施以来，消费者的网购"后悔权"在法律上获得有力的支持。

《消法》第二十五条明确规定，在网络购物中，除消费者定制的、鲜活易腐的商品、拆封的音像数码商品以及交付的报纸、期刊外，消费者有权自收到商品之日起七日内退货，且无须说明理由。此外，《消法》还规定，网络商品经营者销售商品或者提供服务，应当按照国家有关规定或者商业惯例向消费者出具发票等购物凭证或者服务单据。因此，消费者索要发票等购物凭证或服务单据时，网络商品经营者必须出具。在产生纠纷时，其可作为消费者投诉的依据。

《消法》第二十五条的规定，让不少网络消费者"点赞"。这表明更加完善的政策法规是营造更加成熟、规范的网购环境的基础，带动更多人尝试网购。随着我国网络交易政策法规的不断完善，网络购物环境将更加"清新"，网络交易也将迎来更加广阔的前景。

讨论与分析

上网查阅《消法》的详细内容，指出其重大意义。

3. 实务训练

（1）上网进一步了解《电子商务支付指引（第一号）》的内容及适用范围。
（2）上网进一步了解《非金融机构支付服务管理办法》的具体内容及意义。

实训说明

（1）课后收集整理。
（2）课堂交流讨论。

4. 课后拓展

（1）借助网络了解《电子签名法》自颁布以来在各方面的实施情况。
（2）借助网络了解当前非金融机构支付服务的开展情况。
（3）网联清算有限公司是经中国人民银行批准成立的非银行支付机构网上支付清算平台的运营机构，了解其业务范围及设立的意义。

第三单元 《电子签名法》和《电子商务法》概述

情景案例

2021年6月,张丽艳在实习期间,通过网络与广州一家食品公司在签盾电子合同平台签订了《电子劳动合同》。同年10月,张丽艳违反公司相关规章制度,与公司产生劳动纠纷。张丽艳以在任职期间该公司未与自己签订书面劳动合同为由,向仲裁机构申请劳动仲裁。《劳动合同法》第十条规定:"建立劳动关系,应当订立书面劳动合同。已建立劳动关系,未同时订立书面劳动合同的,应当自用工之日起一个月内订立书面劳动合同。"张丽艳认为,双方仅仅是通过网络平台签订电子劳动合同,不属于《劳动合同法》规定的书面劳动合同,故认为该公司有错在先,要求该公司按照法律规定向其支付未签订合同期间的两倍工资。

任务思考

张丽艳的要求会得到法律的支持吗?这涉及哪些方面的法律规范?

任务分析

随着线上办公在日常生活中的不断应用,签署在线电子合同对于广大民众而言不再是一件陌生的事情。但是,在人力资源管理领域中,签署"电子劳动合同"是否有效?在签署劳动合同时,劳动者和用人单位分别应该注意一些什么事项?

2020年3月,国家人力资源社会保障部办公厅印发了《人力资源社会保障部办公厅关于订立电子劳动合同有关问题的函》(人社厅函〔2020〕33号),其中明确规定:"用人单位与劳动者协商一致,可以采用电子形式订立书面合同。"

采用电子形式订立劳动合同,应当使用符合《电子签名法》等法律规范规定的可视为书面形式的数据电文和可靠的电子签名。用人单位应保证电子劳动合同的生成、传递、储存等满足《电子签名法》等法律规范规定的要求,确保其完整、准确、不被篡改。符合《劳动合同法》规定和上述要求的电子劳动合同一经订立即具有法律效力,用人单位与劳动者应当按照电子劳动合同的约定,全面履行各自的义务。

同时,我们还可以从几个方面的法律规定来了解这个问题。一是《电子签名法》第十四条规定:可靠的电子签名与手写签名或者盖章具有同等的法律效力。二是《民法典》第四百六十九条规定:书面形式是合同书、信件、电报、电传、传真等可以有形地表现所载内容的形式。以电子数据交换、电子邮件等方式能够有形地表现所载内容,并可以随时调取查用的数据电文,视为书面形式。三是《最高人民法院关于适用〈中华人民共和国民事诉讼法〉的解释》第一百一十六条规定:电子数据是指通过电子邮件、电子数据交换、网上聊天记录、博客、微博客、手机短信、电子签名、域名等形成或者存储在电子介质中的信息。这些规定都表明,电子合同是有效的合同形式,电子数据是有效的法定证据。电子劳动合同作为电子合同的一种,其法律效力是得到认可的。而对于电子合同是否符合《劳动合同法》中"书面"形式的问题，人社部更是做了比较明确的界定，即符合《电子签名法》的电子劳动合同是"书面"劳动合同的一种形式。

张丽艳以在任职期间该公司未与自己签订书面劳动合同为由，向仲裁机构申请劳动仲裁，要求该公司按照法律规定向其支付未签订合同期间的两倍工资，用人单位并不认可。在仲裁时，该公司提交了带有张丽艳本人电子签名的电子劳动合同及相关的书面证明文件。经仲裁委员会核实审查，判定符合国家规定的法律条款，最终认可了电子劳动合同的法律效力，驳回了张丽艳的申请。

国际上第一部电子签名法制定于 1995 年，由美国的犹他州制定。此后，有关电子商务的法律开始在国际组织与各个国家中出现。1996 年，联合国国际贸易法委员会制定了《电子签字示范法》；1998 年，新加坡制定了《电子商务法》；1999 年，欧盟制定了《电子签名指令》；2000 年，美国制定了《国际国内商务电子签名法》；日本出台了《关于电子签名及认证业务的法律（电子签名法）》；之后，韩国、法国等国家也制定了相关法律。截至目前，世界上已有 60 多个国家和地区制定了相关的法律规范。

世界各国和地区在电子签名方面的立法对规范电子签名活动、保障电子安全交易、维护电子交易各方的合法权益、促进电子商务的健康发展起到了重要的作用。

扫描二维码 9-7，了解我国与世界各国以及国际组织有关电子商务立法的情况。

一、《电子签名法》概述

电子签名是伴随着信息网络技术的发展而出现的一种安全保障技术。目的是通过技术手段实现传统的纸面签字或者盖章的功能，以确认当事人的真实身份，保证交易的安全性、真实性和不可否认性。

联合国《电子签字示范法》第二条第一款中将"电子签名"定义为"在数据电文中，以电子形式所含、所附或在逻辑上与数据电文有联系的数据，它可用于鉴别与数据电文相关的签字人和表明签字人认可数据电文所含信息"。《中华人民共和国电子签名法》（以下简称《电子签名法》）与联合国《电子签字示范法》提出的电子签名概念基本相同，是指数据电文中以电子形式所含、所附用于识别签名人身份并表明签名人认可其中内容的数据。而数据电文是指以电子、光学、磁或者类似手段生成、发送、接收或者储存的信息。

1.《电子签名法》的出台与发展

2004 年 8 月 28 日，第十届全国人民代表大会常务委员会第十一次会议表决通过了《电子签名法》，该法于 2005 年 4 月 1 日起施行。2019 年 4 月 23 日，第十三届全国人民代表大会常务委员会第十次会议对《电子签名法》做出修正。《电子签名法》赋予可靠的电子签名与传统商务活动中的签名或盖章同等的法律效力,明确了电子签名规则、电子交易各方面的合法权益,保障了电子交易安全,为电子商务和电子政务的发展创造了有利的法律环境。消费者可用手写签名、公章的"电子版"、秘密代号、密码或指纹、声音、视网膜结构等安全地在网上"付钱""交易"及"转账"。

相关链接

扫描二维码9-8,了解《中华人民共和国电子签名法》。

9-8

2.《电子签名法》的适用前提与适用范围

《电子签名法》没有规定民事活动中的合同或其他文件、单证等文书必须使用电子签名,而是规定,民事活动中的合同或者其他文件、单证等文书,当事人可以约定使用或者不使用电子签名、数据电文。同时明确规定,当事人约定使用电子签名、数据电文的文书,不得仅因为其采用电子签名、数据电文的形式而否定其法律效力。

《电子签名法》设定的适用范围有一定的前瞻性与包容性,其主要适用于商务活动,但又不限于商务活动,原则上涵盖使用电子签名的所有实际场合。

但是,涉及婚姻、收养、继承等人身关系的,涉及停止供水、供热、供气、供电等公用事业服务的,法律、行政法规规定的不适用的其他情形,不适用电子签名。

结合我国电子签名应用推广的具体情况,我国在2019年第二次修正扩大了电子签名的应用范围,删除了原有不适用于"涉及土地、房屋等不动产权益转让的文书的限制"。基于这次修订,意味着今后涉及土地、房屋不动产权益转让适用电子签名、数据电文。

3.《电子签名法》重点解决了五个方面的问题

(1)确立了电子签名的法律效力。
(2)规范了电子签名的行为。
(3)明确了认证机构的法律地位及认证程序。
(4)规定了电子签名的安全保障措施。
(5)明确了认证机构行政许可的实施主体是国务院信息产业主管部门。

4. 可靠电子签名的法律要求

当前,电子签名的应用日渐成熟,被广泛应用于越来越多的领域。那么,我们平时用到的电子签名都符合法律规定吗?一个合法有效的电子签名应包含哪些要素呢?

《电子签名法》第十三条规定:电子签名同时符合下列条件的,方可视为可靠的电子签名。
(1)电子签名制作数据用于电子签名时,属于电子签名人专有。
(2)签署时电子签名制作数据仅由电子签名人控制。
(3)签署后对电子签名的任何改动能够被发现。
(4)签署后对数据电文内容和形式的任何改动能够被发现。

当然,当事人也可以选择使用符合其约定的可靠条件的电子签名。《电子签名法》第十四条规定:可靠的电子签名与手写签名或者盖章具有同等的法律效力。

5. 电子签名中当事各方的法律义务及行为规范

（1）电子签名人的法律义务及行为规范。

《电子签名法》第十五条规定：电子签名人应当妥善保管电子签名制作数据。电子签名人知悉电子签名制作数据已经失密或者可能已经失密时，应当及时告知有关各方，并终止使用该电子签名制作数据。

基于本条规定，电子签名人应当做到以下几个方面。

① 采用合理的谨慎措施，避免他人未经授权使用签字制作数据。

② 签字人知悉电子签名制作数据已经失密或者可能已经失密的情况下，应立即停止使用，并及时告知有关各方当事人，以免造成损失。

③ 不伪造、冒用、盗用他人的电子签名；否则，构成犯罪的、依法追究刑事责任；给他人造成损失的，依法承担民事责任。

④ 电子签名人向电子认证服务提供者申请电子签名认证证书，应当提供真实、完整、准确的信息。

⑤ 电子签名人应该根据电子认证合同的约定，向认证机构交纳服务费。

（2）认证服务提供人的法律义务及行为规范。

认证服务提供人的工作即颁发证书，用以证明证书上所载公开密钥与签名人之间的关系，并以其专业能力和执业资格使依赖方据以验证数字签名的真实性和完整性。联合国《电子签字示范法》第九条规定了认证服务提供人提供服务时，应当遵守的一些规定。《电子签名法》也做了相关的规定。

① 依法申请许可资格，遵守国务院和信息产业部（现为工业和信息化部）的管理规则，并接受监督。

② 公开其名称、许可证号、电子认证业务规则（包括责任范围、作业操作规范、信息安全保障措施）。

③ 以合法的手段，审查签名人的身份及相关情况。

④ 保证认证证书内容在有效期内完整、准确，并保证依赖方能够证实或者了解认证证书所载内容及其他有关事项。

⑤ 妥善保存与认证相关的信息，信息保存期限至少为电子签名认证证书失效后五年。

⑥ 妥善解决认证人暂停或终止服务的后续工作。

（3）电子签名依赖方的法律义务及其行为规范。

电子签名依赖方是指基于对电子签名认证证书或者电子签名的信赖从事有关活动的人。电子签名依赖方，在履职过程中，应充分了解电子签名以及电子签名人认证证书内容的有效性、完整性和准确性，并以合理方式对电子签名进行验证，核实其有效性。为此，电子签名依赖方应当遵守联合国《电子签字示范法》第十一条的相关规定。

 **相关链接**

了解电子签名与手写签名的区别

随着信息科技越来越发达，电子签名成为手写签名的延伸。那么，电子签名与手写签名有何区别呢？

手写签名是指特定的人将能够表明或证明是自己或其代表的组织或他人的特定的符号，以手写或其他方式签在特定的文件或单据上，以表明愿意受到该文件或单据所载书面内容约束的行为。对手写签名的一般要求：正确的名字、书面形式、本人亲手书写。手写签名具有标识当事人身份及其对内容承认、认可的作用。

电子签名是指数据电文中以电子形式所含、所附用于识别签名人身份并表明签名人认可其中内容的数据。电子签名具有多种形式，例如，附着于电子文件的手写签名的数字化图像，包括采用生物笔迹辨别法形成的图像；向收件人发出证实发送人身份的密码、计算机口令；采用特定生物技术识别方法，如指纹或眼虹膜透视辨别法等。无论采用什么样的技术手段，只要符合《电子签名法》规定的要件，就是《电子签名法》所称的电子签名。

电子签名与传统的手写签名相比有如下特点：

（1）电子签名仅表现为一组代码，需要计算机系统进行鉴别，无法仅从视觉上进行辨认。

（2）电子签名是一种数据，无法以原件形式提交。

（3）电子签名一般通过计算机网络在线签署，可以节省当事人的时间、提高交易效率。

（4）电子签名需要特殊的电子认证以确定其真实性，需要经过资质信誉良好的认证机构按照一定的标准，通过计算机系统核查，对其真实性与有效性予以确认。

（5）电子签名容易被改动，且修改后不易被发现，可能会给电子签名的签署者在电子交易中带来一定损失。

（6）大多数人只有一种手写签名样式（虽然事实上它可能发生演变），但一个人可能同时拥有许多个电子签名。

（7）传统手写签名几乎不存在被签署者完全忘记的情况，而电子签名则有可能被遗忘。

二、《电子商务法》概述

《中华人民共和国电子商务法》（以下简称《电子商务法》），由2018年8月31日第十三届全国人民代表大会常务委员会第五次会议通过，自2019年1月1日起施行。该法全文共七章八十九条，主要对电子商务的经营者、合同的订立与履行、争议解决、促进和法律责任五个部分做出规定，皆在促进蓬勃发展的电子商务活动有法可依。

1.《电子商务法》的起草背景

《电子商务法》在2013年开始起草。当时我国电子商务发展迅速，年均增长速度超过30%，在经济发展方面起到了积极的作用。但是，电子商务的快速发展也带来了诸多新问题，需要合适的法律去规范和引导其健康发展，于是相关部门陆续开启了立法工作。立法工作历经五年时间，由最初的草案到最后的成稿文件，经过了多次审核，并向社会公众广泛征求了意见，整个法律既是对原有电子商务法律规范的梳理，又充分借鉴了国际组织和主要国家的立法经验。

2.《电子商务法》的立法意义

（1）开创了我国电子商务立法的先河，对世界范围内的电子商务立法具有示范意义。

（2）明确了国家促进和鼓励电子商务发展的基调，使电子商务的发展有法可依。

（3）进一步明确了电子商务与实体经济在法律层面的关系是公平竞争的关系，促进了线上线下的公平竞争。

（4）针对当前社会关注的电子商务发展中存在的假冒伪劣产品、保护消费者权益，以及线上线下公平竞争等问题，在法律层面都给出了明确的要求与规范；同时对完善电子商务交易与服务、强化电子商务交易保障、促进和规范跨境电子商务发展、加强监督管理、实现社会共治等若干重大问题也进行了规定。

3.《电子商务法》重点明确了以下内容

（1）微信、网络直播销售商品、提供服务纳入管理。在《电子商务法》实施之前，电子商务经营者在电子商务平台的登记及销售制度不完善，实际营利及缴税存在许多不规范之处。《电子商务法》通过"其他网络服务"将这些新形态主体纳入其中，明确规定利用微信朋友圈、网络直播等方式从事商品、服务经营活动的也是电子商务经营者，严格规范了电子商务经营者的运营收入与缴税规范。

（2）制约大数据杀熟。电子商务经营者在提供搜索结果的时候，新法要求电商平台应推出允许用户关闭"个性化推荐"的选项。《电子商务法》第十八条规定：电子商务经营者根据消费者的兴趣爱好、消费习惯等特征向其提供商品或者服务的搜索结果的，应当同时向该消费者提供不针对其个人特征的选项，尊重和平等保护消费者合法权益。电子商务经营者向消费者发送广告的，应当遵守《中华人民共和国广告法》的有关规定。

（3）禁止"默认勾选"，应显著提示搭售。针对默认同意获取个人信息、买机票搭个"专车"接送等类似的搭售行为，《电子商务法》第十九条规定：电子商务经营者搭售商品或者服务，应当以显著方式提请消费者注意，不得将搭售商品或者服务作为默认同意的选项。

（4）平台经营者未尽义务应依法担责。《电子商务法》第三十八条规定：电子商务平台经营者知道或者应当知道平台内经营者销售的商品或者提供的服务不符合保障人身、财产安全的要求，或者有其他侵害消费者合法权益行为，未采取必要措施的，依法与该平台内经营者承担连带责任。

（5）押金退还不得设置不合理条件。针对消费者押金退还难的问题，《电子商务法》第二十一条规定：电子商务经营者按照约定向消费者收取押金的，应当明示押金退还的方式、程序，不得对押金退还设置不合理条件。消费者申请退还押金，符合押金退还条件的，电子商务经营者应当及时退还。

（6）规范电子商务合同的订立与履行中的难点问题。新法规范了各类合同订立与履行的难点问题，包括快递、支付等各个环节，都有相应的规范。《电子商务法》第四十七条规定：电子商务当事人订立和履行合同，适用本章和《中华人民共和国民法总则》、《中华人民共和国合同法》（以上为《中华人民共和国民法典》中部分内容）、《中华人民共和国电子签名法》等法律的规定。

（7）强化经营者举证责任。消费者和商家出现消费争议，平台应积极配合消费者举证，提供必要的便利，维护消费者权益。《电子商务法》第六十二条规定：在电子商务争议处理中，电子商务经营者应当提供原始合同和交易记录。因电子商务经营者丢失、伪造、篡改、销毁、隐匿或者拒绝提供前述资料，致使人民法院、仲裁机构或者有关机关无法查明事实的，电子商务经营者应当承担相应的法律责任。

（8）平台经营者自营应显著标记。《电子商务法》第三十七条规定：电子商务平台经营者在其平台上开展自营业务的，应当以显著方式区分标记自营业务和平台内经营者开展的业务，不得误导消费者。电子商务平台经营者对其标记为自营的业务依法承担商品销售者或者服务提供者的民事责任。

（9）不得以格式条款等方式约定消费者支付价款后合同不成立。在合同签订问题上，部分平台在消费者提交支付之后，单方面认定合同不成立，销毁合同，严重损害了消费者的利益。《电子商务法》第四十九条规定：电子商务经营者不得以格式条款等方式约定消费者支付价款后合同不成立；格式条款等含有该内容的，其内容无效。

（10）加大了电子商务平台经营者知识产权侵权打击力度。《电子商务法》第八十四条规定，电子商务平台经营者对平台内经营者实施侵犯知识产权行为未依法采取必要措施的，由有关知识产权行政部门责令限期改正；逾期不改正的，处五万元至二百万元人民币的罚款；如果电子商务平台不能够提供平台内经营者的身份、联系方式等信息，要承担先行赔付的责任。

（11）建立健全信用评价制度。电子商务平台经营者应当建立健全信用评价制度，公示信用评价规则，为消费者提供对平台内销售的商品或者提供的服务进行评价的途径。电子商务平台经营者不得删除消费者对其平台内销售的商品或者提供服务的评价。

《电子商务法》是调整电子商务活动或行为的法律规范的总和，该法是一部鼓励、支持、创新、规范和保障电子商务健康发展的促进法，是一部维护广大消费者、平台经营者和平台内经营者合法权益，维护市场秩序和公平竞争的保障法。《电子商务法》的实施对电商领域产生了重要的影响。

相关链接

押金退还不得设置不合理条件

町町、悟空、酷骑、小鸣、小蓝等共享单车企业相继停止运营。由于这些共享单车企业向消费者收取押金后，大多存在违规挪用押金行为，使消费者押金难退。中国消费者协会还曾向公安机关提交了"刑事举报书"，举报酷骑单车。

押金是租用特定标的物的质押担保，属于担保物权的一种，主要担保合同的履行。押金的所有权属于消费者，经营者在任何情况下不得挪用。《电子商务法》第二十一条规定：电子商务经营者按照约定向消费者收取押金的，应当明示押金退还的方式、程序，不得对押金退还设置不合理条件。消费者申请退还押金，符合押金退还条件的，电子商务经营者应当及时退还。第七十八条规定：电子商务经营者违反本法第二十一条规定，未向消费者明示押金退还的方式、程序，对押金退还设置不合理条件，或者不及时退还押金的，由有关主管部门责令限期改正，可以处五万元以上二十万元以下的罚款；情节严重的，处二十万元以上五十万元以下的罚款。《电子商务法》由此明确电子商务经营者的押金退还义务，保障了消费者的合法权益。

实践训练

1. 课堂讨论

（1）《电子签名法》颁布的内容及意义。
（2）总结《电子商务法》中电子商务平台经营者及电子商务经营者的义务。
（3）提炼《电子商务法》的亮点。

2. 案例分析

"默认勾选"被禁止

一些电子商务经营者在销售商品或者提供服务的过程中，经常采取使用很小的字号、"默认勾选"等方式，使消费者在不知情、难以察觉的情况下，出让一些权利或者被捆绑搭售。消费者韩女士发微博称，作为某服务平台的资深用户，她曾多次发现并手动取消隐藏在订票信息下的"预选保险框"，但仍旧会有百密一疏的时候。这种未经消费者明示同意变相强制搭售的行为，不仅有违诚实信用，也侵害了消费者的知情权、选择权、公平交易权。针对这种情况，《电子商务法》第十九条规定：电子商务经营者搭售商品或者服务，应当以显著方式提请消费者注意，不得将搭售商品或服务作为默认同意的选项。第七十七条规定：电子商务经营者违反本法第十九条规定搭售商品、服务的，由市场监督管理部门责令限期改正，没收违法所得，可以并处五万元以上二十万元以下的罚款；情节严重的，并处二十万元以上五十万元以下的罚款。《电子商务法》通过多角度的规范，有力打击了"默认勾选"等霸王行径，切实保护了消费者的合法权益。

讨论与分析

（1）在网络销售或服务中，电商经营者为何设置"默认勾选"？
（2）如何规避"默认勾选"带来的风险？

3. 实务训练

（1）上网进一步了解《电子签名法》的具体内容及适用范围。
（2）上网进一步了解《非金融机构支付服务管理办法》的具体内容及意义。

实训说明

（1）课后收集整理。
（2）课堂交流讨论。

4. 课后拓展

（1）借助网络了解《电子签名法》自颁布以来在各方面的实施情况。
（2）借助网络了解当前非金融机构支付服务开展的情况。
（3）列举我国截至目前已经颁布的所有关于电子商务支付安全的法律规范。

知识小结

本模块详细介绍了电子商务参与各方的法律关系、地位和责任；我国涉及计算机安全、电子商务交易安全、第三方平台支付服务的法律规范；以及对电子商务安全交易影响大的联合国《电子商务示范法》《电子签字示范法》和我国的《电子签名法》《电子商务法》等。

一个良好的电子商务环境，不仅取决于计算机和网络技术的发展，还取决于电子商务法律的建设。电子商务交易安全是一个复杂的系统，它涉及诸多方面，包括技术、设备、各类人员、管理制度、法律规范等，需要在网络硬件及环境、软件和数据、网络通信等不同层次上实施一系列的保护措施。只有将上述措施有效地结合起来，才能实现交易的安全，确保电子商务健康快速地发展。

练习测试

1. 名词解释

   电子合同　　电子签名　　电子商务

2. 选择题

   (1) 电子合同是通过计算机网络系统订立的，以（　　）方式生成、储存或传递的合同。
   　　A．电子手段　　　　B．光学手段　　　　C．数据电文　　　　D．电子邮件
   (2) 联合国在（　　）中对"电子商务"中的"商务"一词做了广义的解释。
   　　A．《电子商务示范法》　　　　　　B．《电子商业示范法》
   　　C．《电子签字示范法》　　　　　　D．《电子签字统一规则》
   (3) 以下（　　）为立法的核心。
   　　A．特定的主体　　　　　　　　　B．特定的社会关系
   　　C．电子商务　　　　　　　　　　D．调整对象
   (4)《电子商务法》的调整对象是（　　）。
   　　A．电子商务的参与者
   　　B．电子商务交易活动中发生的各种社会关系
   　　C．认证机构与被认证者之间的关系
   　　D．虚拟银行与交易参与者之间的关系
   (5) 对电子商务立法的理解，应从（　　）方面进行考虑。
   　　A．商务　　　　　　　　　　　　B．网络交易客户
   　　C．网络交易中心　　　　　　　　D．电子商务包含的通信手段

3. 简答题

   (1) 简述我国《电子商务法》立法的意义及内容。
   (2) 简述联合国《电子商务示范法》颁布的目的与意义。
   (3) 我国现行涉及交易安全的法律规范有哪些？
   (4) 简述电子签名的功能。
   (5)《非金融机构支付服务管理办法》的颁布对促进经济增长发挥了哪些积极的作用？

4. 论述题

   (1) 谈谈你对我国电子商务法律发展的认识。
   (2) 分析比较中外电子商务支付立法的情况。

反侵权盗版声明

电子工业出版社依法对本作品享有专有出版权。任何未经权利人书面许可，复制、销售或通过信息网络传播本作品的行为，歪曲、篡改、剽窃本作品的行为，均违反《中华人民共和国著作权法》，其行为人应承担相应的民事责任和行政责任，构成犯罪的，将被依法追究刑事责任。

为了维护市场秩序，保护权利人的合法权益，我社将依法查处和打击侵权盗版的单位和个人。欢迎社会各界人士积极举报侵权盗版行为，本社将奖励举报有功人员，并保证举报人的信息不被泄露。

举报电话：（010）88254396；（010）88258888
传　　真：（010）88254397
E-mail：　dbqq@phei.com.cn
通信地址：北京市海淀区万寿路173信箱
　　　　　电子工业出版社总编办公室
邮　　编：100036